现代图书馆研究系列

公共图书馆
文献信息资源政府采购

方家忠 刘洪辉 主编

暨南大學出版社
JINAN UNIVERSITY PRESS
中国·广州

图书在版编目（CIP）数据

公共图书馆文献信息资源政府采购/方家忠，刘洪辉主编．
广州：暨南大学出版社，2010.8
（现代图书馆研究系列）
ISBN 978-7-81135-619-9

Ⅰ.①公…　Ⅱ.①方…②刘…　Ⅲ.①公共图书馆—情报检索—政府采购—研究　Ⅳ.①G252.7

中国版本图书馆 CIP 数据核字（2010）第 167140 号

出版发行：暨南大学出版社

地　址：中国广州暨南大学
电　话：总编室（8620）85221601
　　　　营销部（8620）85225284　85228291　85228292（邮购）
传　真：（8620）85221583（办公室）　85223774（营销部）
邮　编：510630
网　址：http：//www.jnupress.com　http：//press.jnu.edu.cn

排　版：暨南大学出版社照排中心
印　刷：广州市至元印刷有限公司

开　本：890mm×1240mm　1/32
印　张：10.75
字　数：270 千
版　次：2010 年 8 月第 1 版
印　次：2010 年 8 月第 1 次

定　价：20.00 元

主　编：方家忠　刘洪辉

编　委（按姓氏笔画排序）：

付跃安　刘志松　岑均明　陈智颖

林志成　罗小红　席　涛　葛　蓉

董效菊　蔡晓绚　颜运梅　潘拥军

前　言

1999 年，财政部《政府采购管理暂行办法》颁布后，我国部分高校图书馆开始试行文献信息资源政府采购。2003 年，随着《中华人民共和国政府采购法》的正式实施，全国多家省级公共图书馆和市级公共图书馆先后推行图书资料政府采购。到目前为止，图书馆文献信息资源政府采购在我国还是一个新生事物，处于起步摸索阶段。在推行过程中，由于图书馆资源建设自身的特点和图书馆整体的改革发展，不少问题逐渐凸显出来。因此，迫切需要对其进行科学研究，并获得理论指导，以解决这些问题。

2008 年，由广州图书馆申报的“图书馆文献信息资源政府采购理论与实务研究”课题获广州市社科联第十次（2008）立项资助（项目编号 08SKLZ3）。课题以广州图书馆负责文献信息资源政府采购工作的专业人员为主要研究力量。本书作为课题研究成果，是国内第一本图书馆文献信息资源政府采购专项著作。全书具有如下特色：第一，研究视角独特：自 2003 年起，广州图书馆开始实施文献信息资源政府采购，是广州市乃至全国范围内率先推进政府采购的公共图书馆之一。七年来，广州图书馆锐意进取，积极开拓，为使政府采购方式更好地适应图书馆资源建设工作的需要做出了不懈努力，取得了丰硕的成果。因此，本书是从文献信息资源政府采购实践者的视角撰写的。第二，第一手资料丰富：本书大量利用了广州图书馆实施文献信息资源政府采购以来积累的资料，并通过问卷对国内大中型公共图书馆和高校图书馆的政府采购实施情况进行调研，收集了丰富的案例和数据，使本书的研究植根于坚实的实践基础之上。第三，操作性强：除理论研究外，本书对各图书馆在文献信息资源政府采购中遇到的共性问题进行了探讨，提出了针对性解决方案，如对不同类型的文献在政府采购适用方式上的建议、各种评价指标和评价公式等，这些方案和建议具备较强的操作性，各图书馆可依据本馆实际参考使用。

本书是在共同讨论编写大纲的基础上由多位作者通力合作完成的。方家忠、罗小红承担了全书的策划、统筹、组织、大纲撰写、审稿工作，罗小红、付跃安、林志成与葛蓉参与了书稿修改工作，并由罗小红与付跃安统稿，刘洪辉对本书的撰写工作给予了指导。各章分工如下：

第一章：由潘拥军、席涛撰写；

第二章：由陈智颖、付跃安、颜运梅撰写；

第三章：由林志成、陈智颖、刘志松撰写；

第四章：由罗小红、董效菊、岑均明撰写；

第五章：由蔡晓绚、葛蓉撰写；

第六章：由罗小红撰写；

附录：由罗小红、陈智颖整理。

本书的出版是各位课题组成员辛勤探索的结果，在此，谨向各位辛勤耕耘的作者表示感谢，同时对暨南大学出版社的支持表示感谢。由于水平所限，纰漏与错误在所难免，我们真诚地希望广大读者不吝指正，共同推动图书馆文献信息资源政府采购工作和研究的进一步完善与发展。

在本书的撰写过程中，我们广泛吸收了国内有关研究成果，参考和引用了大量相关文献及网上在线资料，我们谨向这些原文作者以及所有关心和支持本书撰写与出版的同志表示由衷的感谢！

编 者

2010年7月23日

目　录

第一章　政府采购概述

第一节　政府采购的含义及特点

一、政府采购的产生和发展

政府采购（Government Procurement）是一个外来词，是西方经济学里的一个专业词汇。政府采购随着国家的出现而产生，政府采购制度则伴随着国家对政府采购行为的规范化管理逐步形成和完善。随着世界经济一体化的形成和发展，政府采购由封闭走向开放，成为世界贸易自由化的一个重要领域。

1. 早期自由分散采购

采购属于商品交换行为。采购的历史非常悠久，自从人类社会出现商品交换活动，采购活动就随之产生。当时的采购主体为个人、家庭和原始部落。

随着国家的产生和发展，采购主体出现了多元化，包括政权机构、企业、团体、家庭和个人，其中政权机构采购就是政府采购的雏形。在政权机构采购出现后的相当长一段历史时期内，只存在政府采购行为，而没有专门的制度。当时政府采购的特点是规模小、范围窄、采购形式自由、分散进行、没有统一规范。

2. 政府采购制度的初步形成

随着社会经济的发展，自由分散的政府采购行为逐步得到规范，并初步形成一种制度。政府采购制度最早形成于18世纪末的西方自由资本主义国家，主要特点是对政府采购行为进行法制化管理。主要表现为：一是加强立法，如美国在1761年颁布了《联邦采购法》；二是实行集中采购，如英国政府在1782年设立文具公用局，负责为政府部门采购办公用品。此阶段的政府采购制度主要是规范使用财政资金进行采购的行为，确立使用财政性资金的规则，目的是节约资金、防止贪污腐败。这些规则的确立，标志着政府采购制度的初步形成。

3. 政府采购政策性功能逐步发挥

在自由资本主义时期，由于国家信奉“看不见的手”理论，政府基本上不参与、不干预国民经济活动。政府直接采购的物品和承办的公共工程也十分有限，因此，政府采购的影响力不大。但在现代市场经济阶段，特别是20世纪30年代经济危机以后，国家政府认识到市场不是万能的，为了弥补市场的缺陷，政府开始广泛运用经济手段和法律手段干预国民经济活动，其方式之一就是通过扩大政府财政支出创办公共事业。政府采购规模迅速扩大，对社会经济的影响日益加深，各国逐渐认识到政府采购的政策性功能，开始广泛运用政府采购手段干预国民经济活动。

4. 政府采购的国际化

随着世界经济的一体化，政府采购潜在的巨大市场在国际贸易领域日益受到重视。一些工业化国家急欲为本国产品开拓海外市场、打破贸易壁垒以解决本国贸易失衡问题，以经济全球化和一体化为借口，将政府采购纳入了国际贸易领域。自1979年关贸总协定的“政府采购原则”形成后，许多区域性组织也将政府采购纳入地区贸易自由化谈判领域，政府采购市场开始由封闭走向开放。

二、政府采购的含义

虽然政府采购伴随着国家的出现而产生，随着社会经济的发展，政府采购的适用范围也在逐步扩大，但学界一般认为，真正完整意义上的政府采购是市场经济的产物。在现代社会，政府采购为各国普遍采用，被称为“阳光政策”。政府采购是政府机构及公共实体为实现政府职能和公务或向社会提供公共物品和公共服务的需要，用国家财政性资金，依照法定方式、方法和程序，从市场上采购货物、工程或服务的一种经济行为。当前，政府采购不完全是指采购行为，更侧重于规范采购行为的管理制度。

从 1998 年开始，我国逐步推行财政支出改革，政府采购制度的推行是其中重要的一环。2002 年 6 月 29 日第九届全国人民代表大会常务委员会第二十八次会议通过了《中华人民共和国政府采购法》（下称《政府采购法》），并于 2003 年 1 月 1 日起实施。

《政府采购法》将采购定义为“以合同方式有偿取得货物、工程和服务的行为，包括购买、租赁、委托、雇佣等”，并明确指出：“本法所称政府采购，是指各级国家机关、事业单位、团体组织，使用财政性资金采购依法制定的集中采购目录以内的或者采购限额标准以上的货物、工程和服务的行为。”这一定义包含如下几个要点：①政府采购的实体是各级国家机关、事业单位、团体组织，但不包括国有企业。②政府采购所使用的资金是财政性资金。③政府采购的对象必须是集中采购目录以内的或者采购限额标准以上的货物、工程和服务。

1. 政府采购的主体

政府采购的主体是政府部门，是社会公众服务机构。其资金来源于政府财政拨款，即由纳税人的税收所形成的公共资金，这些资金的使用必须向公众负责，代表公众利益。从本质上讲，正是采购资金来源的不同将政府采购与私人采购区别开来。特定的资金来源决定了采购主体的特定性。

《政府采购法》通过采用特定组织形式和使用财政资金的综合标准，将政府采购的主体确定为“各级国家机关、事业单位和团体组织”，但对于事业单位、社会团体的采购是否应该纳入政府采购的范围，存在不同认识。有人认为将事业单位和团体组织全部纳入政府采购主体范围过于简单化和机械化，这是因为事业单位需要区别对待。对于财政全额拨款的事业单位，应该纳入政府采购的范围；对于“自收自支”的事业单位，也就是实行企业化管理的事业单位，不应纳入政府采购的范围；对于介于二者之间的事业单位，也就是既有财政拨款，又有事业收入的事业单位，要根据具体的采购行为具体对待。如果是为了向社会提供公共产品或服务，使用财政资金的采购，就应该纳入政府采购；而如果纯粹是为了本单位利益的投资或消费行为，则应由事业单位自己采购，不纳入政府采购的范围。另外，就社会团体组织而言，世界上大多数社会团体属于非政府性团体，其经费一般由团体成员筹集，或者由企业或社团赞助，其采购活动不纳入政府采购的范围。我国社会团体组织大多是为社会公众服务的，由政府财政提供活动经费，所以应普遍纳入政府采购管理的范围。对于一些非社会公共性的其他团体，如同乡会等，可不必纳入。世界上的某些国家和地区，还将国营企业——主要是一些带有公益性、垄断性的国有独资企业，如自来水公司、国家管理的电力公司等，纳入了政府采购范围。但目前在我国内地，并没有将使用财政性资金进行采购的国有企业纳入政府采购制度的约束范围之内。

2. 政府采购的资金来源

政府采购是政府为社会公众提供公共服务的一种手段，因此，它的资金来源是具有公共性质的财政资金。财政资金是社会公共资源的重要组成部分，在大多数国家，它被纳入政府预算，作统一管理。虽然我国《政府采购法》对“政府采购资金”并未给出明确定义，只是在第六条中提到“政府采购应当严格按照批准的预算执行”，但早在2001年2月，财政部和中国人民银行制定发布的《政府采购资金财政直接拨付管理办法》中，对此做出了明确规定：“政府采购资金是指采购机关获取货物、工程和服务时支付的资金，包括财政性资金（预算内资金和预算外资金）以及与财政资金相配套的单位自筹资金。”

也有人认为，在市场经济条件下，政府采购使用的资金未必都是财政性资金，还包括国家利用自己的信用，以各种方式、从各方面筹集的各种性质的资金（比如国家贷款），并用于提供公共产品和服务。因此政府采购的资金来源应该为“预算内资金、预算外资金、由财政转贷的国际金融组织和外国借款，以及其他应纳入财政预算管理的资金”。

3. 政府采购的对象

按照国际惯例，政府采购项目通常包括政府消费和政府投资两大方面，并按其性质将采购适用项目分为货物、工程和服务三大类。在大多数国家，政府采购的集中管理部分均涵盖以上三个方面。

我国政府采购的对象包括政府消费品及其服务和政府投资品及其服务两大方面。其中，政府消费品及其服务主要指政府日常公共用品和劳务及服务，包括除低值易耗品外的一切政府办公用品。政府投资品及其服务，包括由政府投资提供的公共工程和公共基础设施。《政府采购法》规定只有在依法制定的政府集中采购目录以内的或者采购限额标准以上的货物、工程和服务的采购才属于政府采购的管理范围。

三、政府采购的功能

虽然政府采购由政府组织和管理，但是，采购的最终目的是为了满足社会公众的共同需要，在这个意义上可以认为，政府采购是受社会公众委托而进行的，因此，世界上许多国家也把政府采购叫做“公共采购”。

1. 政府采购有助于提高公共资金的使用效益

公共资金支出管理的核心问题是公共资金的合理分配与有效利用。市场经济比较发达的国家的实践表明，通常政府采购支出占一国总财政支出的30%左右，一般占GDP的10%～15%，财政资金节约率约为10%。现代政府采购制度在保证政府日常政务需要，采购到质优价廉的货物、工程和服务的同时，之所以还具有节约财政资金、规范财政支出管理的重要作用，主要是缘于以下几个方面：一是现代政府采购一般都要事前编制采购预算，而采购预算可以减少政府采购的盲目性，并做到专款专用，避免采购资金被挪作他用而造成财政资金的损失；二是集中统一的政府采购能够实现资源共享，减少重复采购和采购各环节上的浪费，提高财政资金的使用效益；三是政府采购建立了供应商的市场准入机制，并对他们的履约情况进行评估，从而大大降低了采购的风险；四是政府采购实行统一集中的采购，能够实现规模经济效益，从而降低采购成本，提高资金支出效率；五是政府采购制度使政府在公平、公开、公正的原则下，通过竞争机制直接在国内外市场上获得物美价廉的货物、工程或服务，从而大幅度地节约财政资金，并减少资金流通环节，降低行政成本；六是政府采购通过信息网络与现代信息技术，能极大地节约采购成本，提高采购管理效率；七是政府采购通过一系列的制度规定，加强了政府对财政资金由价值形态向实物形态转变过程的影响、监督和管理，大大提高了财政资金的使用效率并规范了对公共财政资金支出的管理。

2. 政府采购有助于提高政府宏观调控能力

在政府采购中，政府不只是购买物品，还可以通过相关的政策规定和操作实施，引导和调节企业及其他市场主体的行为，实现既定的政策目标。政府采购的宏观调控作用主要表现在：一是政府可以利用采购支出的结构效应，选择不同的产品和行业作为采购重点，可直接支持和刺激该行业的快速发展，体现一定时期的政策倾向；二是通过政府采购政策的调整，把保护民族工业、扶持困难企业、加强环境保护以及加快少数民族与不发达地区的企业发展等纳入采购范围，从而平衡地区间经济发展的不平衡，实现整个社会经济的健康、均衡发展；三是调节社会总供应和社会总需求。政府采购是社会总需求的重要组成部分，政府根据宏观经济的冷热及其发展态势，利用政府采购，通过在可利用的弹性区间内安排采购资金，对国民经济总量进行调节，使之达到总量平衡。譬如，当总需求大于总供给而导致经济偏热时，可通过适当压缩和推迟政府采购来使经济降温；反之，当总需求小于总供给时，可通过适当增加和提前进行政府采购，以增加社会消费并促进企业扩大投资，提高社会总需求水平，从而刺激经济增长。根据乘数效应，这些行为会促使社会的生产和分配在总量与结构方面产生相当大的反应，从而能够调控宏观经济总量的平衡。

当前，我国政府采购的宏观调控功能主要包括：通过采购国货，保护民族产业；采购节能环保产品，改善生态环境；采购自主创新产品，促进科技发展与自主创新；优先采购中小企业和落后地区企业的产品，扶持中小企业和落后地区企业的发展；限制对外采购可能出现信息安全隐患的产品，保证国家经济和信息安全，等等。

3. 政府采购有助于完善市场经济体制

在现代市场经济中，竞争是促进资源分配和有效利用的重要手段，建立有序的竞争是建设市场经济的一个重要目标。市场经济国家会利用政府采购来引发和培育有效的市场竞争秩序。政府采购把财政支出与公共物品的购买紧密结合起来，改变了以往的财政支出模式，具有直接的市场行为的性质，这来自于现代政府采购制度的一个基本前提：让市场起基础性资源配置作用。实行政府采购制度后，政府无疑是国内市场上最大的消费者。政府采购遵循公平、公开、公正的原则，在竞标过程中执行严密、透明的“优胜劣汰”机制，所有这些都有利于调动供应商参与政府采购的积极性，促使供应商不断提高产品质量、降低生产成本或者改善售后服务，以使自己赢得政府这一最大的消费者。由于供应商是市场中最活跃的因素，所以，供应商竞争能力的提高能够带动国内市场经济的繁荣。从国际竞争的角度看，政府采购有助于供应商迈出国门、走向国际，提高产品在国际市场上的竞争力，并早日进入国际政府采购市场。此外，政府采购制度的公平、公开、公正等原则，使各类市场主体享有相同的竞争环境而进行公平、有序的竞争，这样，既规范了企业的竞争行为，也促进了规范的市场竞争秩序的建立，有力地促进了国家的市场经济建设和发展。

4. 政府采购有助于增强社会公共意识

政府采购的公共性质在于它是政府代社会公众进行的采购。过去，我国政府部门和公共事业单位等实行的是完全自行采购的模式。这些机构和单位习惯于把采购当成政府部门和公共事业单位“自己”的事，对于其公共性质缺乏深刻认识。实行政府采购后，纳税人与政府之间的契约关系更加明朗，即纳税人是委托人，政府在管理公共事务中，用其缴纳的税收采购公共物品；政府是代理人，政府在市场采购货物、工程和服务的行为是在为纳税人采购。因而，政府采购制度有利于政府树立对社会公众高度负责的观念，一切从社会公共需要出发，通过推行完善的政府采购规划、制度和科学的采购操作程序与技术，做好政府采购工作，提高公共服务水平。对于公民来说，政府采购所具有的透明性和公正性，允许社会公众广泛参与其管理和监督，可以增强公民的主人翁意识。

5. 政府采购有助于推动政府廉政建设

传统的政府采购主要实行的是政府支出的控购管理模式，它容易导致供应商、采购人和财政部门官员串通的现象，使得供应商和采购人得到最大化私利而国家却成为最大的受损者。在现代政府采购制度下，政府采购的资金是按财政预算拨付的，并纳入统一账户管理，它受到财政部门全方位的监督。采购的整个过程公开、透明、充满竞争并且按严格的规定的程序进行，政府采购行为置于财政、审计和舆论等部门和社会公众的监督之下，这意味着采购的相关方之间的“合作型博弈”将转化为供应商之间以及采购者与供应商之间的“竞争型博弈”，在当事各方之间建立起竞争关系和相互监督制约关系。各方将在公平、透明的“游戏规则”下，为实现自身利益最大化而展开竞争，从而从制度层面上有效遏制官员在采购过程中的权钱交易、寻租等违规、违纪行为的发生，确保政府官员廉洁奉公。

四、政府采购的特性

从微观层次看，政府采购是一种市场行为，它与私人采购一样，追求效益最大化、物有所值，体现市场经济的竞争原则，为市场经济注入活力。从宏观层次看，它是一种宏观调控手段，要发挥杠杆作用，体现政府的多重目的：政府可以利用政府采购来保护民族产业，如政府采购可以优先购买国内产品；政府可以利用政府采购扶持某些产业的发展，如政府采购只能购买正版软件；政府可以通过扩大某一时期政府采购的总额，达到扩大内需的目的，等等。政府采购具有活跃市场经济、实施宏观调控等功能。它具有如下特性：

1. **市场性**

政府采购的对象从汽车、家具、办公用品到建筑、武器等无所不包，无论是民用的还是军用的，无论是制成品还是原材料，也无论是有形的还是无形的，国产的还是进口的，凡涉及财政资金支出的物品和劳务均需纳入政府采购范围。在市场经济条件下，所有这些物品、劳务或工程的购买都是在市场上实现的，因此，政府采购行为要按照市场规则进行商业化运作，即具有市场性。

2. **主体的特定性**

如上文所述，政府采购的主体是依赖于国家财政性资金或公共资金运转的，是特定的，并大都以法律的形式（如《政府采购法》）予以确定。

3. **社会公众性**

首先是采购资金的公共性，资金来源于财政拨款和需要由政府偿还的公共借款，最终来源于纳税人的税收和政府公共收费。

其次，政府采购是通过采购行为为政府和公共实体提供使用或向社会提供公共物品和服务的行为。

政府采购作为一种按照国家法规实施的行为，必然要向国家和社会公众负责，除了要实现采购目标之外，还要考虑采购可能带来的环境、就业等社会问题。虽然政府采购行为表现为某一时期在某一方面的需要，但采购的结果可能会对整个社会产生深远的影响，因此，满足社会公众利益，自然成为政府采购的重要约束条件之一。

4. 政策性

公共支出管理是国家管理经济的一个重要手段，政府采购是公共支出管理的一项重要内容，在市场经济条件下具有其他管理手段不可替代的宏观调控功能。

政府采购需求广泛，调控空间十分广阔。政府采购的需求从汽车、家具、办公用品到武器、航天飞机等无所不包，涉及货物、工程和服务等各个领域。因此，政府采购政策的影响力可以渗透到社会经济的方方面面。

政府采购规模庞大，按照国际上的常规算法，各国每年的政府采购总额约占国民生产总值的10% ~15%，占财政支出的30%左右。我国政府采购虽然略低于该比例，但在数量上增长得相当快，在刚刚推行政府采购的1998 年，全国政府采购的规模仅为31 亿元，而2009 年就突破了7 000 亿元。由于规模庞大，政府采购成为调节国民经济运行的重要手段。

五、政府采购的方式

政府采购按照不同的标准可划分为不同的类别。按采购是否具备招标性质，可将政府采购划分为招标性采购和非招标性采购，其中招标性采购为主要采购方式。采购金额是确定招标性采购与非招标性采购的重要标准之一，即：达到一定金额以上的采购项目采用招标性采购，不足一定金额的采购项目则采用非招标性采购。按采购规模可将政府采购划分为小额采购、批量采购和大额采购。按运用的采购手段可将政府采购划分为传统采购方式和现代化采购方式。按采购的集中程度可将政府采购划分为集中采购和分散采购。

1. 招标性采购与非招标性采购

（1）招标性采购。

从国际上的普遍情况来看，政府采购最常用的方式就是招标性采购。它以竞争为基础，是市场经济高度发展的产物。招标性采购指预先刊登公告，通过招标的方式邀请所有或一定范围内的愿意参加政府采购的供应商、承包商参加投标的一种方式。在这种采购中，采购标准由采购主体事先确定并公布于众，开标后，从所有投标中严格按此标准评选出中标供应商、承包商，与之签订采购合同。

招标性采购的主要方式为：

①竞争性招标采购。竞争性招标采购指邀请所有愿意参加政府采购招标的供应商、承包商参加投标，为了使竞争充分，需要采购部门通过刊登公告、广告等形式加大宣传力度，尽可能地使所有可能参加投标的潜在供应商、承包商前来。

②选择性招标采购。选择性招标采购是指通过公开程序，设定投标人的资格审查标准，尽可能地邀请所有的供应商、承包商提供资格文件，但只有通过资格审查的供应商、承包商才能参加投标。在政府采购中，采用选择性招标采购的国家较多，因为政府采购实际上应当是只有符合标准的供应商、承包商才能进入。

③限制性招标采购。限制性招标采购是指不通过预告、刊登

公告等公开程序，直接邀请一家或几家供应商、承包商参加投标。其条件为：在公开招标或选择性招标中没有供应商、承包商参加，或没有合格标；供应商、承包商只有一家，没有选择余地；出现了无法预见的紧急情况，如向原供应商、承包商采购替换零配件等；属于研究用的实验品、实验性服务；追加工程；与原工程类似的后续工程，并在第一次招标文件中已做规定的采购。

④两阶段招标采购。两阶段招标采购是指对同一采购项目进行两次招标，是一种特殊的招标采购方式。第一次招标是采购部门要求供应商、承包商提交不含价格的技术标，目的是征求各供应商、承包商对拟采购项目在技术、质量或其他方面的意见和建议；第二次招标是采购部门根据征求意见和建议修改招标文件，要求供应商、承包商按修改后的招标文件提交最终的技术标和价格标。

两阶段招标在一般的货物采购中使用较少，而在大型复杂或技术升级换代快的货物或工程，以及特殊性质的土建工程中使用较多，即只有因事先准备好完整、准确的技术规格有困难或不易实现时，才采用两阶段招标方式。在服务采购中，此类方式也较多采用。

（2）非招标性采购。

非招标性采购是指除招标采购以外的采购方式。招标是政府采购的最佳选择，绝大多数的采购都采用这种方式。但招标采购不是唯一的方法，在有些情况下，招标方式也不是最经济的方法，需要采用其他方式进行采购，如紧急情况下的采购，来不及招标；单一来源的采购，招标无意义；门槛以下的小批量采购，不需要通过招标来完成。但这些采购也需要明确采购方法，不能任意行事。非招标性采购的方法较多，主要包括：

①询价采购。询价采购是指采购部门向若干家供应商、承包商发出询盘，邀请其报价，在比较的基础上确定供应商、承包商的采购方式。这种方式只适用采购现货或价值较小的标准规格的设备或小型简单的土木工程。

②单一来源采购。单一来源采购是指没有竞争的采购，也称直接采购。在这种采购中，供应商、承包商只有一家，没有竞争，无法选择或由一家供货更为有利，如采购品渠道单一、专利、首次制造、合同追加、原有项目的扩充等，只能由一家供货或由一家供货较为有利。

③谈判采购。谈判采购指采购部门通过与多家供应商、承包商进行谈判，从中确定供应商、承包商的采购方式。适用于不适合公开招标采购，或者紧急情况下的采购，或者涉及高科技产品和服务的采购。

④自营工程。自营工程仅在世界银行的《采购指南》中有所规定，有较高的使用限制条件，它是指借款人使用自己的人员和设备进行施工建设的工程，但对于承建的土建工程应当是唯一实际可行的方法时方可采用。主要适用于：a. 无法事先确定所涉及的工程量的情况；b. 工程小而分散，或位于边远地区，有资格的供应商、承包商不大可能以合理的价格投标的情况；c. 必须在不破坏在建项目秩序的前提下施工的情况；d. 不可避免的工作中断的风险由借款人承担比由供应商、承包商承担更为合适的情况；e. 需要迅速采取采购行动的紧急情况。

2. 集中采购与分散采购

（1）集中采购。

集中采购是指本级政府的采购均由一个专门从事采购的部门负责，不允许由使用单位自行采购。这种采购方式将购买、支付和使用单位分离，三者各有分工且便于监督管理。集中采购能够保证物美价廉，节约财政资金，也便于政府采购政策措施的实行，确保政府采购各项目的实现。

（2）分散采购。

分散采购是指由各使用单位自行采购的方式。这种采购方式比较灵活，使用单位可以根据需要自主确定采购的物品，尤其是在紧急的情况下采购效率较高。但难以形成规模购买上的价格优势，难以做到物美价廉，各使用单位的自行采购也容易造成重复采购，使社会公共物品难以达到资源共享。总之，分散采购难以实现政府采购的经济性和效率化的目标，只有在小规模的日常办公用品的采购中才能体现出优越性。

3. 小额采购、批量采购和大额采购

（1）小额采购。

小额采购是指对单价不高、数量不大的零散物品的采购。采购方式可以是询价采购，也可以直接到商店或工厂采购。

（2）批量采购。

批量采购即小额物品的集中采购。其适用条件为：①采购的物品属于本级政府各单位经常需要的物品；②采购物品单一，价格不高但数量较大。具体采购方式包括询价采购、招标采购和谈判采购等。

（3）大额采购。

大额采购是单项采购金额达到招标采购标准的采购。适用的具体采购方式有招标采购、竞争性谈判采购等。

4. 传统采购和现代化采购

（1）传统采购。

传统采购是基本依靠人与人的面对面交流完成整个采购过程的一种采购行为。主要通过报刊来发布采购信息，通过采购实体和供应商直接的相互活动等来完成。

（2）现代化采购。

现代化采购是依靠现代科学技术的成果来完成采购过程的一种采购行为，一般通过互联网发布采购信息、网上报名、网上浏览和下载标书、网上投标等网上活动，完成采购招投标的各个环节，实现采购目的。

随着信息化产业的发展，人类社会将进入信息化社会。无论是发达国家还是发展中国家，信息与通信技术都在其社会与经济的发展和转型过程中起到了非常重要的作用。信息技术本身不断发展，其成本也在快速地下降，已经被越来越广泛地用于经济和社会的各个部门。政府采购的信息化是未来的发展趋势，主要体现在采购的各个环节需要信息支持和采购的过程需要通过信息进行管理等。很多发达国家在政府采购方面都运用了现代信息技术，使政府采购效率得到了极大的提高，创造了良好的交易环境。如美国建立了一个“采购改革网络”，可以查找任何有关法律法规文件及其他资料；可以看到联邦采购实践中成功创新的实例；可以得到联邦政府采购计划方面的信息；甚至还可以在网上直接接受由联邦资产采购研究院举办的资产采购培训，等等。

六、政府采购的程序

按照我国相关法律、法规和政策的规定，政府采购资金的使用者有向社会公众和纳税人说明其资金使用正当性的法律义务，使用财政性资金的行为应当受到法律、法规的规范和监督。同时，政府采购必须遵循公开、公平、透明的原则，按照法定程序，运用科学方式和方法进行。《政府采购法》规定：各级国家机关、事业单位和团体组织，使用财政性资金（含预算内资金和预算外资金，包括中央和省、市、区安排的各类专项资金、国内外政府性、财政性贷款、赠款等）采购依法制定的政府采购目录以内或政府采购限额标准以上的货物、服务及公共工程的行为，都必须遵守以下程序：

1. 编制政府采购预算、制订采购计划

政府采购预算是部门预算的组成部分，预算单位应当根据公布的政府集中采购目录和政府采购限额标准，编制政府采购预算，经主管部门审核汇总后报财政部门汇总。政府采购计划是政府采购预算的具体实施方案，政府采购管理部门根据批复的部门预算，按品目或项目汇总编制政府采购计划，并下达到采购人。

2. 实施采购

实施采购分为以下三个步骤：

第一步　采购申请

采购人根据政府采购计划和采购需求，填制“政府采购申请表”，向政府采购管理部门提出采购申请，政府采购管理部门进行审核并确定政府采购方式。采购人落实采购资金，并将采购资金转入政府采购资金专户。

第二步　组织采购

（1）实行公开招标的项目，由具有政府采购代理资质的招标代理机构按采购人的委托组织采购招标。

建设工程项目公开招标的主要流程如图 1。

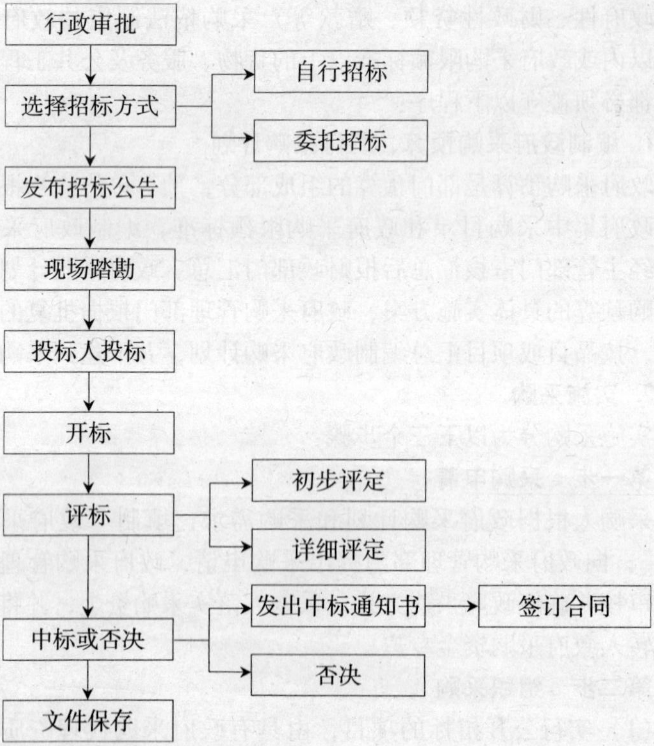

图1　建设工程项目公开招标的主要流程图

货物及服务公开招标的主要流程如图2。

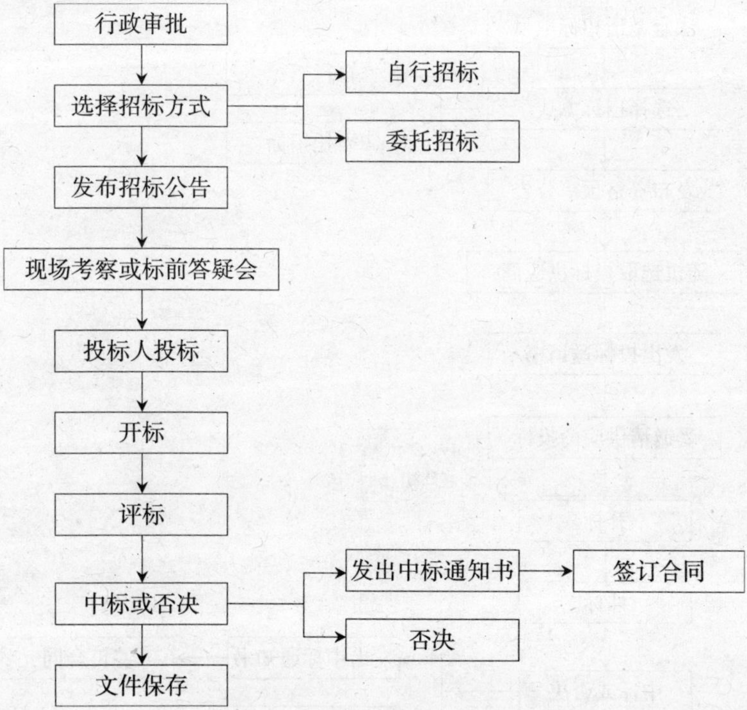

图2　货物及服务公开招标的主要流程图

（2）实行邀请招标的项目，由招标采购单位依法从符合相应资格条件的供应商中随机邀请三家以上供应商，并以投标邀请书的方式，邀请其参加投标。邀请招标的主要流程如图3。

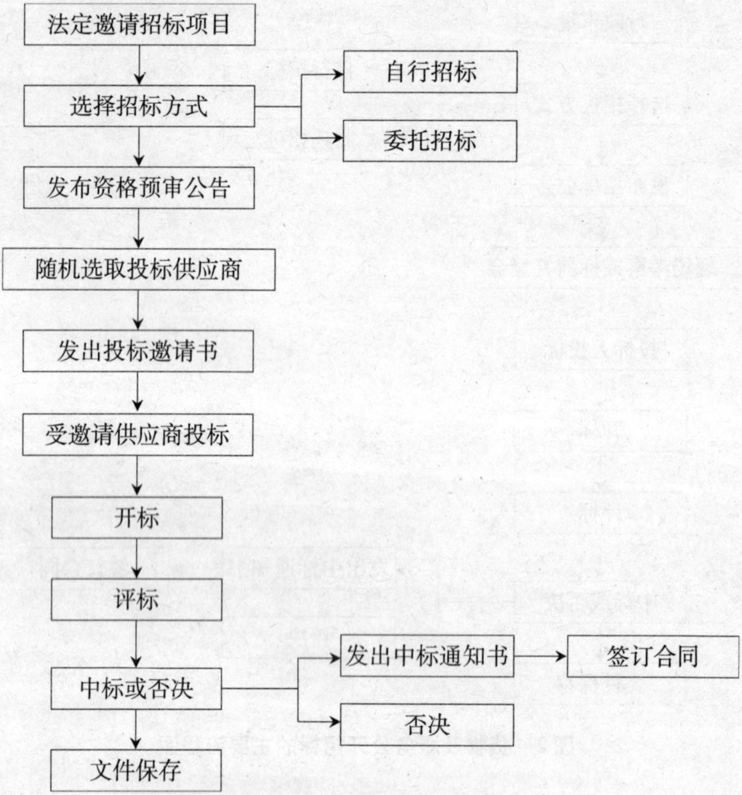

图 3　邀请招标的主要流程图

（3）实行竞争性谈判采购的项目，由采购人或代理机构通过与多家供应商（三家以上）进行谈判，最后从中确定中标供应商。选用竞争性谈判的条件：①招标后没有供应商投标、没有合格标或重新招标未能成立；②技术复杂或者性质特殊，不能确定详细规格或者具体要求；③采用招标方式所需时间不能满足用户紧急需要；④不能事先计算出价格总额。竞争性谈判的主要流程如图 4。

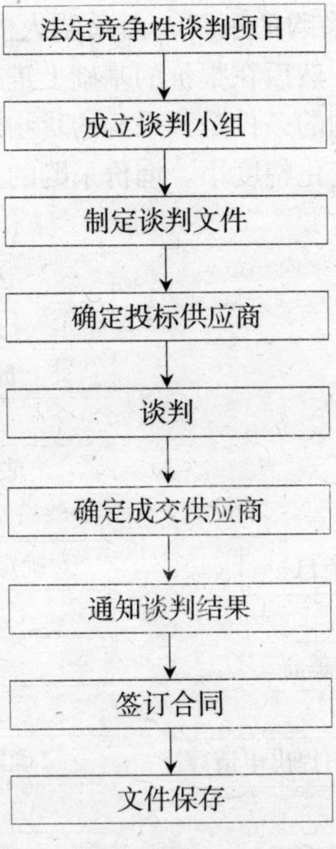

图 4　竞争性谈判的主要流程图

（4）实行单一来源采购的项目，由于所购商品来源渠道单一，或属专利、首次制造、合同追加、原有采购项目的后续扩充和发生了不可预见的紧急情况，只能从唯一的一家供应商处采购。选用单一来源采购的条件是：①只能从唯一供应商处采购；②发生了不可预见的紧急情况，不能从其他供应商处采购；③为保证与原有采购项目的一致性或者服务配套的要求，需从原供应商处添购且添购总额不超过原合同金额的10%。单一来源采购的主要流程如图5。

（5）实行询价采购的项目，由采购人向有关供应商发出询价通知书让其报价，然后在报价的基础上进行比较并确定最优供应商。选用询价采购的条件是：采购的货物规格、标准统一，现货货源充足且价格变化幅度小。询价采购的主要流程如图6。

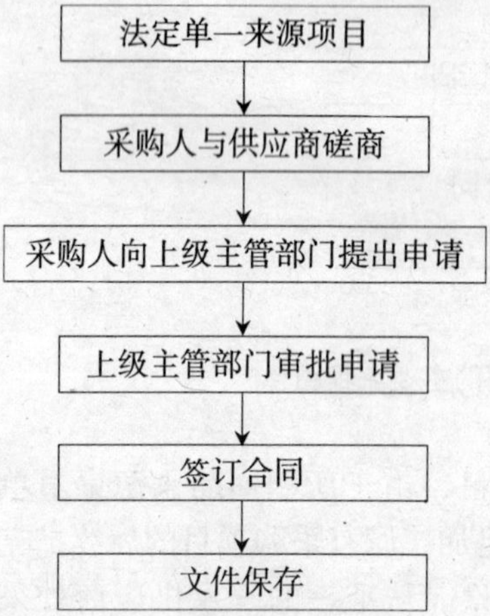

图5　单一来源采购的主要流程图

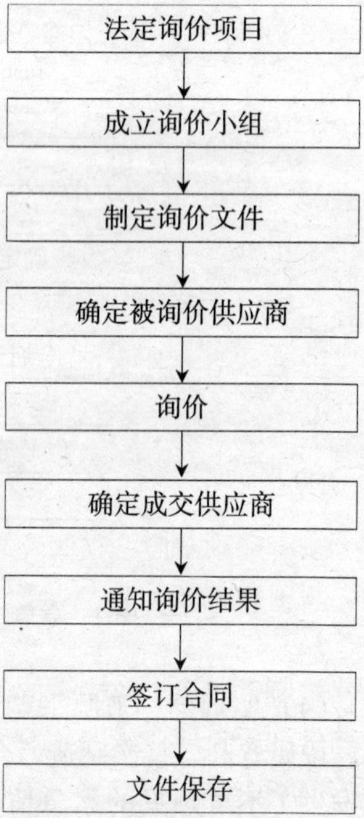

图6　询价采购的主要流程图

第三步　验收

采购项目完成后，由采购人或采购代理机构组织验收。

3. 结算

政府采购供应商提出资金支付申请，采购人签署支付意见，经政府采购管理部门审核后，由国库部门直接支付给政府采购供应商。

第二节　政府采购制度

政府采购制度是政府采购健康发展并充分发挥作用的基础和保障，发展历史已有220余年，但制度的真正健全和完善是20世纪30年代之后的事情，距今不过70～80年。凯恩斯理论诞生后，政府采购才成为国家干预经济的政策和手段，随着制度的不断健全和完善，在国家干预经济的过程中发挥着越来越重要的作用。

一、政府采购制度的演进

政府采购制度是指为使政府的购买行为规范化而建立起来的一套制度和规则，包括政府采购政策、采购法律法规、采购程序、采购过程、采购管理和采购的监督机制等。

政府采购源于政府合同，起源于自由市场经济，完善于现代市场经济。长期以来，政府采购政策成为各国政府调节经济和社会的基本手段，是政府解决贫困、清除种族歧视、保护环境的有力武器。凯恩斯经济理论诞生后，各国政府为避免经济危机都加大了对经济干预的力度。在经济衰退时期，政府为了扩大内需，采用扩张性的财政政策。政府采购规模和领域的扩张，是其扩张性政策实施的有效工具，并起到了极为重要的作用。我们现在所说的政府采购制度，实际上是在这一时期建立、健全和完善起来的，而在此之前的政府采购制度并没有多少现在所具有的效用。

公认的说法是，政府采购制度最早形成于 18 世纪末和 19 世纪初的英国。1782 年，英国政府首先设立文具公用局，负责采购政府部门所需办公用品，后发展为物资供应部，专门负责政府各部门所需物资的采购。英国的重要贡献在于首次对政府采购行为进行立法，从而对政府采购实行法制化管理，规范了政府采购行为，为以后的政府采购制度的发展奠定了基础。美国的政府采购最早可以追溯到独立战争前后，早在殖民时代的 1761 年就通过了一项法案《联邦采购法》。该法规定，超过一定金额的联邦政府采购必须使用公开招标的方式进行，该法案还对招标的形式、程序进行了详细的规定。在独立战争时期，采购的领域主要是为军事部门采购战争所需物资，由于战时需要及物资短缺和劳动力匮乏，再加上政府采购数额巨大，导致采购官员的权力过大，丑闻不断。1949 年，美国国会通过了《联邦财产与行政服务法》，为联邦服务总署提供了统一的采购政策和方法，确立了联邦服务总署为联邦政府绝大多数民用部门组织集中采购的权力，为现代政府采购制度的建立打下了基础。

政府采购不仅在国内经济发展中占有重要地位，也是各国对外贸易的重要领域。促进各国政府采购市场的开放，是关贸总协定和后来的世界贸易组织及亚太经合组织等国际组织促进贸易自由化的重要议题。尽管各国的政府采购市场至今难以开放，但国际组织为此做出了长期的、坚持不懈的努力。

尽管政府采购行为出现较早，但政府采购制度却建立较晚，原因是政府采购初期的采购规模较小，采购对象范围较窄，采购活动分散，没有必要制定统一的规则。英国设立文具公用局，表明政府开始对政府采购进行机构和制度建设，标志着政府采购制度的初步形成。

政府采购制度是现代市场经济的产物，与政府干预经济的政策紧密结合。在自由资本主义时期，政府基本上不干预经济，政府直接承担的公共工程也很少，政府采购市场不完善。在现代市场经济条件下，特别是 20 世纪 30 年代爆发大规模经济危机之后，发达国家认识到市场不是万能的，市场自发调节本身还存在着缺陷。因此政府开始广泛运用经济手段和法律手段干预经济，重要方法之一就是通过扩大财政支出举办公用事业，为经济发展创造条件，对社会经济产生影响。由于政府采购规模的迅速扩大，必须要有相应的立法来约束，政府采购制度才在各国普遍建立起来。

英美等国家政府采购经过 200 多年的实践，已经建立起比较完善的体系，其建立政府采购制度的理论与方法，为我国建立政府采购制度有一定的借鉴意义。

二、政府采购制度的理论基础

政府采购制度起源于欧洲。从 18 世纪末开始，西方国家逐步开始实行政府采购，制定相应的法律法规和建立管理机构。“一战”前后，政府采购的主体逐步由中央政府、地方政府向其他公共服务组织扩展。“二战”后，政府采购的作用向外延发展，成为政府干预经济的一种手段。到了 20 世纪 60 年代至 70 年代，由于发展中国家大规模兴建基础设施和发展重点行业，国际招标得到广泛应用，政府采购制度开始走向国际化。最终，1980 年政府采购的国际规则《政府采购协议》建立。发达国家政府采购制度经过200多年的探索与实践，已建立了较完善的体系，因此，政府采购制度的产生和发展有着坚实的理论基础。

1. 市场经济理论

意大利经济学家V. 帕累托认为，要使资源达到最优配置的理想状态，前提是完全竞争的市场。市场机制是资源配置的基本方式。由于政府采购在政府支出中占有很大份额，并在国内经济发展中起着非常重要的作用，因此一直倍受经济学家们的关注。1776年，亚当·斯密在其巨著《国富论》中指出，在经济自由主义的总体框架内，政府在安排财政支出时，必须遵循市场机制的引导，实现个人利益与社会利益的和谐统一，进而有效地实现资源的优化配置。1803年，法国著名的自由放任经济学家萨伊在其代表作《政治经济学概论》中提出，公共消费品的供应应由相互竞争的公共管理人转向私人，从而为政府对公共物品的采购提供理论依据，正是他的这部巨著促进了政府采购制度在欧洲大陆的产生和发展。在此基础上，斯蒂格利茨在其《政府为什么干预经济》一书中认为，在政府所从事的许多经济活动中，竞争都是可以实现的，而且许多政府所提供的服务可以以更具竞争性的方式予以提供。在政府活动中贯彻竞争性原则的一个明显结果是政府效率显著提高。现代政府采购制度就是以竞争性采购为主，通过招标广告或竞争邀请的方式，吸引众多供应商前来竞标，形成一个有利于政府的买方市场，使政府获得比较价格利益和更优质的产品或服务，从而提高公共财政支出的效率。“公开、公平、公正”的政府采购原则的确立，为确保采购过程的充分和有效竞争从而实现采购效率提供了基本规范。“公开”要求公开发布采购信息、公开竞争规则及竞争结果；“公平”要求在同等条件下，给予各供应商均等的竞争机会；“公正”要求严格限制内幕交易和虚假交易，按照事先公布的标准，在参与竞争的供应商中选出佼佼者。为了保证“公开、公平、公正”的原则，西方发达国家建立起了一套较为完善的法律体系，保证政府采购以法定的方式、方法和程序进行。对经济效率的追求、公平竞争方式的运用、对法治精神的推崇，使政府采购成为市场规划运用的典型代表。

2. **国家干预理论**

在自由资本主义时期，政府基本上不干预经济，政府采购市场不完善，采购的规模小、范围窄，其基本职能主要局限于为政府提供消费服务、为社会提供公共产品。但是，在20世纪二三十年代，英国及其他西方国家普遍出现了经济大萧条，生产与产值大幅度下降，失业人数急剧增加，自由放任的市场经济理论渐渐走向了穷途末路。为摆脱当时资本主义的经济危机和困境，弗里德里希·李斯特（Friedrich List）、庇古（Arthur Cecil Pigou）、约翰·梅纳德·凯恩斯（John Maynard Keynes）等掀起了一场用国家干预理论代替经济自由主义的革命。他们认为，市场机制在实现资源配置效率方面可能出现运转失灵，包括外部性失灵、公共性失灵、垄断性失灵、信息不对称失灵、收入分配不公、经济周期性波动等，这就使得以政府为代表的公共部门获得了最为直接的理由介入经济。在国家干预经济理论的推动下，各国政府后来都逐渐通过经济手段和法律手段加大了对经济的干预力度，政府采购的功能得到了新的拓展，成为国家宏观调控、干预经济的重要手段。在西方，通常把以最低价格购买质量最高之产品或服务作为政府采购的基本目标，而把类似于实现保护民族工业等称为政府采购的“第二目标”。在现代市场经济条件下，政府采购的政策功能越来越重要，并且得到了国际公认。例如，“绿色采购”（Green Purchasing）就是国际公认的公共采购的政策目标之一。在我国，政府采购也具有促进环境保护、加快自主创新等政策功能。政府采购之所以被赋予了政策功能，其理论指导就来源于国家干预理论。

3. 寻租理论

寻租理论产生于美国，最早萌芽于20世纪60年代，确立于70年代，至今已经有了长足的发展，成为现代经济学的一个重要的分支学说。把寻租作为一个经济学范畴正式提出来的是美国的经济学家克鲁格。后来布坎南等公共选择学者提出了两个观点：一是寻租基本上是通过政治活动进行的；二是限制寻租就要限制政府。所谓寻租，是人们凭借政府保护进行的寻求财富转移而造成的浪费资源的活动。寻租主要表现为非法的权钱交易，它或者以行贿的方式从政府官员处获取垄断特权，或者以回扣的方式从政府官员处获取平价生产要素和商品以及向国有部门以市价推销伪劣产品。政府采购过程实际上也是一个委托代理过程，在传统的政府采购过程中，一般会形成纳税人—政府—财政部门—专门政府采购机构—采购官员这样一个长长的委托代理链。在这个委托代理链中，政府采购资金所有权与使用权分离。由于委托人和代理人不同的利益取向，天然地会产生委托人和代理人不相容的问题。同时由于委托人和代理人存在信息不对称问题，即由于政府采购的专业性很强，代理人特别是政府采购监管人员和执行人员拥有比委托人更多的信息，这就使寻租行为的产生成为可能，并且成为世界各国寻租行为发生频率较高的领域之一。寻租行为是一种社会交易成本极高的“负和博弈”，会造成社会资源的浪费，导致供应商的市场竞争力下降，并且严重损害政府形象和信誉。为此，西方各国普遍通过政府采购法律，对政府采购的各个环节和程序以详细而复杂的法律条款加以规定，由此产生了政府采购的“繁文缛节”。在政府采购机构的设置上，实行以采购的审批监督权、采购执行权和验收使用权三权分离为目的的改革。财政部门负责对采购人的采购项目进行审查，对采购过程进行监督，并负责直接向供应商支付款项；采购代理机构根据采购人的委托进行采购；采购人除了申报采购项目外，还要根据使用要求验收采购项目，通过验收实施对采购代理人的监督，从而在机构设置上形成了采购当事人相互制约、相互监督的机制，提供了从源头上遏制“分散腐败”和“集中腐败”的条件。

4. 新公共管理理论

20世纪80年代以来，西方国家在对市场失灵与政府失灵进行纠错的基础上，提出了新公共管理理论。新公共管理以公共选择理论、管理主义和新制度经济学等为自己的理论基础，主张调整政府与社会的关系，引进私营部门的管理方法和经验，利用市场和社会力量，提高公共部门的工作效率。新公共管理主张减少行政法和公法的应用而在政府中广泛使用合同法，通过交易契约将公共品的生产合同外包给第三部门和私人部门。这种理念直接导致政府采购范围的扩大。在西方，早期的政府采购仅限于政府部门使用财政预算购买货物、工程和服务项目，随着新公共管理改革的发展，政府采购范围不断扩大，逐步将涉及国计民生的铁路、市政工程、电力、通信、机场、港口等公共基础设施项目纳入政府采购范围，涵盖了公共机构和部门的所有采购活动；公共管理主张结果导向，关注的是结果而不是投入，认为政府应致力于实现实质性的公共目标或结果，而不是致力于严格控制完成该项工作所花费的公共资源。这直接推动了西方各主要国家进行以提高效率为目的的政府采购制度改革。例如，1994年和1995年，美国分别通过了《联邦采购简化法案》（Federal Acquisition Streamlining Act of 1994）和《联邦采购改革法案》（Federal Acquisition Reform Act of 1995），试图通过简化采购程序、放松严格的行政规制、增加政府采购人员的自主决断权并促使其对工作结果负责等改革措施的推行，来解决传统政府采购中存在的低效问题，政府采购的“繁文缛节”大为改观。新公共管理对政府绩效及其责任高度关注，从而对政府采购的绩效评估产生了直接影响。20 世纪 90 年代，美国国会通过了政府绩效和结果法，该法案的实施推动了一系列从目标设定、绩效测量到结果公开的试验计划，改善了政府采购的效果，使政府采购支出绩效管理实践达到了高潮。例如，美国政府采购近年来实行了签订绩效合同的管理制度，签订绩效合同并不是采购改革立法所倡导的手段，而是由行政部门自身发起推动的，反映了 20 世纪 90 年代以来美国行政改革的核心价值——注重结果、鼓励创新。新的缔约标准主要适用于服务采购，要求政府采购合同关注目标的实现，而不再拘泥于实现目标的细节。根据联邦采购政策办公室（Office of Federal Procurement Policy）的一项小范围研究，以结果为缔约标准，有利于吸引更多的供应商参与竞争，并且能提高采购人的满意度。

三、政府采购制度的主要精神

1. 凸显公共性质

政府采购主体的特殊性——政府采购的主体是特定的，主要指依靠国家财政性资金运作的政府、政府部门、事业单位及其他授权机构；政府采购资金来源的公共性——政府采购资金来源于政府财政拨款，即由纳税人的税收形成的公共资金，而私人采购的资金来源于采购主体的私有资金。资金来源的不同决定了政府采购与私人采购在采购管理、采购人员的责任等方面有很大的区别。从本质上讲，正是采购资金来源的不同才将政府采购与私人采购区别开来；政府采购行为的非赢利性质使其具有非商业性特点，其目的不是为了生产、转售和赢利，而是为了实现政府职能和公共利益，政府采购没有私人采购的赢利动机。

2. **追求经济效率**

政府采购也是经济行为，同样需要讲求成本效益。政府采购资金来源于公共财政，因而其经济性尤其受到纳税人的关注。正因为如此，采购机构必须谨慎合理地使用资金，这决定了它的最基本目标就是确保财政资金的有效利用，实现物有所值。事实上，推行政府采购的初衷是为了加强对财政支出的管理。节约财政支出，是各国政府采购的第一追求，国际政府采购规则也将促进政府采购的经济有效性作为首要目标。如世界银行在贷款协议中规定："在项目实施，包括有关的货物和工程采购中，必须注意经济和效率。"政府公共资金是有限的，因而在政府采购中，不论是建设一个项目，还是机关发展开支，都受到政府财政预算的约束，客观上需要将有限的资金用在急需和优先发展的地方。对资金短缺的发展中国家来说，政府采购的效率高低，直接关系到采购资金的使用效率。政府采购引入竞争机制、公开操作过程、简化流转环节、发挥规模效应，目的就是以尽可能少的财政资金采购到质量好、数量多的货物、工程或服务，从而提高财政资金的使用效率。

3. **强调政策功能**

政府采购作为一种兼具行政性和市场性的特殊行为，在实际操作中，并不仅仅是为了节约财政资金，同时还要体现社会的公共要求，贯彻政府的政策意图，为实现社会经济发展的诸多目标服务，这是政府采购与私人采购在功能上的最大区别。政府不同于私人部门，它是市场的宏观调控者，当市场失灵时，要求能够弥补市场的缺陷。在实践中，政府采购通过调节采购的数量、品种、频率来调节国民经济运行的态势，通过购买国货支持和保护民族经济发展，通过有目的的、导向性的采购促进中小企业发展、促进产业结构调整、保护公共环境、支持自主创新等，都是其政策功能的具体体现。在现代市场经济条件下，政府采购的政策功能越来越受到重视，在特定条件下甚至可能成为首要目标。事实上，政府采购的政策性功能与经济性功能有可能发生矛盾，例如：当前政府鼓励厂商生产绿色环保产品，但毫无疑问，环保产品的价格会更高，有悖于节约财政支出的功能，但出于宏观调控的考虑，在实行政府采购时仍然可能会优先考虑这种产品。

4. **鼓励自由竞争**

只有竞争才能使政府采购的价格降低，购买的商品或劳务的质量提高。世界各国都将竞争性原则作为政府采购的一项重要原则。政府采购合同中一个重要的假设是竞争价格是合理价格，政府采购目标主要是通过促进供应商、承包商或服务提供商之间最大程度的竞争来实现的。通过竞争，政府采购机构就可以形成买方市场，从而出现最有利于买方的局面。公开竞争是政府采购制度的核心。将竞争机制引入公共支出的使用过程中，符合纳税人对政府少花钱、多办事的愿望，同时提高采购活动的透明度，便于纳税人监督公共资金的分配和使用。在政府采购中，采用有组织、公开、规范的竞争采购方式，能充分体现政府采购的公开、公平、公正。而招标、投标是这种竞争方式的一种高级形式，因此在各国的政府采购中，首选的采购方法便是招标、投标。

5. **坚持公平、公开**

公平性原则是指所有参加竞争的投标商都能获得平等的竞争机会，并受到同等待遇。作为政府采购的管理机关，要保证政府采购规则在执行中不偏不倚、一视同仁；作为执行机构，必须对各供应商提出相同的供货标准和采购需求信息，对物品的验收要实事求是、客观公正；作为中介组织，要在开标和评标过程中贯彻公平原则。要营造公平的竞争环境，一个重要前提是采购的公开、透明。透明的采购方法和采购程序具有科学的预测性，投标商可以计算出他们参加竞争的代价和风险，从而提出最有竞争力的价格，同时，透明的采购还有助于防止采购机关及上级主管部门做出随意或不公正的行为或决定，从而增加潜在投标人的信心。在政府采购中，公开性原则贯穿始终。另外，在政府采购法律制度中，公平性原则还体现在兼顾弱小企业利益、促进民族工业发展等方面，例如对小企业、少数民族企业、边远地区企业、暂时困难的企业等给予扶持与照顾，从而推动全社会经济的协调发展。

第三节　我国政府采购概况

我国政府采购行为古来有之，但一直没有建立规范政府采购行为的法律或制度。实行政府采购制度，是建立社会主义市场经济体制的必然要求，同时也是我国融入全球化的必然选择。从1979年改革开放至1994年，我国财政改革的重点是理顺收入分配关系，包括各级政府之间、政府与企业之间以及政府与个人之间的收入调整关系。1994年分税制的实施，标志着我国收入分配改革工作基本结束，改革重心开始转移到支出管理上来。财政部及各地区在改革财政支出管理制度方面作了许多尝试，如推出支出定额管理等，但这些改革推行起来都有一定困难，尤其是无法突破基数法的牢笼，效果不够理想。在这期间的支出改革措施有一个共同点，即只局限于支出分配的调整，对支出的使用普遍考虑不够，因此，必须探索有效措施加强对财政支出使用的管理。1995年11月，APEC在日本大阪召开领导人会议，在这次会议上，通过了《大阪行动议程》。在这个议程中，政府采购被列入了APEC贸易和投资自由领域。在当时APEC的18个成员中，除我国外，其他成员都建立了政府采购制度。为此，为了尽快缩小与APEC发达成员的差距，国务院领导指示有关部门要将建立我国政府采购制度提上议事日程。政府采购制度改革研究成为财政支出改革领域的一项重大课题，这项改革从1996年开始，截至目前，共经历了4个阶段：

1. 研究探索阶段（1996年至1998年7月）

1996年，财政部开始研究国际上通行的支出管理制度——政府采购制度。在广泛、深入研究西方国家公共财政支出管理以及国际政府采购规则的基础上，财政部于1996年10月完成了第一阶段的研究任务。通过前期研究，财政部提出要将推行政府采购制度作为我国财政支出改革的方向。1997年，财政部正式向国务院法制办提出制定政府采购条例的建议，与此同时，初步完成了政府采购条例的草拟稿。1998年4月，财政部首次在国内组织召开了政府采购制度国际研讨会，邀请美国、英国、新加坡等国的政府采购官员介绍该国的政府采购制度，为我国政府采购制度的研究和试点提供指导和借鉴。与此同时，上海市受世界银行设备招标采购办法和英国财政管理方法的启发，对用财政资金安排的一批医疗设备实行招标采购，效果显著，社会反响非常好。财政部对上海经验及时加以总结，并在借鉴国际惯例的基础上开始制定我国实施政府采购制度的思路和框架。

2. 试点初创阶段（1998年7月至2000年6月）

1998年，国务院实行机构改革。同年7月，国务院批复的财政部“三定”方案中，赋予其“拟定和执行政府采购政策”的职能。为此，财政部在预算司设立了专门机构，负责履行政府采购管理职责。政府采购管理职能的确立以及专门机构的建立，拉开了政府采购制度改革工作的序幕。在制度建设、组织建设、政府采购试点工作等有力措施的推动之下，全国政府采购范围不断扩大，规模迅速增长。政府采购的范围，由简单的标准商品扩大到部分复杂品目，政府采购规模由 1998 年的 31 亿元扩大到 1999 年的 128 亿元。

在试点初创时期，已初步展现了政府采购的优越性，推行政府采购制度引起了全国人大和中央纪委的高度重视。1999 年 4 月，全国人大将政府采购法列入了“九届全国人大常委会立法规划”，计划在 2002 年颁布。在 1999 年底中央纪委召开的第四次全会上，也把推行政府采购制度列为反腐倡廉的一项治本措施。

3. **试点向全面推行阶段（2000 年 6 月至 2002 年 12 月）**

2000 年 6 月，财政部对内部机构进行改革，政府采购的管理职能由预算司调整到新组建的国库司，国库司内设立了政府采购处，负责全国政府采购的管理事务。

新机构组建以来，在继续扩大政府采购范围和规模的同时，加强了规范化建设，同时加大推行政府采购制度的力度，加强透明度建设。2002 年 10 月，国务院办公厅印发《中央国家机关全面推行政府采购制度的实施方案》，对中央国家机关全面推行政府采购制度做出了部署，提出了要求。2002 年 6 月，《中华人民共和国政府采购法》出台。

4. **全面实施阶段（2003 年 1 月至今）**

2003 年 1 月 1 日，《中华人民共和国政府采购法》正式实施，标志着我国政府采购制度改革试点工作至此结束，进入了全面实施阶段，全国政府采购工作开始步入新的发展时期。

第二章　图书馆文献信息资源政府采购概述

第一节　图书馆文献信息资源政府采购产生的背景

图书馆文献信息资源政府采购出现的时间晚于政府采购，具体时间目前还没有确切的说法，一种观点认为，图书馆文献信息资源政府采购启动于2000年。本课题开展的国内图书馆文献信息资源政府采购现状调查结果显示：在接受调查的图书馆中，最早从1997年开始，重庆大学图书馆就已经按照有关招标和资产管理的规范开始运作。在2003年《中华人民共和国政府采购法》（以下简称《政府采购法》）实施以后，图书馆文献信息资源政府采购工作的实施迅速被提上了日程。

一、图书馆实施文献信息资源政府采购的必要性

1.《政府采购法》的实施从法律上要求图书馆实施文献信息资源政府采购

2002年6月29日，第九届全国人民代表大会常务委员会第二十八次会议通过了《政府采购法》，并于2003年1月1日开始实施。政府采购行为受到了法律的约束。各地相继依据《政府采购法》制定了政府采购工作办法、政府采购目录及限额标准，对公共资金的使用进行规范管理。初期是以财政部门等政府机关

所使用的公务用车、家用电器、专用设备、高档办公用品和计算机网络设备等物资的采购作为试点。在试点成功后，政府采购工作全面铺开并呈良性发展趋势。公共图书馆是由政府机构主办的，其文献信息资源采购使用的是公共资金，与其他公务物资的采购在根本上是一致的，所以政府采购模式在这一领域内同样适用，符合条件的图书馆在开展文献信息资源采购工作时必须依照法律的规定实行政府采购。各省陆续把图书资料（各省的称谓不一）纳入政府采购目录，部分没有把这一项目纳入政府采购目录的省市也要求图书馆对照政府采购限额对文献信息资源实行政府采购。早在2003年，广州市就已经把图书资料纳入了《政府采购法》实施以后的第一批政府采购目录，由广州市财政局组织集中采购。

2. 社会公众反腐意识的增强要求图书馆文献信息资源采购进行阳光下的交易

随着反腐意识的逐渐增强，社会公众要求公共资金的使用过程更加透明。公共图书馆是一项为大众服务的公益性事业，使用的是财政资金，资金来源于税收，社会公众对资金的使用享有知情权。所以，公共图书馆文献信息资源的采购工作需要一个在健全机制下建立的模式，在公开、公平、公正的环境下进行采购。而政府采购模式正是符合上述要求的采购模式。政府采购制度不仅具有内在监督约束机制，可以最大限度地杜绝腐败，而且建立了一整套外在监督机制，大大增加了政府采购的透明度。以文献信息资源政府采购为例，其行为主体由之前传统采购模式下的图书馆、供应商变成了三个，即图书馆、采购代理机构及供应商，这三者有着不同的利益，从而形成了既彼此合作又互相监督的机制。法律赋予了采购人和供应商投诉对方的平等机会，打破了在传统模式下采购人一方掌控采购过程的局面。采购代理人作为新增的一个行为主体，监督前两者在采购中的行为，但其行为也受到前两者的监督。除内在监督机制的约束外，还需要外部监督约束机制进一步监督采购行为，这主要依靠各种法律及部门监督构建，这种外在的监督从制度上抑制了腐败的滋生。因此，政府采购不但有利于图书市场的有序发展，也有利于图书馆事业的发展。美国某采购学者曾将招标程序的透明性形象地比喻为“在金鱼缸中”（In a Goldfish Bowl），人人都可以清楚地看到整个过程。采购信息透明，采购过程透明，仲裁制度透明，使用法规透明，有了这种透明性，文献信息资源采购就可以走向“阳光”。

3. 公共财政支出管理的日益规范要求图书馆实施文献信息资源政府采购

财政资金的支出关系到经济社会发展全局，是人民群众最关心、最直接、最现实的利益。加强对其监管，是政府全面履行社会管理和公共服务职能的重要内容和重要责任。长期以来，财政资金管理中普遍存在着“重收入、轻支出”、“重分配、轻管理”的现象，各地、各部门把大量时间和精力放在争项目与争资金上，而忽视了资金的使用效益。政府采购正是在这种背景下被提出来的。政府采购的初衷是加强对财政资金支出的管理，提高了其使用效益。使用财政资金的图书馆同样需要注意这些问题。按我国 2008 年的政府采购资金节约率 11.2% 计算，一个拥有 100 万元经费的图书馆，每年可以节约 11.2 万元。另外，政府采购使图书馆掌握了选取优质资源的主动权，提高了文献信息资源采购的货物及配送服务的质量，从而提高了财政资金的使用效益。

4. 竞争的日趋激烈要求文献信息资源市场有一定的秩序

新中国成立后很长一段时间，我国实行计划经济体制。在这种体制下，图书的出版和采购都在计划控制之下。一般来说，各级新华书店包揽了最大部分的图书销售，教材更是全部被垄断，由新华书店统一发行。图书馆采购的渠道单一，大多只能向新华书店购买。在这种生产经营组织和预算单位没有自主性的情况下，整个市场的竞争程度非常低。1993 年，党的十四大正式确立了实行社会主义市场经济体制，并在随后的宪法修正案中将其纳入宪法，市场经济体制成了最主要的经济运行模式，图书的发行销售有了自主权，垄断开始被打破。各地新华书店经过重组，纷纷成立了出版发行公司。图书销售权放开后，各地民营书店如雨后春笋般涌现。

据《2002 年全国新闻出版业基本情况》统计，2002 年全国共有出版社 568 家，出版图书 170 962 种，期刊 9 029 种，报纸 2 137种；全国共有音像出版单位 292 家，出版录像制品 13 576 种，电子出版物 4 713 种；全国共有图书发行网点 71 824 处。《2008 年全国新闻出版业基本情况》显示，2008 年，全国共出版图书 275 668 种，期刊 9 549 种，报纸 1 943 种；录音制品 11 721种，录像制品 11 772 种；电子出版物 9 668 种；全国共有出版物发行网点 161 256 处，六年间出版发行网点数量翻了一番。除此以外，市场上还涌现了一批自办发行的书刊。新华书店垄断国内版图书和邮局垄断国内版报刊的局面被打破了。

在激烈而残酷的市场竞争中，未免有供应商会使用不正当手段以谋取自身利益的最大化，因此，整个市场需要有一定的机制来维持竞争的公平性和正当性，政府作为宏观调控者及政策制定者，在文献信息资源采购方面实施政府采购正起到了这样的作用。

二、图书馆实施文献信息资源政府采购的可行性

1.《政府采购法》为文献信息资源政府采购工作提供了法律依据和保障

《政府采购法》为图书馆提供了文献信息资源采购的规范程序。虽然图书馆选择供应商的自主权减少，但同时在这方面所承担的责任也相应减少。只要依法办事，图书馆及其工作人员的政府采购行为就会受到法律的保护。所以，《政府采购法》不但从法律上要求图书馆对文献信息资源实行政府采购，而且为图书馆的采购行为提供了法律保护。

2. 政府采购制度在我国的良性发展，其他公务物资政府采购模式的成功组织，为文献信息资源政府采购的顺利实施提供了良好的借鉴

虽然我国政府采购制度相对于西方国家来说起步较晚，而且在实施初期采购规模不大，但这项工作得到各级政府和有关部门的高度重视，试点工作有效推进，规章制度逐步完善。每年政府采购的资金都大幅度增长，发展势头良好。2000 年，政府采购支出达到 328 亿元人民币，占当年财政支出的 2.07%，节约资金 52.5 亿元。到了 2001 年，这一数字增长了 69%，达到 553.2 亿元，占当年财政支出的比例也进一步提高到 5% 左右，节约资金 78.5 亿元，资金节约率达 10.7%。2008 年全国政府采购规模达 5 990.9 亿元，比 2000 年增加 5 663 亿元，增长 17 倍，政府采购金额占当年财政支出的 10%，占当年 GDP 的 2%，资金节约率为 11.2%。

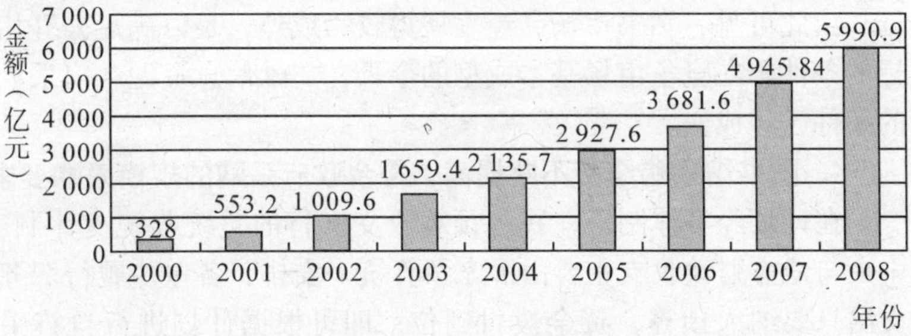

图1　我国2000年至2008年政府采购金额的增长过程

数据来源：根据历年《全国政府采购工作统计分析报告》及财政相关会议资料整理。

由图1可知，政府采购在我国处于良性发展阶段，并且发展迅速。政府采购在我国政治、经济、社会生活中发挥着越来越重要的作用。在政府采购目录里，许多与人们生活息息相关的公共资金的使用都被纳入其中，并且取得良好效果。在这样一个大环境下，图书馆文献信息资源实施政府采购的条件已经成熟，其采购方式可以参考其他领域成功的案例和成熟的经验。

3. 文献信息资源市场的成熟发育为政府采购实施提供了条件

如果市场发育不全，没有足够的供应商参与竞争，政府采购的实施条件就无法满足。只有市场高度发展，一种产品的供应商达到了三家或以上，政府采购才具备全面铺开的可能性。文献信息资源市场的发展和成熟为政府采购提供了条件。例如图书，根据新闻出版总署计财司的《中国新闻出版资料汇编2003》统计，2002年，全国共有图书发行网点71 824处，其中国有书店2 773处，国有售书点10 595处，其他类型售书点（含供销社售书点、出版社自办售书点、集体和个体书店等）58 456处。以集体、个体为主体的民营书店已经超过全部网点数的一半，高达36 035

处。由此可见，图书市场已经发展得较为成熟，足以满足公开招标的条件。在竞争市场基本成型的今天，文献信息资源政府采购的条件已经成熟。

4. 图书馆采购经费不断提高，符合政府采购的规模采购要求

在计划经济体制下，我国预算收支实行的是统收统支体制，中央与地方财政收支主要由国家预算统一安排，各单位履行职务支出只要纳入预算，资金拨付到位，即可根据计划进行自行采购，各级地方财政没有太多的决定权。财税体制改革后，各级地方政府有了自己独立的财政，能够按地方的需求分配资金。各地政府越来越重视本地图书馆事业的发展，图书馆成为各地的一张文化名片。在这些有利因素的影响下，图书馆的文献信息资源采购经费不断提高，据统计，2003—2007 年五年间，全国公共图书馆新增藏量购置费总量增长了 71%，表 1 显示了 2003—2007 年全国公共图书馆新增藏量购置费的投入与增长情况。

表 1　2003—2007 年全国公共图书馆新增藏量购置费统计

年份	2003	2004	2005	2006	2007
国家级（千元）	109 931	115 087	120 010	130 027	137 700
省级（千元）	188 323	200 973	234 952	254 449	306 913
地市级（千元）	140 158	163 122	159 063	163 581	225 190
县市级（千元）	72 559	87 091	158 884	179 476	205 057
总计（千元）	510 971	566 273	672 909	727 533	874 860

数据来源:《中国图书馆年鉴》(2003—2007 年)

政府采购需要在一定规模的基础上才能发挥效益，有一定规模的采购也才能更有资本要求供应商提供更低的折扣和更好的服务，低折扣又可以为政府采购节约更多的资金。经费的增加使文献信息资源采购的规模扩大，使文献信息资源这一特殊货物符合了政府采购规模采购的条件，经费的使用效益也在规模采购中得到提高。

第二节　图书馆文献信息资源政府采购的含义

根据沈继武、萧希明编著的《文献资源建设》（武汉大学出版社，1991），国内外图书馆界对信息资源这一概念尚未达成共识，其中有两种观点具有代表性：一是狭义的理解，认为信息资源指人类社会经济活动中经过加工处理有序化并大量积累起来的有用信息的集合；另一种观点是广义的理解，认为信息资源是人类社会信息活动中积累起来的信息、信息生产者、信息技术等信息活动要素的集合。文献信息资源指一切记录有信息资源的载体，包括有形的物质实体和无形的数字资源。

图书馆文献信息资源政府采购是指国家机关、事业单位或社会团体的图书馆，使用财政性资金采购依法制定的集中采购目录以内或者采购限额标准以上的文献信息资源的行为。图书馆文献信息资源政府采购不仅指具体的采购过程，而且是采购政策、采购程序、采购过程及采购管理的总称，是政府采购的一部分。把握这个概念需要从以下四个要素着手：

1. 图书馆文献信息资源政府采购的主体

根据《政府采购法》，政府采购的主体应该是各级国家机关、事业单位、团体组织，不包括企业。延伸到图书馆文献信息资源政府采购领域，主体应该是国家机关、事业单位或社会团体的图书馆，如各级公共图书馆及公办学校图书馆、各级政府机关图书馆、政府主办的科研院所图书馆等，而企业（含国有企业）或个人设立的图书馆不包括在内。

2. 图书馆文献信息资源政府采购的对象

图书馆文献信息资源政府采购的对象是文献信息资源，不包括图书馆所需要的其他物资。在传统文献采访学中，文献以物质为载体，有形地存在于图书馆实体中。但信息技术的发展已经使信息资源可以脱离有形的物质载体，存在于一个虚拟的环境中，例如数据库、网络资源等。所以，图书馆文献信息资源政府采购对象不仅包括有形的物质实体，还包括无形的数字资源。只要是以采购方式获取的，都应纳入政府采购的范围。

3. 图书馆文献信息资源政府采购的资金来源

政府采购是政府为社会公众提供公共服务的一种手段，其资金来源应该是具有公共性质的财政资金。同样地，文献信息资源政府采购的资金也是来自财政拨款，图书馆应按有关规定将其纳入政府采购范畴。

2001 年财政部颁布的《政府采购资金财政直接拨付管理暂行办法》规定：政府采购资金是指采购机关获取货物、工程和服务时支付的资金，包括财政性资金（预算内资金和预算外资金）以及与财政资金相配套的单位自筹资金。因此政府采购的资金来源包括三种：预算内资金、预算外资金及自筹资金。预算内资金是按照法定程序编制、审查和批准的年度财政收支计划预算内的资金，需要经过人大的审批和监督。大多数公共图书馆的文献购置经费已经被纳入预算，但还有一些地区图书馆的文献购置经费没有被纳入预算。预算外资金是指按规定缴入财政专户和经财政部门批准留用的未纳入财政预算收入管理的财政性资金，图书馆可依法根据审批留用此项资金。单位自筹资金是指采购人按照政府采购拼盘项目要求，按规定用单位自有资金安排的配套资金。一般大学都有一些自筹资金可供分配，这些自筹资金有可能分配给图书馆购置文献信息资源。如果图书馆文献信息资源采购的资金是通过捐赠等其他途径获得的，其采购行为则不属于政府采购。

4. 图书馆文献信息资源政府采购的范围

政府采购范围除了要从采购内容上界定外，还要从采购数量上界定。鉴于问题的复杂性，其界限在立法中只做原则性规定，具体划分可通过实施办法来明确。实施办法通过以下方式明确政府采购的范围：在采购内容界定上，可制定政府采购目录，凡纳入政府采购目录者，为“门槛”内的物品和服务，必须按政府采购制度规定依法实施；在采购数量方面，可通过政府采购限额标准来界定，凡超过政府采购限额的，都须采用这一模式采购。在当前各地试点中，采购范围的界定多采用上述两种办法。

理论上，凡是采购主体和资金来源都符合政府采购条件的图书馆，其采购行为就属于政府采购的范围，必须通过政府采购的方式进行采购。《政府采购法》第七和第八条规定，属于地方预算的政府采购项目，其集中采购目录以及政府采购限额标准由省、自治区、直辖市人民政府或其授权机构确定，因此现实中各地的文献信息资源政府采购的情况不一致，如有些地方要求全年采购额达到某个限额，有些地方则要求一批采购额达到某个限额。每年，各级财政部门、主管部门都会依法制定集中采购目录，详细列出必须进行政府采购的货物、服务等，图书馆可对照执行。但如果目录中没有列出文献信息资源，则需要图书馆对照目录中政府采购的限额标准来进一步确定是否需要实行政府采购。

第三节　图书馆文献信息资源政府采购的方式

越来越多的图书馆开始实行图书资料政府采购，同时，也有一些图书馆反映，这种采购模式很难实行下去，例如首都图书馆，因为经费较多，图书资料采购的内容比较复杂，经过一年的实践被迫放弃。

政府采购作为目前世界各国规范公共资金使用的一种重要方式，已经存续了200多年。事实证明，这种采购模式是可行的，但这种模式没有特别针对图书资料，如果生搬硬套把其他货品的政府采购方式套用于图书资料的采购中，就会出现许多问题。有些图书馆把“政府采购”仅仅理解为“公开招标”，所有种类的图书资料都用公开招标的方式采购，这种不当理解会使图书资料的政府采购工作陷于困境。只有合理运用各种采购方式，才能保证采购工作的顺利进行。我国政府采购方式主要包括：公开招标、邀请招标、竞争性谈判、单一来源采购、询价。第一章已经对上述方式进行了阐述，本章将结合文献信息资源采购的特点，重点阐述上述五种方式在图书馆文献信息资源政府采购中的运用，以及在五种法定方式基础上衍生出的两种新的政府采购方式——协议供货和备案制。

1. 公开招标

根据《政府采购法》的规定，公开招标应作为政府采购的主要方式。采购人不得将应当以公开招标方式采购的货物或者服务化整为零或者以其他任何方式规避公开招标采购。所以，在图书馆文献信息资源政府采购中，公开招标是首选的采购方式。只有在特殊情况下，经主管部门同意，才能采取其他方式，如广州市财政安排资金的图书馆文献信息资源政府采购行为如果不采用公开招标方式，需要报广州市财政局批准。

公开招标的优点在于能够最大范围地选择投标商，竞争性更强，择优率更高，同时也可以在较大程度上避免招标活动中的贿标行为。图书馆采用这种方式可以通过网上发布招标邀请，让全国范围内的供应商前来应标，这种做法对馆藏建设具有积极的意义。但是，公开招标一般耗时较长，需要花费的成本也较大，特别是小宗特殊文献的采购，如果使用这种方式，会造成资源浪费，供应商的不确定性也会在图书采购实际操作中产生一些问题。

2. **邀请招标**

根据《政府采购法》的规定，符合下列情形之一的货物或者服务，可以采用邀请招标方式采购：①具有特殊性，只能从有限范围的供应商处采购；②采用公开招标方式的费用占政府采购项目总价值的比例过大。

邀请招标通过对潜在供应商实行有限邀请方式实施招标，既可以节约采购成本，又能保证采购项目的实施达到预期效果，可以在一定程度上弥补公开招标耗时长、成本高等缺陷，又能利用招标优势，特别是在投标供应商数量不足的情况下发挥出较大的作用。如一些小型图书馆，因为采购额度不大，供应商没有给予足够的重视，导致招标的效果大打折扣，因此适宜采用邀请招标的方式进行采购。这种方式在大型图书馆的小批量文献资源采购中也适用。但这种采购方式在选择邀请的供应商时有可能存在人为干预因素，致使一些潜在的优秀供应商被排除在外，不利于采购渠道的拓展。

3. **竞争性谈判**

根据《政府采购法》的规定，符合下列情形之一的货物或者服务，可以依照规定采用竞争性谈判方式进行采购：①招标后没有供应商投标或者没有合格标的或者重新招标未能成立的；②技术复杂或者性质特殊，不能确定详细规格或者具体要求的；③采用招标所需时间不能满足用户紧急需要的；④不能事先计算出价格总额的。

采用竞争性谈判采购方式的优点是法律没有明文规定这种采购方式的时间限制，故采购效率较高。在竞争性谈判之前，图书馆可小范围地选定若干供应商。这些参加谈判的供应商可能更适应图书馆的需要，而且可能已经与图书馆建立了良好的合作关系，不需要花时间进行磨合，这些条件都有利于采购工作的进行。竞争性谈判也存在与邀请招标类似的问题，即在供应商的选择方面会有更多的采购人的主观意志，这些问题需要在采取竞争性谈判时特别留意。

4. 单一来源采购

根据《中华人民共和国政府采购法》的规定，符合下列情形之一的货物或者服务，可以依照规定采用单一来源方式采购：①只能从唯一供应商处采购的；②发生了不可预见的紧急情况不能从其他供应商处采购的；③为保证与原有采购项目一致或者服务配套的要求，需要继续从原供应商处添购，且添购资金总额不超过原合同采购金额百分之十的。

合理运用单一来源采购方式，可使图书馆不需要再投入成本进行招标，适用于数据库续订、古籍采购等项目。

5. 询价

《政府采购法》第三十二条规定：采购的货物规格、标准统一，现货货源充足且价格变化幅度小的政府采购项目，可以依照规定采用询价方式采购。

图书馆在采购单一品种的文献信息资源时，可以采用询价方式。这种方式要求文献信息资源不但是同一品种，而且其他技术参数都非常类似，规格、标准统一，货源充足且价格变化幅度小。询价的优点是简便、快捷、效率高，缺点是采用这种方式询得的最低报价不是经过充分竞争的合理价格，只代表着参加询价的供应商中的最低价。

6. 协议供货

协议供货也叫定点采购，是采购人通过公开招标确定协议供应商资格后，根据供应商的实际服务情况分配采购额度的采购方式，是政府集中采购的延伸和补充。协议供货作为一种采购方式，在西方发达国家有比较悠久的历史。大宗标准化商品的采购者和供应商通过长期商业往来，形成了比较可靠的商业信用，采购者同意和供应商通过协议达成长期供货合同，建立协议供货关系。在协议采购供货合同中，规定了商品的品种、规格、数量、供货期限、付款方式、索赔等条款。

图书馆文献信息资源选用协议供货的方式进行采购，既减小了工作量，又能达到采购的效果，这也是提高政府采购效率、降低政府采购成本、方便预算单位的行之有效的采购方式。这种方式主要有以下优点：①减少重复招标。同一规格的文献信息资源可以整合为一个项目，减少招标成本，节约招标时间，也可以吸引更多的供应商前来投标。②采购流程规范。协议供货利用公开招标的方式，由专家选择、评定供应商，符合政府采购“公开、公平、公正”的原则。③可以灵活、及时地采购货物。在协议供货期内，图书馆可以按照自己的需求，随时采购文献信息资源，数量也可自定，不必经过繁复的程序，实现一次招标，多次采购。协议供货对馆藏建设非常有利，在图书馆界已被广泛采用，适用于国内版中文图书、进口原版图书、国内版视听资料等国内市场竞争成熟的图书资料的大额采购。但是，在运用协议供货方式时需要特别留意的问题是：每个协议供货商的采购额度分配要有理有据，不可随意确定，应根据供应商的供货能力、服务质量等综合评定。

7. **备案制**

上述方式的政府采购需要获得上级主管部门的审批，而备案制则不需要审批，采购机构享有较大的自主权，经上级主管部门同意，依照法定程序将有关资料报送有关机关备案，对符合法定条件的，有关机关予以登记。备案是相对于审批而言的一种方式，由审批转变为备案，在政策上更加开放。图书馆需要在采购前向主管部门申请备案，在完成采购项目后，依照集中采购管理部门规定的备案文件格式，向集中采购管理部门提供所采购文献的清单和验收记录备案。

这种方式具有自行采购的灵活性，图书馆有高度的自主权，最大限度地解决了图书馆文献信息资源采购的规范管理问题。随着数字资源的迅速发展，数据库的品种越来越多，价格也逐年上涨，目前部分图书馆，特别是高校图书馆的文献采购经费相当部分用于采购数据库，每年少则几百万元，多则上千万元。如果以采购限额标准划分，图书馆对数据库的采购应当纳入政府采购的范围，但由于数据库大多具有来源单一、延续性强等特点，不能简单地使用招标等常用的政府采购方式，可以运用备案方式采购。例如深圳大学图书馆特殊采购招标工作小组根据数据库采购的特性，在“集团采购”的前提下，引入“采购备案制”对数据库采购进行规范管理，规定“集团采购”的数据库一律无须再进行谈判或招标，仅在图书馆采购完毕后按要求进行备案即可。

然而，在这种情况下，采购的公开性就比较低，图书馆容易按经验办事，主观因素强。备案制尚未在图书馆文献资源政府采购中广泛使用，也不可能得到广泛使用，毕竟这是一种与自主采购非常相似的方式，较少体现出政府采购的优点。只有在特殊情况下，经上级主管部门特批，才可以使用。

鉴于图书馆文献信息资源采购的特殊性，部分文献信息资源采购很难单一地采用一种采购方式，例如国内版中文图书，很难只用公开招标一种方式来采购，因为这种文献资源的范围较大，除普通中文图书外，还包括地方文献、自办发行的图书等，这些特殊的文献从普通的采购渠道较难购得，需要综合使用其他方式进行采购。在这种情况下，可以采用混合采购的模式，即同种文献信息资源采用多种采购方式，以保证采购到所需要的品种，保障馆藏建设的质量。例如辽宁省图书馆，在采购数据库时，同时使用了询价和单一来源两种方式，而在国内版报刊项目中同时使用了公开招标和单一来源两种方式。又如宁波市图书馆，在采购国内报刊时，采用了竞争性谈判和单一来源两种方式。

第四节　图书馆文献信息资源政府采购研究综述

一、研究概况

我国在 1999 年 8 月 30 日通过了《中华人民共和国招标投标法》，2000 年 1 月 1 日始实行，当时已经有图书馆试行文献的政府招标采购，2003 年《中华人民共和国政府采购法》施行后，图书馆文献的政府采购在较大范围内展开，开始引起关注并得到研究，政府采购作为一种新型的文献采购方式，区别于传统的文献采购方式，与其他物品的政府采购也有所不同。国内尚未见图书馆文献信息资源政府采购的相关论著，却有不少相关论文。通过对这些文献进行分析，得出如下结论：

2000—2005年，研究文献并不多，数量变化不大，直到2006年才发生数量上的飞跃。2006—2009年的相关研究文献数量变化相对稳定。从2000—2010年十年期间，业界对图书馆文献信息资源政府采购的研究经历了一个由感性认识到理性思考的转变过程。研究政府采购的文献类型以中文图书居多，关于外文图书、音像资料和数字资源、数据库的政府采购研究文献较少。

1. 研究的起步阶段

2000—2005年为图书馆文献信息资源实行政府采购的起步阶段，政府采购工作还未在全国大范围有效地展开，还处于探索实践阶段。因此，研究文献以介绍文献信息资源政府采购的意义、利弊、流程、认识居多。

2. 研究的发展阶段

2003年《中华人民共和国政府采购法》施行后，图书馆文献的政府采购才在较大范围内展开，2005年第一届全国图书采访工作研讨会成功举办，2007年又举办了第二届，再加上2006年10月19日，教育部高等学校图书情报工作指导委员会发布了《普通高等学校图书馆文献集中采购工作指南》，图书采购作为高校物资采购的一部分，采用招标投标的方式，已经得到普遍实施，关于图书资料政府采购的理论研究也得到有效展开，取得了一大批成果。对于政府采购图书馆文献信息资源的利弊提出了更为理性的看法和观点，对采取招标评标这种主要的政府采购方式的存在问题也提出了一些针对性意见和建议。

在这个阶段，出现了一些新的研究命题。随着电子数字资源的重要性日益突显，数字资源的政府采购受到了较多关注，对其的研究越来越多。有研究者提出了一种新的文献信息资源政府采购方式：电子化采购。还有学者建议通过增加图书馆在政府采购过程中的自主权来解决现行采购方式中存在的一些矛盾和问题。

政府采购的预算编制问题也开始引起学者的注意。

二、文献信息资源政府采购意义的研究

讨论文献信息资源政府采购意义的文献可以说屡见不鲜，几乎所有关于文献信息资源政府采购的相关论文都会涉及政府采购方式较传统采购方式的区别，进而讨论这种方式的意义和利弊，尤其集中在2005年之前的相关研究文献中。但这些研究文献对于政府采购的意义观点较为一致，落入窠臼，重复较多，创新较少。

2000年，丁明刚在《政府指令性采购图书利弊谈》中认为：这种新的图书采购方式虽然存在一些问题，但同时也“确保了经费的使用到位；杜绝了高校馆图书采购中的一些不正之风；给图书采购带来了一定的便利，避免了缺书、丢书、毁书等意外情况的发生，采购图书比较快捷”。

2003年，惠德毅、林志成等在《广州图书馆2003年图书资料实施政府采购情况分析及建议》一文中认为：①通过政府采购的方式采购图书，让图书馆花好每一分钱，购回更多、更好的图书资料，实际上代表着广大纳税人的根本利益。②提高购书经费使用效益。③利用政府行为的优势，使图书馆获得购书增值服务，节省了图书馆在这方面的人力投入，更好地为读者服务。④增加整个图书采购过程的透明度。实施图书资料政府采购后，整个图书采购的过程严格按政府采购的有关规定程序去操作，在公开、公平、公正的环境下进行，接受各级监督。

王缙、吴红颖的《浅谈高校图书馆图书资料招标采购方式》(2004)，李德跃、冯秉浪等的《图书馆文献采购招标的缺陷分析》(2004)，周英雄的《论文献招标采购》(2005)，颜丽玉的

《论图书馆图书招标控制》（2006），肖莉的《图书资料政府采购利弊谈——以江西省图书馆为例》（2006），邱蓉的《浅析政府招投标采购图书之利弊及改进措施》（2007）等对图书馆文献信息资源政府采购的意义都持类似观点。

2008 年，毛凌文在《图书馆藏书实行政府采购及其招标难点分析》一文指出，实行政府采购的主要优点表现在如下几点：①政府采购的根本目的是提高政府采购资金的使用效益。②实行政府采购的最大动力来自遏制商业贿赂，促进廉政建设。③有利于规范藏书采购行为。④可在公平良性竞争之下，使图书馆获得更好的服务承诺，减轻工作人员的劳动压力。⑤为图书馆开阔视野，使其得以在更大范围内选择资质良好的文献资源的合作供应商。

艾家凤从保护知识产权的角度认为，高校图书实施政府采购可从源头上杜绝盗版、黄色及一号多书等非法图书资料和陈旧过时的问题图书资料进入高校图书馆，保障了入馆图书的质量，并保证了作者、出版社的合法权益，有效地保护了知识产权。

上海情报研究所的章红认为，外文图书政府采购弊大于利，只有学生使用的外文教材和参考书适合政府采购的方式。招标和政府采购对保证产品质量和降低价格具有促进作用，但对外文图书和会议记录的收集尚存在较多暂时难于解决的困难，需花大力气加以研究与探讨。

从研究文献可以看出，近十年来，学者们对于图书馆文献信息资源政府采购的积极意义达成了共识，观念比较一致，认为文献信息资源的政府采购具备正面意义的居多，认为图书馆文献信息资源的政府采购可以“遏制腐败，促进廉政建设，提高资金的使用效益，规范采购行为，提高采访效率”。其他关于意义的正面观点都是对这几个方面的补充说明。随着图书馆文献信息资源政府采购的推进和范围的扩大，学界对其认识更为全面，论述更为详尽，思考得也更加理性。但是任何一种采购方式都存在两面性，政府采购也是一把“双刃剑”，虽然学界对于政府采购的意义正面看法较多，但是认为政府采购并非万能者也不乏其人。

三、采购招标评标的研究

作为政府采购的主要方式——公开招标是业界研究的热点之一，与此相关的各个方面都得到了重视。

1. 评标委员会组成的研究

根据《中华人民共和国招标投标法》及《评标委员会和评标方法暂行规定》，评标委员会由招标人或其委托的招标代理机构熟悉相关业务的代表，以及有关技术、经济等方面的专家组成。成员人数为5人以上单数，其中技术、经济等方面的专家不得少于成员总数的2/3。有相当数量的研究者已经意识到图书馆文献信息政府采购招标评标委员会的组成存在问题。

在公共馆的招标活动中，评标委员会的组成包括采购人业务代表1至2名，其他的多为文化及新闻出版局的下属单位人员；在高校招投标工作中，评标委员会往往是由各职能部门的负责人组成，而他们对图书馆的业务谈不上了解和熟悉，在很多高校图书馆采购招标工作中，作为采购方的图书馆，却无力主导局面，决策权更是无从谈起，招标的结果往往会出现偏差，影响采访工作的质量。

吴俊锋认为，政府采购的专家系统不完善，缺乏熟悉图书出版发行过程的专家。

徐卫江等在《规范高校图书馆采购招投标》中指出，在图书馆采购招标过程中，评标委员会的成员大多不是图书馆方面的专家，对图书馆的一些具体业务不是很了解，容易跟着招标人的意向做出选择。由于不清楚行业动态，对招标标底的价格往往把握不准，失去了评判的标准。

吴锦荣认为“在高校图书馆的评标委员会中，熟悉图书馆采访业务方面的专家占有比例非常小，作为评标委员会的很多领导和老师都对图书馆的一些具体业务不是很了解，容易跟着招标机构的意向做出判断”。

毛凌文认为，评标委员会组成欠善，表现在：①专家专指度不够；②具有明显倾向性或成见；③对评标的严肃性认识不足，尤其在投标的供应商比较多，评标时间比较长的情况下，存在着打分随意性、保密性不足的现象，而采购中心对纪律要求不够严格。

邓尧伟在《高校图书馆图书招标采购的弊端及规避措施》中指出：“许多省部级高校由校方组织招标、评标，评标时列席的评审专家是纪检、监察、资产管理处的人员，图书馆人员往往只有其中一票的投票权，这不但违反了《政府采购货物和服务招标投标管理办法》的规定，也无法保障科学的评标结果。”

可见，评标委员会专家构成的缺陷已经得到工作者和研究者的重视和反思。

2. 评标标准的研究

依据《中华人民共和国招标投标法》的要求，在招标书中应有明确的评标标准，但是在实际操作过程中，评标标准还存在一些问题。

李德跃等人认为，在招标书中没有明确的评标标准。主要体现在以下几个方面：①在实际的操作中，图书采购招标书里只有对采购人的一些要求，如书商提供出版信息的能力、数据的加工能力及质量、售后服务的态度及措施、与采购人的沟通诚意及能力等，没有明确提出评标标准。②评标标准的制定者不是图书馆，因此，评标机构的成员和程序不能充分反映采购方的要求，不能充分考虑采购人的利益，而是更多地倾向于对优惠率的考虑。③评标标准构成上的缺陷。一般优惠率占 50 ~ 70 分，为采购人提供的各种服务占 20 ~ 30 分，投标人的资质、信誉等占 10 分左右。从这样的评标标准中可以看出，评标标准没有充分考虑采购人的利益，不利于选择到提供良好服务的供应商。

徐文贤和李亮先对评分标准采用 100 分制的分配进行了调整：优惠率占 30 分，为采购人提供的各种服务占 55 分，投标人的资质、信誉等占 15 分。

赵会平认为招标评分要项的设计应根据各馆的具体情况和个性化需要，进行科学合理的设计。招标评分要项包括资金现状要求、采编业务外包和对书商要求三部分，主要内容有：价格、图书质量、书目数据质量要求、免费加工、售后服务、到书率、到书时间、付款方式、书商资质等，其中价格占 20 分，服务占 65 分，资质占 5 分，其他方面占 10 分。

毛凌文认为评标比例难以平衡。通常图书资料公开招标文件会列出详细评审标准，得分由两个部分组成，即技术商务评分和折扣率评分。这里面有个权重的问题，也意味着究竟图书馆对哪一项更为看重。对权重比例的协调，是一项非常难以平衡的考虑。招标评分标准难以量化。即使已定下各自分值与所占比例，在评分的过程中，评委也是很难拿捏的。

因此，评标标准在招标评标过程中还存在一些问题。一般各个图书馆都有自己的权衡，过多地考虑图书的优惠率，势必会影响书商提供的服务，目前这一问题已经引起重视。在招标评标过程中不能一味以低折扣率为标准，采购高品质的文献资源，更好地利用经费，为读者服务，才是采购工作的中心任务。

3. 招标评标体系的研究

图书馆图书采购工作决定着图书馆的馆藏质量，影响着为读者服务的工作质量，是图书馆职能充分发挥的有力保障。科学公平地选择供应商又是关系到图书采购工作能否高质量完成的重要环节。图书馆还没有建立规范的供应商评判体系，面对大量的图书供应商，图书采购人员往往依据一定的经验，定性地考评和选择供应商，这显然不适应现代图书馆建设和发展的要求。建立一套图书供应商的选择与评价指标体系，对图书供应商进行全面、科学的评价，具有十分重要的意义。

长安大学图书馆史敏鸽、赵辉通过层次分析法确定供应商选择要素的权重，为了避免这些指标的权重过于主观化影响评价方法的效用，引入了灰色系统理论概念，使得评价体系更准确、信息丢失更少，评价结果更具说服力。

层次分析法在高校图书馆图书供应商选择中的应用也为辽宁师范大学的孙晓雅所重视，她的《层次分析法在高校图书馆图书供应商选择中的应用》在系统分析的基础上，构建了基于层次分析法的图书供应商选择问题的评价体系结构，并通过实际案例验证了该层次结构评价模型的合理性和较好的可操作性，对图书供应商选择评价向科学的定量化、规范化方向发展提供了一种有益的思路。

大连理工大学图书馆的曲长生、李明珍、刘凡儒、马克芬四人对中文图书、中文报刊的采购招标评价体系作了系列研究，收获颇丰，已发表四篇论述该问题的论文。曲长生等提出采用改进德尔菲法建立图书馆中文图书、中文报刊的采购招标评价指标体系，采用层次分析法对中文图书、中文报刊的采购招标评价指标体系权重进行设置，可为图书馆中文图书采购招标的评价工作提供一定的借鉴。

李武、赵慧的《供应商选择的组合多属性群决策》根据图书供应商选择的特点，考虑各决策者对属性具有不同偏好的情形，基于各决策者对各供应商给出的基数评价信息，建立了一种组合的多属性群决策模型。

四、数字资源政府采购的研究

目前，图书馆政府采购的文献类型主要集中在中文图书资料上，其他类型的文献信息，如数字资源（数据库）、音像资料等的政府采购比例较小，因此关于数字资源政府采购的研究文献也不多。在一些文献中可以见到研究者附带讨论了数据库的政府采购问题，篇幅一般不大。专门探讨数字资源政府采购模式的有四篇，徐文贤以第一作者发文两篇，以第二作者发文两篇。其中，除了徐文贤、石继平等《网络图书馆数字资源的招标采购》一文发表于2006年之外，其余三篇，即潘向泷、徐文贤等的《数字资源政府采购的问题与对策》，徐文贤、吴纯青等的《外文数字资源的政府采购模式探讨》，冯彩芬、徐文贤的《数字资源采购模式探析》皆发表于2009年。可见，从2009年开始，图书馆界才从理论研究上对数字资源的政府采购方式进行更多有益的探讨。

数字资源是当前图书馆馆藏资源的重要组成部分，所占经费比例在整个图书馆资源建设费用中不断上升。研究者已经充分认识到数字资源政府采购的重要性，国内图书馆在数字资源采购方面也在积极探索政府采购的方法，并已积累了一些成功的经验，但也存在不少问题。

徐文贤、石继平等人结合网络资源的性质分析了公开招标、竞争性谈判和单一来源采购三种招标采购类型的具体内容、适用范围和操作程序，并通过广东网络图书馆网络资源的招标实践，讨论网络资源招标的具体操作方法，参考价值较高。

潘向泷、徐文贤等人认为数字资源招标采购这一采购形式具有“公平、公正、防止腐败等优点”，却“牺牲了部分效率”，在《数字资源政府采购的问题与对策》一文中详细论述了数字资源政府采购的现状和存在的种种问题，切中利弊，论述全面。

徐文贤、吴纯青等人认为：为解决当前外文数字文献资源采购在政府采购逐步刚性化和国库支付强化过程中所面临的实际问题，可以采取委托联盟采购、区域联盟采购和参照联盟采购的自主采购方式。通过这种方式，既可规范政府采购的法律程序，也便于采购过程中的具体操作，同时可以帮助资源商快速适应国内的政府采购，建立自己的经营实体机构或代理机构并准备相应的投标资质，以提高采购成功率，实现双赢。这种模式将对逐步展开的政府采购和现实的数字资源采购操作具有积极意义。

冯彩芬、徐文贤的《数字资源采购模式探析》一文以华南师范大学图书馆的具体做法为例，提供了数字资源政府采购的范例，文中详细介绍了各个流程，对图书馆开展数字资源政府采购具有一定的借鉴意义。

吴锦荣在《图书馆文献政府采购方式研究》一文中，部分章节涉及数据库的政府采购内容。他以深圳大学图书馆的数据库政府采购为例，认为数据库基本上都属于单一来源采购的文献，不能简单地使用招标等常用的政府采购方式，而应根据数据库采购的特性，对数据库采购进行规范化管理，认为把“集团采购”作为政府集中采购的一种方式予以认可，是对政府采购方式的创新。

但碧霞等在《数字资源政府采购评审专家的素质探讨》中指出评审专家在数字资源政府采购活动中所起的作用举足轻重，

认为数字资源采购评审专家应具备廉洁自律、客观公正、坚持原则等政治素质，并具有较高的业务素质。应对评审专家采取多种策略加强管理，以提高其素质。

数字资源逐步纳入政府采购的范畴，招标采购也开始成为一种采购常态方式，尽管数字资源政府采购模式还有许多需要不断探索和完善的地方，但这种趋势已比较明显，将会成为一种规范的数字资源采购方式。显然，数字资源建设在整个图书馆馆藏建设中的地位已经越来越重要。因此，对于数字资源的采购工作也应更加予以重视并进行研究。

五、文献信息资源政府采购存在问题的研究

政府采购被广泛纳入图书馆购书体系是近几年的事情，因此无论其采购程序还是监督机制都有不完善和不科学的地方，加上招投标自身存在的弊端和图书采购的特殊性，在具体实施和操作中尚存在一些问题，图书资料政府采购对图书采访业务的冲击，主要存在于服务、标准、折扣、效率、馆藏等方面，已为图书馆界所认可，研究文章多有提及。相关文献主要有：李德跃、冯秉浪的《图书馆文献采购招标的缺陷分析》，周谨的《图书实行政府采购应注意的问题》，杨晓蓉的《中文图书采购引入招投标竞争机制的利弊分析》，张炳娥的《高校图书馆图书采购招标利弊浅析》，刘汉忠的《高校图书馆中文图书招标采购利弊分析与对策》，庄秀秀的《高校图书馆图书采购招标的“利”与“弊”》，施雁冰的《高校图书馆图书采购招标的利弊分析》，王海云的《浅谈图书馆图书采购招标的作用与弊端》，陈金菊的《文献采购政府招标探析》，曾星媛的《政府采购对图书馆图书资料采访的影响及对策建议》等。

中国国家图书馆图书采选编目部主任顾犇认为：“由于招投标制度的不健全，有些公司在投标时以价格为优势中标，但是其他方面的服务能省略就省略，保证不了到货率，提供不了出版信息，甚至连自己在竞标时的承诺都无法履行，严重扰乱了图书市场。其次，以价格为主导的招投标工作不考虑图书行业的长远发展。书店和进出口公司只考虑眼前的利益，不投入资金用于长期的技术研发和服务质量提高，导致整个行业的服务水平普遍下降。”

周谨认为实施图书政府采购应注意的问题有：①政府采购部门对图书馆工作性质、藏书要求不甚了解，有片面追求低标底的现象。②中标供书商有承诺不能兑现的情况，表现在供书时间上经常不能保证，供书品种上不能满足图书馆的多样化需求，凭订单订购的图书较难到馆。③图书馆藏书结构受到影响，馆藏质量不能得到保证。④普通图书经销商不可能提供较为详细的 MARC 机读数据。

陈金菊于 2005 年发表的《文献采购政府招标探析》一文，从图书馆文献以及资源建设的特性两个方面论述了文献实现政府采购招投标中存在的问题：①文献的连续性。在图书采购中，由于供货商的更换，可能导致图书品种的漏购和重复购置，破坏文献资源集藏的连续性。②有限的供货能力与无限的文献资源之间的矛盾。由于图书出版发行的渠道多样化，一个或几个供货商不可能提供所有图书馆想购买的图书。③文献的时效性。由于中标的书商有可能不在本地，加之我国的物流业尚不发达，有可能导致文献资源的时效性无法得到保证。④文献资源的特殊性。供应商不可能提供图书馆想要的所有文献，许多数据库具有自然垄断的特性，并不是通过招标就能解决的。⑤书商受经济利益驱动，其不愿提供的文献成为图书馆馆藏的缺漏。

华南师范大学图书馆的曾星媛在《政府采购对图书馆图书资料采访的影响及对策建议》一文中指出，图书资料的政府采购在推行过程中，遇到了监督执行不够、招投标专家意识薄弱、缺少采购平台以及图书馆自身因素所产生的问题。

郭太敏等的《完善高校图书馆政府采购的实践与启示》指出，高校图书馆现行政府采购环节中存在的弊端包括：内部管理制度不严密，招投标机制不健全，预算编制滞后，信息不畅通，缺乏有效的监督体系等。

北京邮电大学的代根兴认为，目前图书馆文献政府采购存在的突出问题是："低到书率，书商允诺的服务无法到位，图书馆馆藏质量下降，同时影响图书采购的时效性和连续性。"

如何在政府采购法的架构之下，寻求新的采购方式，以符合法令规范并兼顾图书的经营目标和读者的需求，是现阶段各图书馆应努力的方向。

六、文献信息资源政府采购建议与对策的研究

图书招标采购最原始的动力是节约经费，在开展初期由于经验不足与招标不规范，造成了一批图书供应商的恶意竞争，而书商作为图书馆和出版社之间的桥梁，在市场挤压下，牺牲了一定的利润，没有足够的经费维持其正常运作，其结果就是简化服务，或以次充好，进而影响了图书馆馆藏质量。目前，随着政府采购的开展，研究者对于如何解决政府采购所产生的系列矛盾和弊端的思考也更为成熟，提出了许多切实可行的对策。

1. 保障图书质量，争取图书馆采购的自主权

针对文献信息资源政府采购过程中所产生的诸多问题，图书馆工作者和研究者已经从图书馆应该争取更多的自主权这个层面

上来探讨解决问题的方案。

陈金菊早在2005年已经意识到招标采购中以我为主原则的重要性，认为图书馆的采购人员不能因为招标而对文献资源的采购放任自流，而应该坚持以我为主的原则，把好文献资源的进货关，根据馆藏建设的要求而不是根据供货书商的提供能力进行文献采购。

陈智颖等人认为，在实行图书资料的政府采购中，图书馆可在自主确定招标时间、供货期限等方面向政府争取采购自主权。在涉及图书馆应该如何向政府争取数据库的采购自主权的问题上，较有创见。

毛凌文认为，图书馆文献采购根据图书自身的行业特点和工作规律，采购招标由招目录标到招资格标的转变，继而招资格标成为普遍现象，是图书馆文献采购增加了自主权的一种表现。

桂定君认为，在外文图书的政府采购活动中，图书馆应该通过对采购文件——“标书”的综合设计与应用来把握主动权，自主选择采购方式、综合设计标书内容、应用标书内容监督供货商等，将政府采购活动中不确定因素的影响降到最低限度，在坚持本馆采访原则的基础上保障馆藏体系的延续和完善。

马启花认为，要牢牢掌握图书采购的主动权，严格控制书目数据质量，明确地向供应商提出对于本校的重点学科和特色学科专业，采访数据要全，对于核心出版社、著名大学出版社的数据要全。采访工作人员要把书目发给本校相关学科选书专家，由他们初选后再返回给供应商，供应商只能按订单配书，从而保证图书的质量。如果是现场选书，一定要求供应商提供大型书市或大型批销图书中心，因为大型书市或大型批销图书中心图书品种较全，图书质量容易得到保障。

2. 建立以招标为主导的多元图书采购体制

在文献信息资源政府采购的背景下，图书馆工作者已经做出了尝试和创新，建议建立多元图书采购机制，以保障图书馆馆藏质量。根据我国《政府采购法》的规定，政府采购有以下几种方式：公开招标、邀请招标、竞争性谈判、单一来源采购、询价，以及国务院政府采购监督管理部门认定的其他采购方式，同时明确规定：公开招标应作为政府采购的主要方式。

中国图书馆学会资源建设与共享专业委员会副主任顾犇说："大宗和批量的采访（特别是期刊和电子出版物）可以考虑招标，拾遗补缺的工作和重点图书的采访工作应该发挥采访人员的积极性，多渠道采访。"

毛凌文认为，"仅仅采取公开招标，会限制一些有特色的供应商，在中标的供应商处未必能买到所有需要的书，那么可以灵活针对文献的不同类型进行有效组合"。许惠玲的《开创以招标为主的多元化采购文献资源之路》也持类似观点。

绍兴文理学院的钱薇认为，并不是所有的图书采访工作都可以通过中标的书商去完成，要根据不同文献的特点来具体进行采访工作。理想的采访模式是图书采访的招标采购和现货采购这两种采购模式互为补充，共同发挥作用。现货采购作为提高馆藏文献量的一种手段，可以弥补招标采购之不足。除了招标采购和现货采购的模式外，还有其他采购模式，如纲目采购模式、样本陈列模式等可以作为补充。

湖南工程学院的丁金龙认为，应预留一小部分经费作为机动图书采购之用。在作好全年采购经费预算时，应预留部分资金进行自主采购，这样才能掌握主动权，不受馆配商制约，自主选择馆配市场之外的读者急需用书、年鉴工具书、内部出版物、地方文献、发行量很小和作者自销的学术专著。这种采购需要图书馆采购员通过各种渠道来收集，进行自主采购，这样就能采购馆配市场以外的图书，从而确保馆藏图书的系统性、完整性。例如，湖南工程学院的做法是每年预留采购经费的1/20，自主采购，在实践中取得了较好的效果。

陈金菊认为，“招标不是万能的，它并不能覆盖文献采购的各个方面，必须反对那种一切必须通过招标的工作思路，而是应根据文献资源的不同特点，采用最适合的采购方式”。

3. **科学设计标书**

规范、完整的招标文件是纲领性文件，是顺利完成图书采购招标、保证图书采访质量的前提。

玉林师范学院的马启花在《图书招标方式下高校图书馆图书采访质量保障策略》中详尽地阐述了保障图书采访质量的策略，认为招标文件的编制具有举足轻重的作用。作者指出，招标文件必须依照有关法律、法规来编制，使各项条款合理、合法，确保投标公平竞争；择优确定供应商，同时对标的做出最大限度量化，明确双方的权利和责任，明确采购进度；对供应商资质、技术要求描述须尽可能具体明确。

陈碧的《从招标文件撰写谈提高图书采购质量》根据法律法规的要求，探讨图书馆图书招标文件的撰写，以此为基础，论述了不断提高招标采购图书质量的若干措施。

毛凌文认为，“评标文件须细致斟酌。评标文件的拟定，更需全面、稳妥，注意技巧，明确需要”。

邓尧伟认为，“要解决到书率低的问题，标书的科学制作至关重要”。

丁金龙的《高校图书采购招标的质量控制研究》、桂定君的《论外文图书政府采购中标书之综合设计与应用》、陈碧的《从招标文件撰写谈提高图书采购质量》等文认为标书的设计，对顺利完成图书馆文献政府采购工作，保障文献资源的质量具有举足轻重的意义。

4. 其他对策的研究

研究者普遍认识到供应商的选择对图书馆藏书建设的质量至关重要。谢小梅的《试析高校图书馆图书采购招投标中供应商的选择》一文，根据图书采购招标的特点提出了选择供应商的标准和评标的方法。相关文献还有：李四克的《析图书馆对书商的选择》、徐诗涛的《论图书馆图书供应商的选择》、王瑞玲的《从图书招标谈图书供应商的选择》等。

邓尧伟建议："图书馆可以根据年度下拨经费的额度，决定除招标采购的资金外，预留给零散采购的资金比例，以缓解招标采购灵活性不够的矛盾。"

毛凌文认为，"可实行折扣率评分的方法；鉴于目前有不良的压价竞争现象，可以对过低投标价进行限制；要与政府采购管理部门、组织实施单位进行有效沟通，申请按类使用资金。认真选定专家；严格监督机制"。

刘志松在《政府采购形势下图书配送质量的控制》中提出，"通过对供应商配送质量评分，可减少配送出错比例，把关图书的质量，提高采访工作的效率，也保证了政府采购的顺利实施，避免了采购人员的过多人为判断，保证了政府采购的公开、公平和公正"。

艾家凤在《高校图书馆图书政府采购问题法律探析》一文中，从法律的层面研究了政府采购，认为现实的图书政府采购中，还存在法制不健全等问题。建立政府采购法律体系、健全招标投标机制以及建立多层次的政府采购监督体系，可以促进这些问题的解决。

曾星媛认为，"可以充分利用现代信息技术和产品，积极探索和发展以信息技术为支撑的政府采购新方式，实现图书资料政府采购管理和操作的电子化。电子化政府采购可以打破传统采购方式的时间和空间障碍，增强采购信息透明度”。

高励发在《图书馆政府采购预算编制问题的思考》中认为，“图书馆应正确认识政府采购预算，科学地、合理地编制政府采购预算，从源头开始，做好政府采购预算编制工作，增加图书馆政府采购的透明度，提高财政资金的使用效益，严格执行图书采购标准，为图书馆事业发展提供更好的物质保证”。

图书馆文献信息资源的政府采购，是图书采购的重大制度变革。如何让图书馆政府采购行为更为规范，保障图书质量，保证图书馆馆藏的完整性和连续性，提高采访工作效率，对策和建议较多，不一而足，不同类型图书馆的工作者和研究者从不同的层面提出了解决图书馆文献信息政府采购的现存问题。政府采购是一种新的文献采购方式，有它自身的优点，同时，在实践中也出现了不少问题，如何发挥招标采购的优点，最大限度地避免它的不足，是我们实际工作中需要不断探索的。从文献分析中可以发现，近几年，研究者的视野更为广阔，思考得更为成熟，各方面的建议措施更具有参考价值。

七、国外及香港图书馆文献信息资源政府采购的研究

由于国外许多图书馆文献信息资源的采购不属于政府采购，因此这方面的研究文献很少，仅在一些文献的相关章节有所论述，研究较全面的是上海图书情报研究所章红于2006年发表的《图书馆外文图书政府采购问题探讨》，可为国内图书采购提供借鉴。

《图书馆外文图书政府采购问题探讨》一文涉及美国、西班牙、芬兰以及中国香港等国家和地区的一些图书馆实行政府采购的情况，其中对香港政府书刊采购介绍得较为详细，介绍了三联书店（香港）有限公司中央采购经理对中央采购的观点：实行中央采购措施会对非综合性的图书馆的图书品种的准确性有负面影响；在图书题材的选择上势必会带来更多的共性去取代原有的个性，从而降低了对市民的服务水平；中央采购所降低的成本极有可能不足以支付所增加的行政和劳务费用；采购中央化后，由收集订书信息到图书上架的流程必然加长，这将拖慢新书上架的速度，而多增加的物流路径，也相应增加了出错的机会率。

八、总结

图书招标采购作为一种科学、有效的图书采购方法，在很大程度上改变了传统的采访模式，使得采访工作更规范化、社会化，可以“遏制腐败，促进廉政建设，提高资金的使用效益”，因而受到许多图书馆的欢迎，正在被图书馆广泛采用。但是，招标采购作为一种新的采购运作方式，在我国推行的时间尚短，经验不足，还不够完善，在操作过程中难免会出现一些问题。

关于图书馆文献信息资源的政府采购，诸多研究者和工作者已经在理论层面上开展了积极有益的交流和探讨，为业界提供了借鉴，但缺乏实际操作方面的文献。广州图书馆是较早实行政府采购的公共图书馆之一，在这方面积累了一些经验，本书拟将理论和实践操作相结合，对图书馆文献信息资源的政府采购做一些有意义的探讨。

第五节　图书馆文献信息资源政府采购现状

在文献信息资源政府采购实行的初期，因为市场条件不成熟和对政策的不熟悉，一些类别的文献信息资源无法使用政府采购进行采购。在相当长一段时间内，这项工作并没有迅速开展起来。但经过政府有关部门和图书馆的不断努力，这一局面在2005年开始有所改善。在以后的三年里，大批图书馆，包括公共图书馆和高校图书馆在内，开始对文献信息资源实行政府采购。图书馆界也掀起了研讨这一工作的热潮，许多图书馆工作者通过撰写论文为这项工作出谋划策。这项工作的组织和管理日趋成熟，采购方式也以公开招标为主，其他方式为辅，社会效益和经济效益逐渐体现。图书馆界对这项工作的评价越来越正面。在本课题关于图书馆文献信息资源政府采购现状的调查中，正面评价几乎是负面评价的两倍，这证明了这项工作在政府的主导下，在图书馆工作者的努力下，正走向良好的发展道路。

本课题组在2009年11～12月通过问卷方式调查了国内部分公共图书馆和高校图书馆实施文献信息资源政府采购的情况，涉及全国31个直辖市和省级公共图书馆、15个副省级市公共图书馆、47所211工程综合性大学图书馆。问卷发放方式以邮寄电子问卷为主，发送传真问卷为辅。本次调查共发放问卷81份，回收有效问卷62份，回收率为77%。其中向公共图书馆发放问卷41份，回收30份，回收率为73%；向高校图书馆发放问卷40份，回收32份，回收率为80%。（详见本章附录）

一、文献信息资源政府采购工作在图书馆界已经铺开

在推行的初期，这项工作引起了一些争议，主要是因为文献信息资源是一种特殊的货物，具有自身的特点。如果图书馆生硬地套用政府采购的方式采选文献信息资源，的确会存在很多问题，这些问题直接影响着馆藏建设的质量和读者图书使用的效果。因此，这项工作在开始后的一段时期里，推行的进度相对缓慢，甚至还有开始实施后中断的情况，例如首都图书馆和江南大学图书馆。随着经验的积累，政府及图书馆本着不违反法律的精神，在允许的范围内运用灵活的办法解决问题，使文献信息资源采购与政府采购较好地融合在一起，促进了这项工作的推行。据调查所知，2005—2007 年是这项工作发展最快的时期，72% 的受访图书馆在这三年内开始实施文献信息资源政府采购。

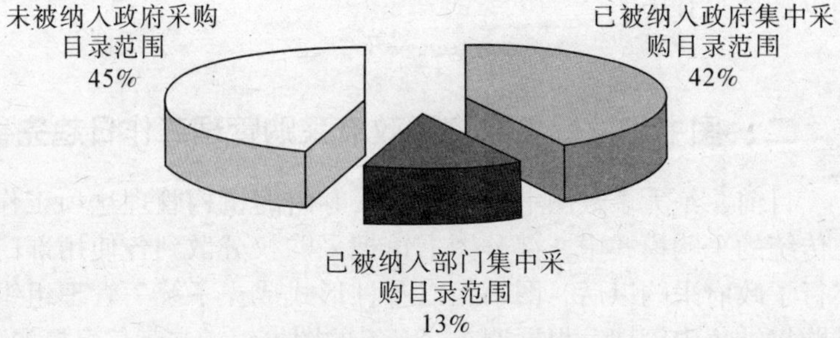

图2　各省、直辖市、自治区文献信息资源是否被纳入政府采购目录情况

（统计图详见本章附录）

目前，图书馆文献信息资源政府采购工作已经在全国范围内铺开。2009 年，在全国 31 个省、直辖市、自治区（港澳台地区

除外）中，文献信息资源被纳入政府采购目录的地区达到55%。

根据本章附录“全国文献信息资源被纳入政府采购目录及采购限额标准情况统计表”统计可知，山西省、内蒙古自治区、海南省的政府集中采购目录里虽然没有文献信息资源这一项，但出现了义务教育阶段所使用的教科书一项，这种情况应该属于文献信息资源部分被纳入政府采购目录。还有相当一部分省虽然没有把文献信息资源纳入政府集中采购目录，但图书馆也应该对照政府采购的限额实施政府采购。如湖北省在政府集中采购目录里并没有单列文献信息资源，但湖北图书馆的文献信息资源采购经费高于湖北省的政府采购限额（60万元人民币），所以湖北图书馆的文献信息资源也采用了政府采购的方式进行采购。

在本课题组的调查中，受访的图书馆中有69%已经实行文献信息资源政府采购，其中高校图书馆的开展程度更为广泛一些，已经有81%的图书馆实行了文献信息资源政府采购。这些数据说明，这项工作已经在图书馆界全面铺开，并且将有更多的图书馆参与其中。

二、图书馆文献信息资源政府采购管理工作日趋完善

目前，绝大多数图书馆都成立了专门的机构管理这项工作。在传统的采购模式中，部分图书馆把采购权分散到各使用部门，实行了政府采购以后，图书馆以各种形式成立了统一管理组织，采购权被集中管理。根据调查，81%的图书馆的文献信息资源政府采购由一个部门集中管理。从功能来看，这些管理机构所负责的工作不尽相同，有些是从工作的组织到具体采购行为的实施全部包揽，有些则只是负责政府采购的组织、招标、结算等工作，具体的采购工作还是分散到各使用部门。无论是何种形式、何种功能，这些专职机构的设置无疑都是完成政府采购工作的有力

保障。

随着政府采购工作的推进，各图书馆还建立了相应的规章制度，为工作提供实际操作指导，并在实践中不断进行修订和调整，形成了比较成熟的书面条文。目前，已经有 85% 的受访图书馆表示建立了相关制度，以规范管理文献信息资源政府采购。

从政府层面来看，政府相关部门对图书馆文献信息资源政府采购工作的管理工作也逐渐完善。政府在整个过程中虽然没有直接参与其中，但管理的作用是十分明显的。有 75% 的图书馆需要在政府采购工作完成后把具体情况反馈给主管部门。这种反馈制度的落实，反映了政府的监管力度。

图书馆文献信息资源政府采购工作虽然还没有在所有的图书馆实施，但政府和已经实施的图书馆都给予了足够的重视，通过不断的研究和探讨努力完善。

三、文献信息资源政府采购方式多样化，公开招标日益成为主要的采购途径

在政府采购实施的初期，由于对政策理解不够和实际操作经验不足，大多数图书馆的采购方式比较单一。经过近几年有关部门的支持、图书馆界的不断探索及各图书馆的不懈努力，采购的形式已经走向多样化。在受访的图书馆中，有 43 家图书馆详细列举了他们所使用的政府采购方式。

表 2　各馆使用政府采购方式数量统计（一）

使用方式种数	五种或以上	四种	三种	两种	一种	合计
图书馆数量	3	1	14	13	12	43
百分比	7%	2%	33%	30%	28%	100%

由表 2 可知，文献信息资源政府采购的方式正呈现多样化的局面，70% 的图书馆使用了多种采购方式相结合的政府采购模式。在调查中还发现，有多家图书馆甚至在同一类型的文献信息资源政府采购中采用了两种或两种以上的方式。

另外，公开招标以其最能体现“公开、公平、公正”原则的优势，成为文献信息资源采购的主要方式。为了适应文献信息资源的特点，各图书馆还使用了政府采购的其他方式作为补充。据调查所知，在受访的 43 个图书馆里，86% 的图书馆中有项目采用公开招标。表 3 是各馆政府采购方式的使用情况。

表 3　各馆使用政府采购方式数量统计（二）

政府采购方式	公开招标	邀请招标	竞争谈判	单一来源	询价	其他
使用该方式的图书馆数量	37	12	13	26	10	4
百分比	86%	29%	30%	59%	24%	10%

四、文献信息资源政府采购工作取得了较好的社会效益和经济效益

各图书馆在实施文献信息资源政府采购的工作中，积极借鉴同行或其他行业的做法，坚持以“公开、公平、公正”和“有效竞争”等为原则，使得这项工作取得了良好的社会效益与经济效益。

在进行政府采购以后，各图书馆供应商的确定过程是公开透明的。各图书馆的廉政建设得到了促进，采购行为更加规范化。在调查中发现，72% 的图书馆认为政府采购促进了廉政建设，而 79% 的图书馆认为政府采购令采购行为更规范。这说明，政府采

购在社会效益方面得到了图书馆界的高度认可。

在采购经费方面，大部分图书馆表示，政府采购使采购经费在不同程度上得到了节约。因为政府采购的实施，促使供应商以更低的价格提供更好的货物和服务，这些节约可以在一定程度上缓解图书馆长期以来经费不足的困境。在受访的图书馆中，46%的受访者认为政府采购工作节约了本馆的人力资源。

第六节　图书馆文献信息资源政府采购的特点

图书馆文献信息资源政府采购作为文献信息资源采购的一种模式，具有文献信息资源采购与政府采购的双重特性。这两种特性在某些方面可以融合得很好，但也有不协调的地方，这正是我们研究图书馆文献信息资源政府采购这一课题的意义所在。以下一些章节将讨论图书馆文献信息资源政府采购所存在的问题，相当一部分问题就是因为两种特性不能完全融合而引起的，需要图书馆工作者深入探讨，制定出可行的解决办法。下文从文献信息资源采购的特点、文献信息资源政府采购与传统采购以及与一般货物政府采购的区别三方面来探讨图书馆文献信息资源政府采购的特点。

一、文献信息资源采购的特点

1. 连续性

图书馆文献信息资源采购是一种连续性行为，不可能采购一次即告完成。首先，图书出版的行为是连续不断的，每年都有大量新的文献出版，而且出版的时间贯穿全年，图书馆只有不断地更新文献资源，才能使馆藏发挥应有的作用。其次，部分文献信息资源是周期性连续不断地出版的，如年鉴、报刊等，因此图书馆不可能一次采购完毕，只能按其出版规律连续购买。

2. **时效性**

随着社会的进步和科学的发展，知识也在不断地更新。作为知识载体的文献信息资源在使用一段时间后，其现实意义和参考使用价值一般会降低，这就意味着文献信息资源具有很强的时效性。根据国外统计，科技文献的寿命有40%～50%在3年以内，80%～90%在5年以内，所以图书馆文献信息资源采购必须做到及时。资源的及时购入，将会产生一定的社会效益或经济效益。资源入藏不及时，其效益必将降低，甚至无效，这势必会造成经费的浪费和读者的不满，最后使图书馆不能很好地履行职责。

3. **分散性**

正如前文述及，当今文献信息资源市场呈现百花齐放的态势，到2008年，全国共有出版物发行网点161 256处，这种情况造成了文献信息资源出版、销售的分散及采购图书来源的多样性。同时，各类型文献资源的销售渠道也不一致，导致图书馆无法向单一供应商购买所需要的所有文献信息资源，而必须多方购买，否则，必然造成品种遗漏。

4. **多样性**

受文献类型、出版发行、社会需求及图书馆藏书发展等条件制约，文献信息资源采购必须使用多种方式进行，包括预订、直接选购（现购）、委托代购、邮购、复制等。其中，预订和直接选购是主要的采购方式。预订用于有计划、有针对性地采购文献，能保证所需品种的准确、及时、连续、系统。但这种方式局限于征订目录，目录以外的品种可能无法进入采购人员的视线。直接选购的优点是采购人员可以比较直观地鉴别文献的内容和质量，到货周期也相对较短。但直接选购会受到货源的制约，造成品种缺漏。两种方式相得益彰，共同发挥作用。而在一些特殊情况下，还需要使用其余三种方式作补充，例如，在文献信息资源脱销或采购绝版文献、内部资料时，可选用委托代购或复制。

5. **实用性**

文献信息资源的实用性指根据图书馆实际使用需求采选文献信息资源，以最大限度地满足社会需求。实用性要求各图书馆根据自己所应承担的任务及服务对象的需求采选文献。图书馆由于各自不同的性质而肩负着不同的使命，在文献信息资源采购过程中，图书馆必须结合自身定位来建设符合实际需要的馆藏体系。另外，各图书馆服务对象不同，这就要求图书馆的文献信息资源采购必须符合服务对象的实际需求。脱离了实用性，文献信息资源就无法实现它的价值，图书馆也无法履行它的职责。

6. **系统性**

与其他货物相比，文献信息资源是一种具有系统性的物品。各种学科内容、各种载体及各种阅读层级交织在一起，显得错综复杂，这就要求图书馆在文献信息资源采购的过程中排除杂乱、系统选择。读者的需求虽然从表面上看变幻莫测，但经过分析就会发现，其中也存在着专指性和系统性，这就要求图书馆在采选的过程中要保持各类出版物的采选比例，系统收集。各图书馆都有自己的藏书体系及文献信息入藏原则，文献资源的采购需要根据这两者的要求，保障藏书体系的系统性，确保图书馆文献信息资源的社会价值。文献信息资源的系统性要求各类型文献信息资源的采购要按比例进行，不但要注意馆藏结构和内容完整，还要重点突出、特色鲜明，连续出版物、多卷书、工具书的采购应完整配套。文献信息资源采购工作需要建立短期、中期计划及长远发展目标。

二、文献信息资源政府采购区别于传统文献采购的特点

1. 采购当事人增加

采购当事人是指在采购活动中享有权利和承担义务的主体。在传统采购模式中，采购当事人包括采购人（图书馆）与供应商。在政府采购模式中，采购当事人有三方，包括采购人、供应商和采购代理机构。与传统采购相比，增加了采购代理机构一方。采购代理机构分为两种：一种是政府依法设置的集中采购机构，它是非营利性事业单位，其业务既有强制性的，也有非强制性的，主要是负责组织实施集中采购活动；另一种是指具备一定条件的招投标代理中介机构，其具备的条件主要有二：一是有省级以上有关政府部门授予的招投标代理资质，二是获得省级以上财政部门登记备案资格。采购代理机构的主要职能是在采购人委托的事项和范围内为采购人提供采购代理服务。增加了采购代理机构一方后，三方形成一个互相制约的局面，从而建立起一个全面完善的监督机制。

2. 供应商选择范围更加宽广

在传统采购模式中，图书馆在选择文献信息资源供应商时往往局限于本地区新华书店、邮政局等传统国营供应商。这些供应商在供应渠道方面有一定的优势，供货服务延续性强，但在服务质量与优惠措施方面难以满足图书馆不断提高的要求。由于图书馆采购的延续性，图书馆为了规避诚信、质量等风险，以及更快地进行新一年度的文献资源采选工作，通常会继续选取与上一年度服务本馆质量较好的供应商合作。如果已经有合作得很好的供应商，采购人一般就很少再去主动寻找新的供应商。

在政府采购模式下，图书馆通过政府采购程序选择供应商，其信息需在网上进行公布。《政府采购法》第五条规定，任何单位和个人不得采用任何方式，阻挠和限制供应商自由进入本地区和本行业的政府采购市场。在公开、公平、规范的条件下，图书馆能够吸引更多社会上的优质供应商前来竞争，有利于图书馆选择资信优良、服务水平高的供应商。

3. 供应商选择方式更为规范

传统采购模式是由采购人根据实际情况和以往交易的经验自主选择供应商。在传统采购模式下，图书馆选择供应商的方式主要有三种：①图书馆了解到合适的供应商，主动要求对方供货；②供应商自我推荐；③被动选择独家经营的供应商（如报刊供应商只能选择邮局）。在这种模式中，采购人直接与供应商谈判。对一直与采购人合作愉快的供应商来说，这是非常有利的。

在政府采购模式下，必须遵循公开、公平、透明的原则，按照法定的程序选择供应商，图书馆不能根据以往合作的经验简单选取。如采用公开招标的形式，每年可供选择的供应商在开标前都是未知的，而招标的结果更是变数甚多，甚至出现更换全部供应商的情况。这时，需要采购人依据招标结果采取调整采购的策略。

4. 供货服务周期有严格规定

传统采购模式自主程度较大，供货周期按采购人的意愿而定，特别是对图书馆来说，文献信息资源是一种连续不间断出版的物品，而且具有很强的时效性，如果贸然更换供应商，就会造成品种的缺失。因此图书馆一般不会突然与供应商中断合作，以保证采购的连续性。

政府采购模式需要按国家有关规定来确定供货周期。一般供货周期就是一个财政年度，并且双方签订供货合同。图书馆与供应商均不能随意中止或延长合同供货周期。在下一个周期里，图书馆必须通过政府采购程序重新选择供应商，上一周期的供应商供货服务可能因不能中标而中断，从而打断供货延续性，造成一定程度的品种缺失。

5. **供货折扣按法律程序确定**

在传统采购模式中，采购的价格折扣是由采购人和供应商共同商定的。采购人在和供应商谈判的过程中，可以充分沟通，再结合市场实际，确定一个对双方均有利的折扣。

在政府采购模式中，价格折扣由供应商在投标标书中提出，在评标时作为选择供应商的评分参数和依据。开标后，价格折扣不能再作变动。为了增加中标机会，供应商在报价格折扣时，一方面出于竞争因素，会尽量把价格折扣压低，甚至出现恶意低价；但另一方面，也可能出现各供应商串标，一起抬高价格的情况。正常情况下，在整个公开招标的过程中，图书馆对价格的干预是不存在的，而开标后确定的价格折扣，并不一定对采购方与供货方都有利。

6. **合作关系必须书面确定**

在传统采购模式中，图书馆与供应商的合作关系通过双方谈判协商达成，双方不一定签订正式的采购合同，合作条款可能只是口头上的约定，一旦出现违约或纠纷，难以得到法律的保护。在政府采购模式下，采购方与供货方的合作关系是通过政府采购程序确定的，双方必须签订正式的采购合同，合作关系受到法律保护。

7. **支付方式主要采用国库集中支付**

在传统采购模式中，图书馆支付货款时一般采用分散支付的方式。国库分散支付制度即财政资金的拨付按照预算级次和会计级次进行，先由国库将资金拨至一级预算会计单位，再由一级预算会计单位转拨给二级单位，再由二级单位拨至用款单位，用款单位根据批准的预算计划和支出用途用于支付商品与劳务等开支。以市级公共图书馆为例，市财政局把款项拨到文化行政主管部门的账户，再由文化主管部门拨给图书馆，图书馆根据采购的具体情况自行把资金支付给供应商。

在政府采购模式中，图书馆的支付方式主要采用国库集中支付制度。国库集中支付制度是配合政府采购制度自 2002 年在全国开始试点推行的一种新的支付制度，它是指将所有的政策性财政资金全部集中到国库单一账户，并规定所有的财政支出必须由国库直接支付，是从预算分配到资金拨付、使用、银行清算，直到资金到达商品和劳务提供者账户的全过程的监控制度。国库集中支付制度又分为两种支付方式：直接支付与委托支付。直接支付是指由财政部门通过设立的“采购资金专户”直接按采购合同将款项支付给供应商。直接支付方式的显著特点是资金的流转链条短、速度快、支付程序简洁。由于资金不需要通过采购单位中转，减少财政资金的中间流失，适用于大额支出。委托支付，即分散支付，指财政部门按现行的预算拨款管理体制，由采购单位自行将采购资金拨付给中标供应商。其特点是采购单位有较大的自主权，但支付过程容易脱离财政监督，适用于小额支出。

目前，我国公共图书馆的购书经费超过直接支付起点金额的，一般需要采用直接支付的方式。例如，广州市《关于修订〈广州市市本级政府采购资金财政直接拨付实施办法〉的通知》（穗财库〔2004〕357 号）第三条规定：市财政局根据实际情况公布当年实行财政直接支付的起点金额。而自 2004 年以来，市财政局公布的起点金额为 50 万元以上（含 50 万元）。广州市财政管辖下文献购置经费超过这个金额的图书馆必须实行直接支付。在这种制度下，图书馆的购书经费每年得到的只是一个额度，并没有任何的资金真正入账。这对图书馆来说是一种新尝试，也向图书馆的采购人员和财务人员提出了新的课题。根据工作实际，广州图书馆现行支付制度是直接支付与委托支付相结合，对达到直接支付起点金额的采购项目实行直接支付，对未达到直接支付起点金额的采购项目实行委托支付。特殊情况下，一些项目超过直接支付起点金额，但因为实际情况需要采用分散支付，须报请财政主管部门批准。

8. 采购监督管理力度增强

在传统采购模式下，图书馆选择自己认可的供应商进行采购，采购透明度低，对质量要求和监督往往无相应的标准予以控制，有些供应商可能会为了获取采购额度而采取不正当的竞争手段。

在政府采购模式下，图书馆通过公开采购需求，依据科学的评价体系来选择质量可靠、价格合理、服务优良、信誉良好的供应商，提高了文献信息资源采购的透明度，能较大限度地避免“暗箱操作”。

政府采购作为一项制度，既有内在监督约束机制，也有外部监督约束机制。在文献信息资源政府采购项目方面，其行为主体由之前传统采购模式下的两个变成了三个。在实施采购的过程中，三者既合作互利，也互相监督。这一模式打破了在传统模式下采购人一方掌控采购过程的局面。外部监督约束机制则是依靠各种法律及部门监督所构建起来的机制。因此，在监管机制方面，政府采购模式与传统采购模式相比，大大增强了监管力度。

三、文献信息资源政府采购区别于一般货物政府采购的特点

1. 标的物不确定

货物在采购前一般都能确定标的物，包括标的物的规格、型

号、数量等参数均可以提供。但正如上文所说，文献信息资源具有与一般货物不同的特点，它的分散性和多样性决定了在采购前无法确定标的物的具体情况。特别是在协议供货的情况下，标的物的规格只能笼统地给出一些范围，如标的物是何种文献信息资源（图书、报刊等），再进一步也只能给出按《中图法》分类情况或出版者分类情况而制定的范围。很少图书馆能给出采购的具体清单和数量，通常只能给出一个采购总金额。

2. 供应商的选择标准有差异

一般货物的政府采购供应商选择标准包括以下几个因素：价格、质量、客户服务能力（如服务态度、服务质量、服务响应速度、投诉处理能力、产品的技术支持和售后服务等）、交货能力、企业内部竞争力（如人力资源、财务状况、组织管理能力等）、企业外部竞争力（如供应商所在地理位置等）。

文献资源政府采购项目在选择供应商时，所考虑的除上述标准外，还包括下列因素：

（1）特殊订单处理能力。

在文献信息资源政府采购合同履行过程中，往往会出现特殊订单，如特殊文献订单（如采购往年文献、特种文献等）、小额紧急订单（如需要在较短的时间内供应指定品种图书）等。快速准确地处理这些订单往往需要供应商有很强的应变能力及操作灵活性，这些能力应当纳入选择供应商时的考虑因素。

（2）提供文献信息资源品种的能力。

一般货物的供应商只要能供应采购人所指定产品即可，其货源是否众多并不影响合同的履行。但正如上文所说，文献信息资源政府采购的标的物不确定，供应商需要和较多的出版社、代理商建立起购销委托关系，以保证有足够的品种和数量供图书馆选择。

(3) 对价格的评定标准有差异。

在一般货物政府采购中，价格是一个重要指标。通常的做法是价低者得标。但在文献资源政府采购项目中，并不能盲目地追求低价。如学术类图书印刷量小、折扣率高，而这方面的图书是图书馆馆藏不可缺少的部分。盲目追求低价会导致供应商不愿意提供此类图书或到书率低，最后影响馆藏的质量。

3. 交货的时间难以确定

在一般货物的政府采购中，交货的日期往往是明确的。而文献信息资源政府采购的交货时间却只能是一个时间段。在这个时间段内，图书馆会进行不间断的采购，到货时间会根据采购时间的不同而变化。如果图书馆有紧急需要，交货时间也只能按图书馆的需求而定，事前并不能明确约定。另外，交货时间也受到出版市场的实际情况影响。例如，图书馆所需要的图书尚未出版，交货时间只能放到图书出版之后。

4. 采购行为具有连续性

一般货物的采购是单次行为，俗称“一锤子买卖”。但文献信息资源的连续性决定了其采购行为是连续的行为。文献的出版连续不断，采购的行为也必须根据出版情况连续进行，不可能一次把文献都采购完毕。

以上三个方面的区别组成了文献信息资源政府采购的特点。只有透彻了解这些特点，才能合理地选择政府采购的方式，才能让政府采购与文献信息资源采购两者较好地融合起来。

第七节　图书馆文献信息资源政府采购的意义

实行图书馆文献信息资源政府采购是一个必然趋势，在今后一段时期中，将有更多图书馆的文献信息资源采购采用政府采购方式。图书馆文献信息资源政府采购有着深远的意义，主要包括以下几点：

1. **促进廉政建设**

近年来，各省对文化建设的力度不断加大，各公共图书馆的经费也在逐年增加，大学扩招也为大学图书馆提供了更多的文献采购经费。随着近年来图书市场的开放，作为采购人的图书馆自主权也越来越大。在传统的采购模式下，采购的过程并不透明，法制不严密，难免有个别人会利用职权，从中牟利。文献信息资源市场的激烈竞争，导致了一部分供应商用违法的手段获取供货权。政府采购正是通过引入招标、投标等竞争机制，把采购过程公开化，让社会公众来监督。由于评标的专家是从专家库中随机抽出，所以个人或者单位很难左右招标结果。推行文献信息资源政府采购，增加了采购经费运作的透明性，使整个文献信息资源的采购活动都在公开、公平、公正的环境下运作，社会公众亦可以监督采购过程，从根源上遏止了贪污腐败现象。

2. **规范采购行为**

《政府采购法》第三十三条规定：负有编制部门预算职责的部门在编制下一财政年度部门预算时，应当将该财政年度政府采购的项目及资金预算列出，报本级财政部门汇总。部门预算的审批，按预算管理权限和程序进行。在一个财政年度中，图书馆可以在前期清楚地知道自己所能获得的经费，因为一旦做了财政预算，是不能中途随意更改的。在文献信息资源进入政府采购的范围以后，各图书馆无法准确知道本馆本年度经费的情况已经基本消失了，而在年度中间或年度末被随意增加或减少经费的情况也减少了。

与政府采购配套的各种支付方式从制度上保证了资金管理的

规范化。在传统的采购模式里，一般都是由图书馆把钱直接支付给供应商，支付的手续比较简单，审核程序也是由各单位自行确定。实行政府采购后，按规定需要用直接支付的方式付款。在这个过程中，采购行为本身和供求双方都要经过国库支付中心的严格审核，确保了财政资金使用的规范性。另外，财政主管部门也可以通过这种手段加强对资金的管理，对资金使用的过程和进度均有明晰的信息。通过这些信息，财政主管部门可以比较准确地做出下一年度文献信息采购经费的预算。

3. **节约购书经费**

与发达国家相比，我国的人均购书经费和公共图书馆人均藏书比例明显偏低，而且地区分布不均衡。2008 年全国人均购书经费统计显示，我国大陆地区人均购书经费仅为 0.794 元。在东南沿海地区，人均购书经费的情况相对较好，如在上海，人均购书经费达到了 7.612 元。但绝大部分省份的人均购书经费都没有达到平均水平，如在河南省，当年人均购书经费只有 0.158 元。由此可见，购书经费紧缺是图书馆普遍存在的现象。如何运用这些有限的资金采购到更多的文献信息资源，已经成了图书馆亟须解决的问题。政府采购从制度上保障了财政资金的有效使用。在政府采购的环境下，采购行为得到的是双赢的结果。图书馆可以通过政府采购，得到更低的价格和供应商提供的更好的服务，而供应商也可以打破传统采购的一些壁垒，进入全国各地的市场。在这种情况下，供应商为了打开市场，会在价格上让出更多的利润。近年来，许多图书馆都引入了公开招标这一机制，由于操作过程比较透明，流转环节简化，使文献信息资源采购的折扣不断降低，节约财政资金。以一个 400 万元的中文图书项目为例，现在比较合理的折扣通常在 75% 左右，因此运用这笔资金可以采购到定价约 533 万元的图书，节约的资金达 133 万元左右。政府采购的其他几种方式同样可以不同程度地节省资金，即使是单一来源这种固定供应商的方式，也同样可以通过与供应商谈判，取得最低价格。

4. 在更广的范围内选择适合的供应商

在传统采购模式里，图书馆一般都习惯与合作愉快的供应商长期合作，很少大批量地更换供应商。但政府采购的方式打破了这一惯例。在政府采购中，只有单一来源这种方式可以延续上一年度供应商的供货资格，其他几种方式，参与投标的供应商都必须进行公平竞争，包括有意参与新一轮投标的上一年度的供应商。对于一个谋求长远发展的供应商来说，这种机制将促进其不断地完善自己，以在竞争中占据有利的位置。而且，在政府采购的环境下，供应商的范围扩大至全国。以前，本地图书馆的供货基本上由当地的供应商垄断，但现在，全国各地的书店都可以参与竞争，只要是符合资格要求的供应商，都可以参与其中，地方保护主义被打破。例如，广州市政府采购中心组织的文献信息资源公开招标规定不能设置“在本地拥有×××平方米经营场所”等可能成为外地供应商进入障碍的资格条件。

5. 获得更优质的服务

在政府采购模式中，无论图书馆还是供应商，均要遵守公平的竞争原则。也就是说，在政府采购模式下，图书馆将会在全国范围内择优选取供应商。在这种形势下，供应商只有提高自身的竞争力，增加供应品种、提高服务质量、降低自身成本等，力求在价格及服务方面都取得优势，才能在竞争中取胜。如此一来，供应商的竞争力就在这种模式的推动下不断增强。当供应商的素质提高后，图书馆所取得的货品及服务也将随之升级。

6. 获得增值服务

在政府采购的环境下，采购人在法律允许的范围内大胆提出自己的要求，而供应商为了增强自身的竞争能力，积极响应采购人的需求，提供增值服务。在调查问卷的统计中，我们发现，实施了文献资源政府采购的图书馆已经100%地获得了由供应商提供的包括贴条码、盖馆藏印、贴书标等服务。相对以往的采购工作来说，这是一项增值服务。以前，这些工作都由图书馆工作人员完成，现在，这些工作已经由供应商直接提供。虽然我们不能说这些增值服务是实施政府采购的必然结果，但政府采购的确是推动供应商提供增值服务的重要因素。

附录1：国内图书馆文献信息资源政府采购现状调研

1. 引言

政府采购在我国图书馆文献信息资源建设工作中的应用是图书馆文献采访工作的一种全新尝试，虽然我国政府早在2002年就颁布了《中华人民共和国政府采购法》，但由于图书馆文献信息资源建设工作的特殊性，政府采购在实践中仍然面临许多挑战，需要不断探索和尝试。本研究试图通过对国内部分图书馆实施政府采购的调查和分析，把握我国图书馆政府采购的总体进展，了解图书馆对政府采购的认知，分析政府采购在图书馆文献信息资源建设中的适应性，从而为图书馆更好地实施文献信息资源政府采购提供支持。

2. 方法

本次调查采用抽样调查，以回答问卷方式收集数据。问卷由13道题目组成，涉及政府采购实施情况、政府采购管理方式、采购方式、意义与存在问题评价等。调查范围以公共图书馆和高校图书馆为主，涉及全国31个直辖市和省级公共图书馆、15个副省级市公共图书馆、47所211工程综合性大学图书馆。问卷发放方式以邮寄电子问卷为主，发送传真问卷为辅。

本次调查时间为2009年11～12月。

3. 回收情况

除一些图书馆联系不到，部分图书馆拒绝接受调查外，本次调查共发放问卷81份，回收有效问卷62份，回收率为77%。其中向公共图书馆发放41份，回收30份，回收率为73%；向高校图书馆发放40份，回收32份，回收率为80%（见表4）。

表4　调查回收情况

	发放数量	回收数量	回收率
公共图书馆	41	30	73%
高校图书馆	40	32	80%
合计	81	62	77%

需要说明的是，虽然回收的有效问卷数量为62份，但并非所有的被调查者都回答了问卷中的全部问题，在下文分析中，对具体问题的统计将以该问题的实际回答数量为依据。

4. 调查结果

（1）图书馆的基本情况。

一定的经费保障是图书馆开展政府采购的必要条件，因此问卷首先对各图书馆的文献购置费进行了调查。本调查将图书馆的文献购置费分为四个级别，依次是：500万元以内、500万元到1 000万元、1 000万元到2 000万元、2 000万元以上。共有61所图书馆填写了经费情况，从表5可以看出，87%的图书馆的文献购置费在2 000万元以内，只有少数图书馆的文献购置费在2 000万元以上。总体而言，在被调查的图书馆中，高校图书馆的文献购置费明显多于公共图书馆。如47%的公共图书馆的文献购置费在500万元到2 000万元之间，而文献购置费在同样区间的高校图书馆达到了71%；10%的公共图书馆的文献购置费在2 000万元以上，在高校图书馆中，文献购置费超过2 000万元的比例达到了16%。

表5　被调查图书馆文献购置费基本情况　（单位：万元）

	≤500	500～1 000	1 000～2 000	≥2 000
公共图书馆	13	8	6	3
高校图书馆	4	10	12	5
合计	17	18	18	8
比例	28%	29.5%	29.5%	13%

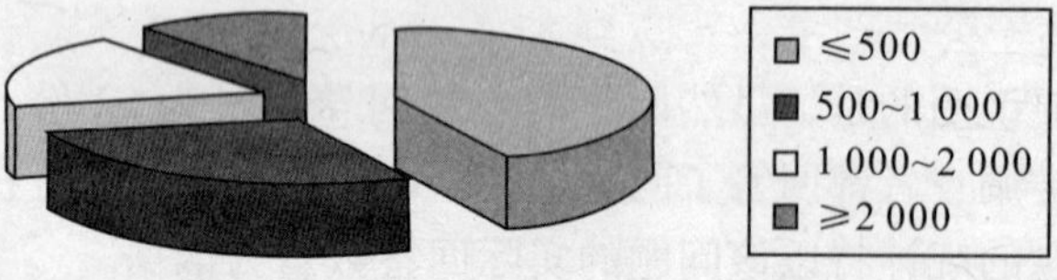

图3　公共图书馆文献购置费分布情况

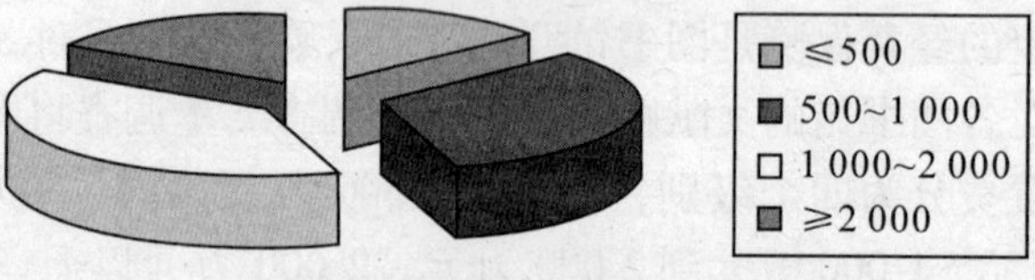

图4　高校图书馆文献购置费分布情况

（2）政府采购实施情况。

在统计图书馆政府采购实施情况之前，需要明确由部属高校自行组织的招标采购亦属于政府采购。由于许多211工程院校直属教育部管辖，没有进入地方政府的预算，因此未纳入地方政府的采购范围。但为了规范采购行为，加强采购管理，在征得主管部门同意后，许多高校图书馆的文献购置都由高校自行组织招标采购完成。根据《中华人民共和国政府采购法》第七条规定，"属于中央预算的政府采购项目，其集中采购目录由国务院确定并公布；属于地方预算的政府采购项目，其集中采购目录由省、自治区、直辖市人民政府或者其授权的机构确定并公布"，因此我们认为，高校属于"授权的机构"，由高校自行组织的招标采购亦属于政府采购的范畴。

表6反映了公共图书馆和高校图书馆实施政府采购的基本情况。该表说明，在被调查的图书馆中，高校图书馆实施政府采购的比例高于公共图书馆，达到81%，而公共图书馆实施政府采购的比例刚过半数。对于未实施政府采购的原因，许多单位都将地方政府（或学校）没有要求列为第一位，而将政府采购不适用于文献信息资源采购列为第二位；也有部分单位认为，目前所采用的采访方式不错，或找不到更好的方式。之所以会造成高校图书馆与公共图书馆在政府采购实施方面的不同，可能是由于211工程综合性高校图书馆的文献购置经费较多，需要加强管理，也可能是由于公共图书馆与高校图书馆的管理体制不同，或者由于公共图书馆与高校图书馆的文献建设方式不同。

在13所未实施政府采购的公共图书馆中，有2所图书馆计划在不久的将来实施政府采购，11所暂无此打算，而5所未实施政府采购的高校图书馆中，有3所均表示正在就政府采购事宜展开调研，图书馆有计划实施政府采购，如华东师范大学图书馆将于 2010 年实施政府采购。这从另一个侧面说明，211 工程综合性大学图书馆实施政府采购的情况比公共图书馆普遍。

调查还表明，绝大多数实施政府采购的图书馆自施行至今基本上没有出现中断，出现中断现象的图书馆只有两所：一是江南大学图书馆，二是首都图书馆。后者于 2004 年施行政府采购，但经过一段时间的实施，认为政府采购不适合图书馆文献信息资源建设，于是放弃。在此次调查中，首都图书馆被划为未施行政府采购的单位。

除两所高校图书馆分别于 1997 年和 1998 年实施政府采购外，其余图书馆实施政府采购的年份集中在 2005—2007 年。在这三年中，共有 28 所图书馆实施政府采购，占 39 所回答此项的图书馆的 72%。其中，2005 年和 2006 年是公共图书馆政府采购实施的高潮时段，2007 年只有 1 所公共图书馆实施政府采购，2008 年出现小幅回升，有 2 所图书馆实施政府采购；高校图书馆政府采购的实施高潮年份是 2005—2007 年，共有 17 所高校图书馆实施政府采购，占 23 所回答此项的高校图书馆的 74%。

表 6　各馆实施政府采购情况

	回答数量	施行政府采购		未施行政府采购	
		数量	比例	数量	比例
公共图书馆	30	17	57%	13	43%
高校图书馆	32	26	81%	6	19%

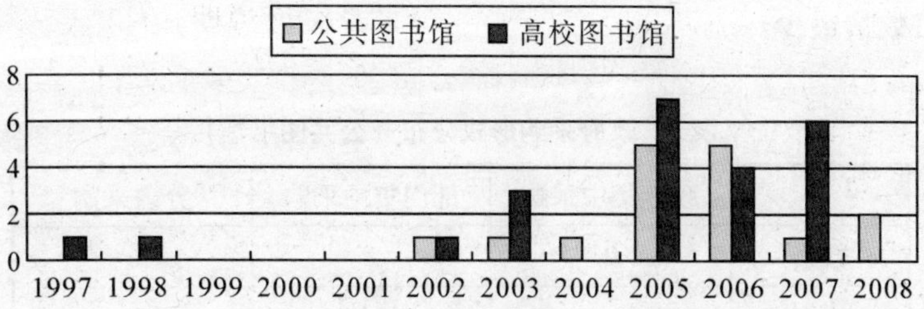

图5 图书馆政府采购实施年份分布

（3）政府采购管理。

加强图书馆政府采购的管理，有利于规范采购行为，发挥政府采购的积极作用，使政府采购更好地适应图书馆文献信息资源建设。本调查从政府采购形式、管理方式、规章制度建设、经费比例等方面进行了调研。

①政府采购形式。

政府采购可以分为三种形式：政府集中采购、部门集中采购和分散采购。政府集中采购指采购项目列入政府集中采购目录，须依法委托集中采购机构（政府采购中心）代理的采购；部门集中采购指采购项目纳入部门集中采购目录，由主管部门依照有关规定统一组织实施的采购；未列入集中采购目录、在规定限额标准以上的项目为分散采购项目，采购人员有条件的可自行组织采购，也可以委托集中采购中心或其他政府采购代理机构代理采购。对部属高校图书馆，多数实施由学校自行组织的招标采购，采购形式为部门集中采购，因此本节仅统计公共图书馆的采购形式（见表7）。

共有17家公共图书馆填写了政府采购形式，调查显示，政府集中采购所占比例最大，说明这些单位的馆藏资源均纳入了政府集中采购目录，其次为分散采购，而实施部门集中采购的图书馆数量最少。

表7 政府采购形式分布（公共图书馆）

	政府集中采购	部门集中采购	分散采购
数量	9	2	6
比例	53%	12%	35%

②管理方式。

由于图书馆文献信息资源建设的特点，图书馆在管理政府采购时存在集中管理与分散管理两种方式。前者指政府采购由一个部门全权负责，其余部门需要采购文献时只需与该部门联系即可；分散管理指图书馆不存在一个政府采购的集中管理部门，由各部门根据需要和本部门的情况，分别与采购中心联系。两者各有优劣，前者有利于实现馆藏资源的统筹规划，规范图书馆的采购行为，后者具有一定的灵活性。本次调查发现，大多数图书馆采用了集中由一个部门管理的方式，占施行政府采购单位数量的81%，而分散由各个部门管理的图书馆占14%。

表8 政府采购管理方式

	集中由一个部门管理	分散各个部门管理	其他
公共图书馆	15	2	0
高校图书馆	20	4	2
合计	35	6	2
比例	81%	14%	5%

③规章制度建设。

从统计数据来看，大部分实施政府采购的图书馆都建立了政府采购规章制度，以规范政府采购运作，但仍有15%的图书馆未建立政府采购规章制度，其中以公共图书馆居多，在15个回答这一问题的公共图书馆中，就有5个单位声明未建立政府采购规章制度。

表9　政府采购规章制度建立情况

	已经建立	尚未建立
公共图书馆	10	5
高校图书馆	25	1
合计	35	6
比例	85%	15%

④公开招标经费比例。

公开招标是政府采购的主要方式，但并非所有文献信息资源的购置都适用公开招标，许多图书馆在公开招标之外还通过向政府争取其他的政府采购方式，以适应不同文献的采购特点，提高馆藏资源的采购效率和采购质量。

统计得知，我国多数图书馆的公开招标经费占文献购置总经费的比例都在50%以上。其中，公共图书馆的公开招标经费以40%～80%居多，而高校图书馆的公开招标经费所占偏高，超过65%的高校图书馆公开招标经费都达到了本馆文献购置费的80%以上。有6所图书馆的公开招标经费比例为100%，包括1所公共图书馆，5所大学图书馆，分别是：宁夏图书馆、贵州大学图书馆、华南师范大学图书馆、武汉大学图书馆、东南大学图书馆、内蒙古大学图书馆。

表 10　政府采购经费占总经费的比例情况

	0～20%	20%～40%	40%～60%	60%～80%	80%～100%
公共图书馆	0	2	5	5	4
比例	0	13%	31%	31%	25%
高校图书馆	0	3	3	2	15
比例	0	13%	13%	9%	65%

注：边界值靠上归类，如 60% 归入 60%～80%。

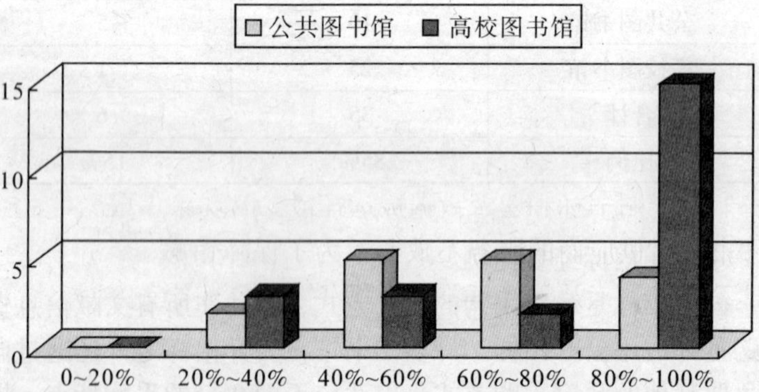

图 6　政府采购经费占总经费的比例分布

⑤信息反馈。

在每完成一次政府采购之后，大部分实施政府采购的单位都会向政府主管部门或上级机构提供反馈信息，以使有关部门更好地掌握政府采购的施行情况，加强管理。相对而言，高校图书馆提供反馈信息的比例为 83%，公共图书馆提供反馈信息的比例为 63%，高校图书馆的反馈率大于公共图书馆。

表 11　反馈情况

	有反馈	无反馈
公共图书馆	10	6
高校图书馆	20	4
合计	30	10
比例	75%	25%

（4）与供应商的合作。

在本次调查中，与供应商的合作仅涉及是否由供应商提供增值服务及增值服务的种类（见表 12）。调查显示，所有图书馆都得到了一定形式的增值服务，其中一些服务需要供应商向图书馆派驻工作人员才能完成，因此，政府采购使图书馆获得了更好的服务。对于贴书标和套录数据被选择最少的现象，可能是由于个别图书馆对供应商的服务不放心，为了保障馆藏资源建设质量，对涉及图书加工的核心环节仍由图书馆专业人员完成。

表 12　供应商增值服务情况

	贴条码	盖馆藏章	贴书标	装磁针	套录数据	其他
公共图书馆	14	16	14	17	14	2
高校图书馆	24	24	21	25	21	4
合计	38	40	35	42	35	6

（5）各类文献的采购形式。

根据《中华人民共和国政府采购法》的规定，政府采购采用以下几种方式：公开招标、邀请招标、竞争性谈判、单一来源采购、询价、国务院政府采购监督管理部门认定的其他采购方式。本次调查将图书馆文献划分为七种，分别是：国内版中文图书、国内版视听资料、国内版报刊、进口原版图书、进口原版视听资料、进口原版报刊、数据库，分别统计了不同图书馆各类型文献的政府采购方式。

由于各单位的情况不一致，因此在统计问卷时我们发现，不同文献的政府采购率是不一样的，即有些文献通过政府采购获得，有些文献仍沿用传统的采购方式，为此我们首先统计了不同文献的政府采购率。从统计结果看，国内版中文图书的政府采购率最高，43 家实施政府采购的单位均将其列为政府采购对象，其次为数据库和国内版报刊，分别有 36 家和 33 家单位选择，排在第四位的是进口原版报刊，32 家单位选择，排在第五位与第六位的是进口原版图书和国内版视听资料，分别有 29 家和 25 家单位选择，排在最后一位的是进口原版视听资料，只有 15 家单位选择。这一结果说明，由于采购渠道与文献购置经费的关系，与进口资源相比，国内资源更倾向于选择政府采购方式。

表 13 为各类型文献的政府采购方式统计结果。

表 13　各类型文献的政府采购方式

		公开招标	邀请招标	竞争性谈判	单一来源	询价	其他
国内版中文图书	数量	37	7	2	1	1	1
	比例	76%	14%	4%	2%	2%	2%
国内版视听资料	数量	12	3	0	5	4	2
	比例	46%	12%	0	19%	15%	8%

（续上表）

		公开招标	邀请招标	竞争性谈判	单一来源	询价	其他
国内版报刊	数量	15	7	2	11	1	1
	比例	41%	19%	5%	30%	3%	3%
进口原版图书	数量	17	5	2	3	3	1
	比例	55%	16%	6%	10%	10%	3%
进口原版视听资料	数量	4	1	1	8	1	1
	比例	25%	6%	6%	50%	6%	6%
进口原版报刊	数量	14	6	5	6	3	1
	比例	40%	17%	14%	17%	9%	3%
数据库	数量	9	1	7	22	4	2
	比例	20%	2%	16%	49%	9%	4%

从表13我们可以得出如下结论：

①公开招标为政府采购的主要方式。除个别类型的文献外，大部分文献的政府采购方式均为公开招标，符合《中华人民共和国政府采购法》的规定："公开招标应作为政府采购的主要采购方式。"

②国内版中文图书以公开招标为主。国内版中文图书是我国图书馆的主体馆藏，其政府采购的执行效果决定了我国图书馆政府采购实施得成功与否，其采购方式决定了图书馆政府采购的总体方向。同时，国内版中文图书涉及金额大，采购渠道多，因此具备公开招标的条件。

③进口资料的公开招标率低。除进口原版图书的公开招标率达到55%外，其余均不足50%，说明我国采购国外资源的渠道

比较单一，市场环境尚未成熟，在特定领域还存在着一枝独秀的局面。

④进口原版视听资料和数据库以单一来源为主。可能的原因有：一是采购渠道单一，如缺乏进口原版视听资料的采购渠道，再如国内数字资源市场还处在起步阶段，除几大数字资源商外，图书馆可供选择的余地不大；二是数字资源的连续性较强，有关资源需要连续从同一个供应商处获得，因此只能采用单一来源采购。

（6）政府采购意义评价。

为了了解国内图书馆对政府采购的认识，本调查设置了政府采购意义评价表，请接受调查的人员从六个方面对政府采购的意义进行评价，评价分为很不同意、不同意、无所谓、同意、非常同意五个等级。值得注意的是，调查结果并不代表图书馆的态度，仅代表被调查人员的意见。

表14为政府采购各项意义的评价统计结果。

表14 政府采购意义评价

		很不同意	不同意	无所谓	同意	非常同意	评价商
促进廉政建设	数量	3	5	4	23	8	0.33
	比例	7%	12%	9%	53%	19%	
规范采购行为	数量	5	2	2	29	5	0.31
	比例	12%	5%	5%	67%	12%	
节省购书经费	数量	5	5	3	24	5	0.23
	比例	12%	12%	7%	57%	12%	

（续上表）

		很不同意	不同意	无所谓	同意	非常同意	评价商
节省人力资源	数量	5	9	8	16	3	0.04
	比例	12%	22%	20%	39%	7%	
优化馆藏结构	数量	7	18	11	3	2	-0.30
	比例	17%	44%	27%	7%	5%	
提高读者满意度	数量	6	16	12	4	2	-0.25
	比例	15%	40%	30%	10%	5%	

注：评价商是本文提出的一个概念，实质是加权赋值算法，计算方式如下：分别将5个评价等级赋权，本文赋权方式为：很不同意＝（-0.2），不同意＝（-0.1），无所谓＝0，同意＝1，非常同意＝2，将各个等级的评价人数与该等级的权值相乘，计算总和，并用总和除以实际回答人数的2倍，得到评价商。评价商的区间为［-1，1］，评价商越大，表明评价越肯定，反之评价越否定。本文将评价商在0.1以上的评价定性为肯定评价，-0.1以下的评价为否定评价，如果评价商在-0.1到0.1之间，同时持中间态度（选择“无所谓”）的比例低于50%，该评价为争议性评价。

①促进廉政建设。

对于政府采购是否可以促进廉政建设，大多数被调查者都持肯定态度，选择“同意”与“非常同意”的比例分别达到53%和19%，两项合并占72%，只有少数被调查者认为，政府采购不能促进廉政建设。该问题的评价商为0.33，属于正面评价。

②规范采购行为。

政府采购是否能够使采购行为更加规范，这一点同样得到了大多数被调查者的认可，持“同意”与“非常同意”观点的人分别为67%与12%，两项合并为79%，评价商为0.31，对该问题的评价亦属于正面评价。

③节省购书经费。

69%的被调查者对“政府采购是否节省购书经费”持“同意”或“非常同意”态度，评价商为0.23，这表明，政府采购在节省购书经费方面得到了三分之二以上的被调查者的认同。

④节省人力资源。

尽管仅从统计结果看，选择“同意”的比例达到了39%，但从总体统计情况看，各项比例分布平均，评价商趋近于0，选择中间态度的比例为20%，属于争议性评价，说明对于政府采购是否节省人力资源，被调查者之间的意见分歧较大，这可能同各个单位政府采购的实施时间与实施规范程度有关。

⑤优化馆藏结构。

有61%的被调查者“不同意”或“很不同意”政府采购可以优化馆藏，评价商为-0.30，只有12%的被调查者认为政府采购有助于优化馆藏。因此，对该问题的评价属于负面评价，即政府采购可以优化馆藏结构，并没有得到图书馆界的普遍认可。

⑥提高读者满意度。

通过政府采购所购进的文献信息资源是否可以提高读者满意度，这是许多图书馆都关注的问题。调查显示，55%的被调查者“不同意”或“很不同意”政府采购可以提高读者满意度，评价商为-0.25，只有15%的被调查者持认可态度，评价结果为否定，说明政府采购在提高读者满意度方面并不被大多数被调查者看好，这与政府采购不能实现馆藏结构优化的调查结果是一致的。

（7）存在问题评价。

在我国，图书馆文献信息资源政府采购由于实施时间不长，操作不完善，仍然存在许多有待改进之处。为了进一步了解我国图书馆界对政府采购的看法，本调查将政府采购存在的问题分为9个方面，运用从“很不同意”到“非常同意”的五级度量进行调查，现将有关结果汇总如表15。

表15　政府采购存在问题评价

		很不同意	不同意	无所谓	同意	非常同意	评价商
供应商变动大	数量	1	5	6	22	9	0.38
	比例	2%	12%	14%	51%	21%	
供货周期短	数量	1	13	9	16	2	0.06
	比例	2%	32%	22%	39%	5%	
采购时间滞后	数量	0	12	5	19	4	0.19
	比例	0	30%	13%	48%	10%	
价格影响较大	数量	0	7	10	19	3	0.23
	比例	0	18%	26%	49%	8%	
到书率低	数量	0	16	3	19	1	0.06
	比例	0	41%	8%	49%	3%	
图书质量下降	数量	0	19	2	16	2	0.01
	比例	0	49%	5%	41%	5%	
手续烦琐	数量	0	7	6	21	8	0.36
	比例	0	17%	14%	50%	19%	
对供应商约束力不够	数量	1	15	6	16	4	0.08
	比例	2%	36%	14%	38%	10%	

(续上表)

		很不同意	不同意	无所谓	同意	非常同意	评价商
缺乏采购自主权	数量	0	11	4	15	10	0.30
	比例	0	28%	10%	38%	25%	

①供应商变动大。

该项评价商为0.38，属于肯定评价。选择“同意”或“非常同意”的比例分别为51%和21%，两项合计达到72%。即70%以上的受调查者同意在政府采购中供应商变动频繁是一个值得关注的问题。

②供货周期短。

持同意态度与不同意态度的比例比较接近，评价商仅为0.06，持中间态度的比例为22%，该项属于争议性评价，这可能同各地图书馆政府采购的具体执行流程有关。

③采购时间滞后。

58%的被调查者对采购时间滞后持同意态度，13%的被调查者认为关系不大，评价商为0.19，以肯定为主。因此可以认为，采购时间滞后在图书馆界得到了一定程度的认可。

④价格影响较大。

57%的被调查者对政府采购中价格影响较大持“同意”或“非常同意”的态度，26%的被调查者认为价格因素影响不大，评价商为0.23，属于肯定评价。这说明在政府采购的评标过程中，价格因素存在着被过于关注的现象，这一点可以通过修改评标方式加以解决。

⑤到书率低。

选择“同意”或“非常同意”的人数略大于选择“不同

意”的人数，分别占52%和41%，评价商为0.06，持中间态度的比例为8%，属于争议性评价。由此可见，到书率是否低，不同地区与不同单位的情况是不一样的。

⑥图书质量下降。

对于图书质量下降，各选项基本持平，49%和46%的被调查者分别选择了“不同意”和“同意”，评价商为0.01，持中间态度的比例为5%，对该问题的评价属于争议性评价。从“到书率”与“图书质量”的调查结果可以看出，不同书商的服务质量存在较大差异。

⑦手续烦琐。

69%的被调查者对此持同意态度，评价商为0.36，属于肯定评价。这说明与传统采购方式相比，政府采购确实存在着增加工作环节、增大工作压力的问题。

⑧对供应商约束力不够。

该项评价商为0.08，持中间态度的比例为14%，属于争议性评价。从中可以看出，政府采购是否对供应商形成一定的约束力，不同被调查者之间没有形成比较一致的看法。

⑨缺乏采购自主权。

选“同意”和“非常同意”的比例分别为38%与25%，两项合并为63%，评价商为0.30，属于肯定评价。

根据上述调查，我们将9项问题分为两类：第一类为肯定问题，分别是供应商变动大（0.38）、采购时间滞后（0.19）、价格影响较大（0.23）、手续烦琐（0.36）、缺乏采购自主权（0.30）；第二类为争议性问题，评价商在-0.1到0.1之间，分别是供货周期短（0.06）、到书率低（0.06）、图书质量下降（0.01）、对供应商约束力不够（0.08）。

第一类问题主要涉及政府采购的管理，第二类问题主要涉及供应商。我国图书馆政府采购由于实施时间较短，还存在着诸多不完善的地方，需要在今后的实施过程中不断改进，使其更加适合图书馆文献信息资源建设。同时，供应商资质参差不齐，这一方面为图书馆提供了较大的选择余地，同时也给图书馆文献资源建设带来了风险，如某些服务质量不佳的供应商一旦通过一定的策略（如低价策略）中标，将会给图书馆文献资源建设造成不可忽视的风险。

5. 结论

通过调查我们得出：

（1）文献信息资源政府采购已得到我国图书馆的普遍接受。从实施范围看，大部分211工程综合性院校和一半以上的省级、副省级城市公共图书馆都已实施了政府采购，自实施以来，基本上未出现中断现象，许多单位都已建立了政府采购规章制度。政府采购可以规范采购行为，促进廉政建设等观点，得到了业界的普遍认可。

（2）文献信息资源政府采购实施时间短，缺乏有效的实施模式，各地尚处在探索之中。除个别图书馆外，目前我国图书馆政府采购项目大多是在2005—2007年启动的，实施时间不超过3~4年。由于实施时间短，政府采购存在着诸如供应商变动大、采购时间滞后、价格影响较大、手续烦琐、缺乏采购自主权等众多问题。

（3）高校图书馆实施政府采购的情况比公共图书馆普遍，并且比较规范。这一方面表现在实施率上，超过80%的211工程综合性院校图书馆已在一定程度上实施了政府采购（学校招标为主），而公共图书馆政府采购的实施率仅为半数以上；另一方面，大多数实施政府采购的高校图书馆都已建立了政府采购规章制度，而公共图书馆政府采购规章制度的建设情况不及高校图书馆普遍。即使对于未实施政府采购的图书馆，高校图书馆的计划实施率也高于公共图书馆。

（4）国内版资源的政府采购率高于进口资源。与进口资源相比，国内版资源的政府采购率较高，其中国内版中文图书是政府采购的主要对象，以公开招标为主。进口资源由于采购渠道单一，市场环境不成熟，政府采购的实施情况不甚理想。

（5）对供应商的评价不一。对于存在问题环节，我们发现，如供货周期短、到书率低、图书质量下降、对供应商约束力不够等观点，不同调查者所持态度的差异较大，说明各地供应商的服务质量不一，图书馆对其有褒有贬，图书馆与供应商的合作有疏有密，两者之间尚未建立起规范化的合作机制，合作的随意性较大。

由于我国图书馆文献信息资源政府采购尚处于起步阶段，机遇与挑战并存，国外并无成熟的模式可供借鉴，需要国内图书馆界积极探索，在严格遵守《中华人民共和国政府采购法》的前提下，寻求政府采购与图书馆馆藏发展的契合点，力求创设出适合我国国情的图书馆文献信息资源政府采购方式。同时，鉴于高校图书馆在文献信息资源政府采购方面已先行取得了一定的成绩，公共图书馆有必要向高校图书馆同行学习，结合公共图书馆的实际，积极推进政府采购在公共图书馆中的实施和完善。

附录2：全国文献信息资源被纳入政府采购目录及采购限额标准情况统计表

省份	图书资料被纳入政府集中采购目录	图书资料被纳入部门集中采购目录	集中采购金额起点	政府采购限额标准（货物类）	备注
北京市	未被纳入		/	单项或批量采购达到50万元以上（含50万元）	
天津市	被纳入	/	批量金额在5万元以上	/	
河北省	未被纳入		/	单项或批量采购达到50万元以上	
山西省	未被纳入		/	采购预算超过10万元	免费发放的义务教育阶段教科书被列入部门集中采购目录

（续上表）

省份	图书资料被纳入政府集中采购目录	图书资料被纳入部门集中采购目录	集中采购金额起点	政府采购限额标准（货物类）	备注
内蒙古自治区	未被纳入		/	单项或批量采购预算达到10万元以上	免费教科书被列入政府采购集中采购目录
辽宁省	被纳入	/	单项金额在5万元以上或批量金额在20万元以上	/	
吉林省	未被纳入		/	单项或批量采购预算金额达到10万元以上（含10万元）	
黑龙江省	未被纳入		/	批量金额在10万元以上	

（续上表）

省份	图书资料被纳入政府集中采购目录	图书资料被纳入部门集中采购目录	集中采购金额起点	政府采购限额标准（货物类）	备注
上海市	未被纳入		/	单项（个、件、套）预算金额超过 5 万元或年批量预算超过 50 万元	
江苏省	/	被纳入	否	/	
浙江省	被纳入	/	否	/	
安徽省	被纳入	/	批量金额在 10 万元以上（含 10 万元）	/	
福建省	未被纳入		否	采购预算金额超过 20 万元	
江西省	/	被纳入	批量采购金额在 10 万元以上	/	
山东省	/	被纳入	单项采购金额在 5 万元以上	/	

（续上表）

省份	图书资料被纳入政府集中采购目录	图书资料被纳入部门集中采购目录	集中采购金额起点	政府采购限额标准（货物类）	备注
河南省	未被纳入		/	单项或批量采购金额一次性达到50万元以上	
湖北省	/	被纳入	否	/	
湖南省	被纳入		否	/	
广东省	被纳入	/	否	/	
广西壮族自治区	被纳入	/	否	/	
海南省	未被纳入		/	单项在2万元以上或者批量在5万元以上金额的货物	义务教育免费教科书（含配套磁带）被列入政府集中采购目录
重庆市	被纳入	/	否	/	

（续上表）

省份	图书资料被纳入政府集中采购目录	图书资料被纳入部门集中采购目录	集中采购金额起点	政府采购限额标准（货物类）	备注
四川省	未被纳入		/	集中采购目录以外，采购限额标准以上的货物、工程和服务项目实行分散采购。分散采购可由采购人自行组织实施，但达到公开招标数额标准的采购项目，应委托政府采购代理机构组织实施采购。	
贵州省	被纳入	/	否	/	
云南省	未被纳入		/	单项或批量金额在 20 万元以上	
西藏自治区	被纳入	/	否	/	

（续上表）

省份	图书资料被纳入政府集中采购目录	图书资料被纳入部门集中采购目录	集中采购金额起点	政府采购限额标准（货物类）	备注
陕西省	被纳入	/	否	/	
甘肃省	被纳入	/	5万元以上	/	
青海省	被纳入	/	否	/	
宁夏回族自治区	未被纳入		/	采购预算金额单价在2万元以上（含2万元），批量采购预算金额在5万元以上（含5万元）	
新疆维吾尔自治区	未被纳入		/	/	

数据来源：除宁夏回族自治区（选用2005年文件）及新疆维吾尔族自治区（选用2008年文件）外，其余各省、直辖市、自治区的数据均来自于2009年政府采购目录及政府采购限额标准。

第三章　公共图书馆文献信息资源政府采购的实施

第一节　准备工作

为了更好地实施政府采购，做好前期的准备工作必不可少。这些工作主要包括树立依法、依规执行政府采购的观念，学习相关法律法规，解读相关政策，分析政府采购方式与传统采购方式的差异，积极与政府采购主管部门进行沟通等。通过这些步骤，明确了解文献信息资源政府采购需要执行的有关规定、要走的具体程序以及实操运作需要注意的问题，争取主动，力争使文献信息资源政府采购工作适应图书馆的工作特点，提高工作效率。

1. 树立依法、依规执行政府采购的观念

政府采购是采购方式的一次重大改革。作为一项国家政策，在公共图书馆的文献信息资源采购中刚刚推行时，是一个新生事物，了解的人不多，误解的人却不少。有一些人认为，政府采购剥夺了图书馆的采购自主权，类似恢复供给制的做法；也有一些人认为，政府采购模式不适合图书馆文献信息资源采购的专业特点；更有一些人认为政府采购是多此一举，浪费人力物力。因此，认识上的偏颇是公共图书馆实施政府采购工作的首要障碍。

我们必须认识到实行政府采购是一项国家政策，《中华人民共和国政府采购法》于 2002 年 6 月由全国人大常委会通过并于

2003年1月1日开始实施，任何人不能以任何理由作为不执行的借口。有了“必须执行”的理念，才能从根本上转变图书馆文献信息资源采购和管理者的观念，牢固树立正确的政府采购观念，才能在实际操作中发挥主观能动性，努力解决各种问题，不断推动府采购工作向前迈进。

公共图书馆是事业单位，文献信息资源采购所用经费来源于财政资金，属于政府采购的适用范围，其使用必须符合《政府采购法》的有关规定。虽然只有部分省市把文献信息资源列入集中采购目录，但是当采购金额达到一定额度，不论是否被列入政府采购目录，都必须采用政府采购方式进行采购。大型图书馆文献采购金额一般比较大，多在采购限额标准以上，文献信息资源采用政府采购的模式是大势所趋。

要改变传统的采购模式，一些图书馆的领导和采购人员在思想观念上还不能一下子转过弯来，存在抵触情绪。因此，树立依法、依规采购，切实执行政府采购规定的观念是非常重要的。以树立“必须执行”的理念为先导，在执行的前提下认真做，在认真做的前提下努力做好，在努力做好的基础上实现自愿执行、乐意执行。

2. 学习政府采购的相关理论和法律法规等知识

为了更好地实施图书馆文献信息资源政府采购这项工作，理论上的准备是必不可少的。图书馆工作人员需要认真学习政府采购的相关理论和法律法规，如《中华人民共和国政府采购法》、《中华人民共和国招标投标法》、《中华人民共和国合同法》、《政府采购管理暂行办法》、《政府采购运行规程暂行规定》、《政府采购信息公告管理办法》，以及本地的政府采购目录等，了解政府采购的含义、主体、目的、程序和方式、对象等。上述内容在国内有一些比较权威的著作阐述，但具体阐述图书馆文献信息资源政府采购的著作却非常少，这就需要图书馆工作人员主动查阅有关政府采购的著作和文件，并在此基础上加以延伸，吸收其中有用之处，再结合图书馆实际加以理解和融会贯通，从而提高处理相关问题的能力。在解读政策的过程中，图书馆不能以对自己有利的想法解释法律，遇到不明白之处，一定要咨询政府采购主管部门，以免在实际工作中出现偏差。

3. 分析传统采购和政府采购两种模式的差异

在实施文献信息资源政府采购工作之前，首先要通过分析传统采购模式和政府采购的异同、各自的优缺点（详见第二章第六节），认真解读政府采购政策，在观念认识方面做足准备工夫，做好面对困难和解决问题的思想准备。

4. 加强与文化行政主管部门和财政主管部门的沟通

图书馆文献信息资源采购由两个部门管辖：行政主管部门和财政主管部门，其中公共图书馆文献信息资源采购工作在行政管理方面由文化行政主管部门负责。在传统采购模式下，两个主管部门对图书馆文献信息资源的采购工作主要是进行采购经费、采购计划的审核，对图书馆的采购行为则给予相对较大的自由度。在政府采购模式下，两个主管部门除了对图书馆采购经费审核外，还具有对图书馆的采购进行组织、参与及监督的职责。然而，在实际工作中，由于主管部门所管辖的事情繁多，无法亲自对每一个项目进行详细研究，对于图书馆文献采购工作的过程、图书馆的需求、文献资源的出版特性等情况也并不熟悉，这种转变造成了在政府采购工作实施中的一些障碍。在实施图书馆文献信息资源政府采购之前，需要图书馆将相关问题与这两个部门一一说明，争取得到他们的理解和支持，确保采购工作顺利实施。

以广州市为例，广州图书馆文献信息资源政府采购在全国来说实施得比较早，而且是全面实施，没有过渡期。2003 年，广州市开始把图书资料纳入政府采购目录，当时正处于实行文献信息资源政府采购工作的初期。在全国范围内，只有极少数图书馆部分试行了此项工作，基本上没有成熟经验可循。市财政局对文献信息资源采购工作的特点不熟悉，例如，他们认为，可以在全市范围内搞一次统一招标工作，招几家定点供应商，然后市财政管辖下的所有图书馆都可以从这几家供应商采购，类似公务车汽油的招标工作。这种方法有一定的合理性，理论上只要标书涵盖了不同类型、不同规模的图书馆的需求即可，但在实际操作中却遇到了困难。因为各个图书馆的需求不同，广州市财政局管辖下的图书馆类型包括了公共图书馆、高校图书馆和中小学图书馆，它们各自的文献资源建设重点、服务读者的层次决定了所采购图书的范围是不一致的。而各个供应商的供货能力、供货范围也都不一样，各有所长，因此少数几家定点供应商很难满足广州市财政局管辖下的所有图书馆的需求。例如，有一些专业学校图书馆需要的专业图书，可能根本没有办法在本地采购。由于各图书馆的服务群体需求不同而使整个采购资源需求的构成非常复杂，采购范围不能用统一标准进行限定，所以很难采用定点采购的方式进行采购。其后，广州市财政局与各图书馆分别沟通，努力了解有关情况，并组织了多次会议讨论。最后，广州市财政局在认真听取各馆意见的基础上，经过慎重考虑，同意由各图书馆自行组织招标工作。在实施政府采购工作的过程中，各图书馆也不断与各自的行政主管部门沟通。例如，广州图书馆在实施前先向广州市文化局汇报计划实施政府采购的项目，以及各个项目的采购经费分配等，获得文化局的同意后再进行下一步的工作。在工作完成以后，图书馆主动向文化局汇报实施的具体情况及成果。

5. 深入了解文献信息资源政府采购的运作流程

传统采购模式下，图书馆文献信息资源的采购流程相对简单，自主性强，一般由作为采购人的图书馆和供应商协商进行，且采购过程由相关采购人员独立完成。在不违反法律的前提下，采购人员在馆藏建设的过程中有着比较大的自主权力。政府采购作为一种法律规定的采购模式，具体流程有相关的法律法规进行严格规定（详见下节），图书馆只有深入了解文献信息资源政府采购流程的各个具体环节，才能真正落实政府采购的目标，保障采购的“公开、公平、公正”。

6. 成立相关工作机构对本单位文献信息资源政府采购工作进行统筹

为了做好对文献信息资源政府采购工作的管理，各馆可以结合本馆实际情况，成立相关工作机构，全面负责有关的政府采购工作。相关机构包括本馆政府采购工作领导机构及具体工作机构。领导机构负责统筹规划本馆的文献信息资源政府采购工作，制定各项政府采购工作管理规章制度，指导政府采购工作的开展，协调各部门的需求，协调解决出现的问题，一般由馆领导及财务、采访部门主任组成；具体工作机构在领导机构的指导下实施政府采购工作，如与主管部门沟通、办理有关的采购手续、起草采购需求、参与评标、支付经费等，一般由各类型文献采访的项目负责人组成，便于及时掌握经费使用进度，并负责执行具体采购程序，提高计划的执行力，方便统筹协调。

以广州图书馆为例。为做好文献信息资源政府采购工作，在政府采购工作开展之初，广州图书馆成立了文献信息资源政府采购项目工作小组，由主管文献信息资源建设的馆长和采访部主任担任正副组长，成员由采访人员担任。广州图书馆要求全体组员在开展工作前熟悉和掌握相关法规。该小组主要负责做好图书馆文献信息资源政府采购项目的各项准备工作，包括采购方式的调研和选择、招标立项审批、招标文件起草、市场考察等，并具体负责采购工作的组织和实施。同时，广州图书馆还成立了一个由馆领导和各业务部门主任组成的“文献信息资源建设工作指导委员会”，负责宏观指导及监督文献信息资源政府采购工作的执行情况。

第二节 图书馆文献信息资源政府采购程序

一、图书馆文献信息资源政府采购工作流程图

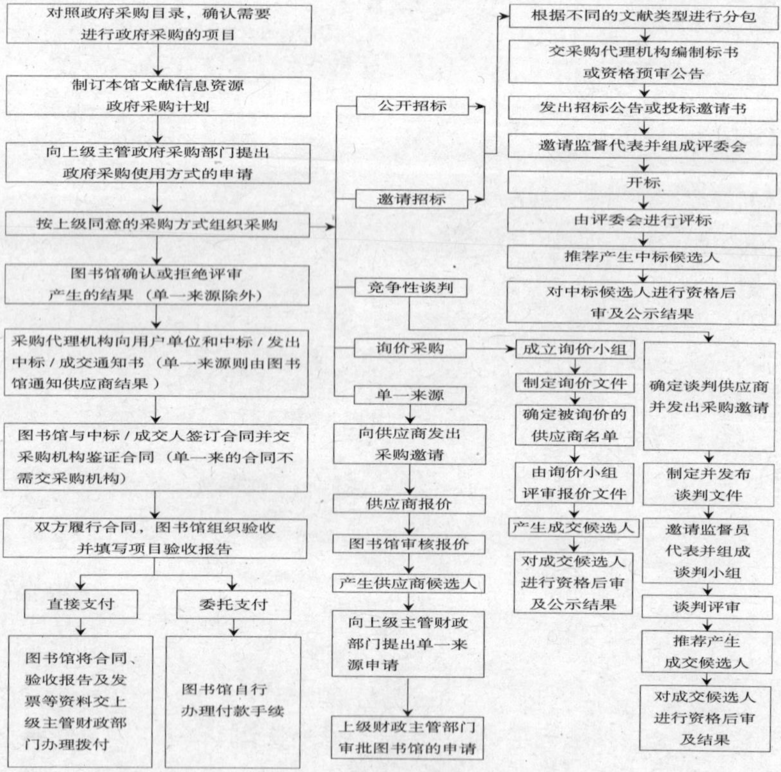

图书馆文献信息资源政府采购工作流程图

二、图书馆文献信息资源政府采购实施过程中需要注意的问题

1. 确认文献信息资源采购项目是否被纳入政府采购目录

每年，国务院及省级以上人民政府均会按照《政府采购法》的要求，分别制定中央及地方预算的采购项目的集中采购目录和政府采购限额标准，图书馆要按相应的预算级别及时查阅。如果文献信息资源采购项目被纳入目录或文献购置经费预算额度大于政府采购限额标准，就要采用政府采购的方式进行采购。如果在执行上有困难，则必须及时与上级财政主管部门沟通，以便解决问题。

2. 根据要采购的文献信息资源种类及市场情况，进行合理分包

招标的时候，如果采购预算经费数量庞大，需要采购的文献信息资源类型众多，可以按文献信息资源类型特点及市场情况把标的物划分为若干子包进行招标。对图书馆来说，通过划分子包，进行分包采购，可以将供应商进行细分，充分利用不同供应商特有的供货及服务优势，获得需要的文献信息资源及服务，有利于减少采购成本，提高各类型资源的采购质量和效率，也便于提出细化的服务要求；对供应商来说，既可以专攻有优势的子包，节约投标及服务成本，提高中标率，也可以在招标过程中认识自己的不足，为今后提高自身素质打下基础。子包采购有利于实现公平、公正原则，避免由既有供货强项又有供货弱项的供应商独揽多种资源类别的供货资格，发挥供应商的专业优势，提高政府采购工作的绩效。子包划分的方法有多种，图书馆可以根据采购需要，灵活采用，主要方法包括：

（1）按文献信息资源类型划分，可分为图书、报刊、视听资料、光盘资料、数据库等子包。

（2）按进货渠道划分，可分为国内资源和进口资源子包。由于两种资源在计价方式、供货周期、供货资格、供货能力等方面都存在着重大差别，合理划分可利用供应商的优势，取得更好的价格折扣和服务质量。

（3）按文献信息资源供应商的供货范围划分。例如，在市场上，有些供应商既可以提供国内版图书，也可以提供国内版视听资料。如果国内版视听资料的采购金额不大，可以把这两类文献划归为一个子包，避免后者单独划为子包时造成流标。

（4）按采购金额划分，将年度采购金额划分为若干子包，可平均划分，也可递进式分等级划分。例如，某图书馆有600万元的国内版图书采购经费预算额度，计划按金额分成三个子包，可以分成三个200万元子包，或者分成100万元、200万元、300万元三个子包不等。

（5）按文献资料出版地区划分，可按文献出版的区域、国家、省区划分子包。例如，根据出版社的所在地可把我国划分成华南地区、华东地区、华中地区、西南地区等若干个片区，以此为据划分子包。

（6）按学科专题划分，根据所采购图书的学科分布情况划分子包。例如，可以按《中国图书馆分类法》（第四版）中二十二个大类或按文献的专题特点来划分组合子包。

3. 编写符合本馆实际情况的采购人需求

充分结合本馆需求及各类型文献信息资源的特点，对需要以竞争性招标方式采购的项目拟定采购人需求。在提出采购人需求时须注意如下事项：

（1）明确文献信息资源的采购范围，如出版时间、品种、质量等。

（2）明确对供应商的要求，包括资格、采访数据的提供、售后服务等要求，以确保招标的质量。

（3）要清楚说明交货时间、地点、方式等。

采购人需求的具体项目主要包括：

（1）投标人资格要求。

投标人资格要求是指对投标人投标资格的要求。投标人如果不符合其中的一点要求，在评标的符合性审查时即可直接否决，不能进入具体评标环节。以下是招标中常见的投标人资格要求：

①必须是在中华人民共和国境内注册的法人。

②对投标人注册资金的要求必须按上级财政主管部门标准执行，不能由图书馆自行确定。如广州市财政局在 2007 年颁布了《广州市政府采购文件编制指南》，其中第一条第三款规定：对注册资金的要求一般不超过采购预算的一倍；确实需要超过一倍的，应当在采购文件中说明理由，任何单位和个人不得以不合理的注册资金等条件限制中小企业进入政府采购市场。

③具有文献信息资源的相关销售权，对于此项要求，可具体到拥有何种经营许可证等。例如：中文图书的供应商需有“出版物经营许可证”，音像资料的供应商需有“音像制品经营许可证”，电子出版物的供应商需有“电子出版物批发经营许可证”，进口书刊供应商需有“出版物进口经营许可证”。

④要求投标人拥有固定的经营场所，包括经营场所所在地、经营场所面积等，要求提供相关证明文件，如房产证、租赁合同等。

（2）招标范围。

包括文献信息资源的种类、出版时间及具体特征的描述。

（3）招标要求。

招标要求主要有：①供货周期。②需要供应商的数量。③对供应商供货的要求。包括：对货物的具体描述、采购货物的方式（现购或订购）、需要供应商提供的书目范围、采访数据格式、到货率、收货的时间、地点与打包的要求、退货的要求、对文献信息资源合法性的要求、对取消订单的要求、验收的要求、售后服务的要求、付款方式等。

4. 选定合适的采购代理机构

社会上有资格的代理机构很多，各地一般都有省或市采购中心，还有各种取得相关资格的采购代理机构。根据《中华人民共和国政府采购法》第十九条规定：采购人有权自行选择采购代理机构，任何单位和个人不得以任何方式为采购人指定采购代理机构。要选取一个好的代理机构，事先必须进行调研，可咨询有类似经验的图书馆，听取各方对代理机构的评价。采购代理机构的好坏直接影响采购的质量。如何选择采购代理机构，是决定招标工作质量的一个关键因素。

一个好的代理机构应具备以下条件：必须依法取得政府采购管理部门认定的代理机构资格，在近年内没有违法违规行为，有处理相似个案的经验。如果所选择的采购代理机构没有处理同类型案例的经验，可能导致在采购过程中遇到各种问题没有先例可循而耽误了采购时间。在选择代理机构时应避免以下机构：唯利是图，违规操作；编写的采购文件水平较低等。

5. 与采购代理机构共同制作标书

采购代理机构会按照图书馆采购人的需求，套用固定格式制作标书。在制作标书的过程中，虽然格式是固定的，但中间有些条款、评分标准还是可以商定的。在这个过程中，图书馆应该和采购代理机构充分沟通，共同把标书做好。

第三节　不同类型文献信息资源政府采购的形式

图书馆文献信息资源类型多样，特点各异，要选取最佳的采购方式，必须首先了解文献信息资源的类型和特点。以载体为标准，文献信息资源可以划分为印刷型文献资料和非印刷型文献资料。印刷型文献资料又可以分为图书、报刊、特种文献资料；非印刷型文献资料包括缩微资料、视听资料、电子文献、数据库等。每年各类文献信息资源的出版数量众多，要为不同类型的文献信息资源选择合适的政府采购方式，必须首先了解和熟悉出版市场的具体情况。因此，对图书馆负责文献信息资源政府采购工作的人员来说，搜集出版信息是一个必不可少的步骤。下文首先简要介绍一下近年来各类文献信息资源的出版情况。

表 1　2005—2008 年各类型文献信息资源出版数量统计表

文献信息资源类型		文献信息资源出版数量（单位：种）			
年份		2008 年	2007 年	2006 年	2005 年
图书	国内版图书	274 123	248 283	233 971	222 473
	进口图书	648 907	771 582	559 896	553 644
视听资料	国内版视听资料	23 493	31 955	33 706	34 961
	进口视听资料	10 077	6 974	5 904	31 123

（续上表）

文献信息资源类型		文献信息资源出版数量（单位：种）			
年份		2008 年	2007 年	2006 年	2005 年
报刊	期刊	9 549	9 468	9 468	9 468
	报纸	1 943	1 938	1 938	1 931
	进口报纸	1 121	1 021	961	767
	进口期刊	53 759	42 630	50 784	45 178
电子出版物	电子出版物	9 668	8 652	7 207	6 152
	进口电子出版物	1 640	1 374	829	515

数据来源：2005—2008 年《全国新闻出版业基本情况》

表 2　各类型文献信息资源主要出版特点及主要供应商情况

类型		主要发行特点	主要发行机构
国内版文献信息资源	图书	发行实行统一管理、分散经营、多渠道流通	各省市级新华书店、集体书店、民营书店、各类图书发行公司、出版社自办发行等
	报刊	定期或不定期连续发行	中国邮政体系、民营报刊发行销售公司、出版社自办发行等
	视听资料	分散经营、多渠道流通	各省市级新华书店、集体书店、民营书店、各类音像制品发行公司等

（续上表）

类型		主要发行特点	主要发行机构
国内版文献信息资源	电子文献	分散经营、多渠道流通	各省市级新华书店、集体书店、各类电子文献生产商等
	数据库	多由生产商或代理商发行，销售渠道较单一	数据库的生产商或代理商
	其他（含特种文献、缩微资料与其他零散资料）	类型复杂多样，出版发行无统一规律，销售渠道单一	各省市级新华书店、生产商
进口原版文献信息资源（含图书、报刊、视听资料、电子文献、数据库等）		国外或我国港澳台地区出版发行，进口时需在新闻出版主管单位备案，办理进口手续	各图书进出口公司等

不同类型文献信息资源的发行特点和供应商的数量决定了各文献信息资源必须按其特点寻找最适合的政府采购方式。一些出版物出版发行市场发育成熟，供应商较多，具备公开招标的条件；一些出版物则相反，只有少量供应商或唯一的供应商，需采用不同的政府采购方式；文献购置费的规模也是决定采购方式的一个重要因素。只有把这些因素综合起来考虑，才能做出科学的选择。

一、国内版文献信息资源

1. 图书

图书作为一种采购标的物，具有不确定性，这是因为：①图书馆采购图书不可能像购买一般货物一样只提供技术参数、规格指标进行批量采购，必须根据读者需求及服务定位，经过采购选择程序才能决定是否采购及采购数量；②图书的出版和发行是连续性的，不会在一段时间内出版完毕，图书馆采购招标时，一般不能提前收集并提供将要出版发行的图书品种清单供招标使用；③每个供应商都有自己的供货优势，没有一个供应商能够提供市场上所有品种的图书，而且哪个供应商提供何种图书也是不可预知的，图书馆不可能在一个时间段内按采购计划额度在发行市场上将已经出版图书的目录清单收集齐全后再进行招标采购。实践证明，在政府采购政策实施初期，有的图书馆曾尝试采用购书清单进行招标，但因招标后中标供应商不能100%提供清单上所列的出版物而影响图书馆的采购质量，降低结算工作效率。

从表1和表2可知，国内版图书的发行市场最为成熟，不但出版数量庞大，而且市场发展良好，供应商不仅包括国营新华书店，还包括民营书店。民营书店近年来发展很快，全国颇具规模的民营书店数不胜数。民营书店在供货品种数量方面可能不如新华书店，但在质量和服务上颇有特色和优势。整个国内版图书市场因为供应商和货物数量众多，市场竞争机制已经形成，为公开招标提供了完备的条件。因此，国内版图书适合采用公开招标、邀请招标的方式招资格标，即协议供货，招标结果只确定供应商的供货资格，不确定采购图书的品种及数量。

除普通国内版图书外，图书馆还需要采购一些特殊类型的文献，如古籍、工具书、某些出版量少的学术专著、内部出版物、特殊出版物等，这些文献的采购途径非常缺乏，甚至是唯一的，难以向中标供应商购买，可采用单一来源、采购备案制等方式，作为对图书整体采购工作的有效补充。

2. 报刊

报刊具有信息传递及时、针对性强、出版周期固定等特点。根据其出版特点，报刊分为报纸和期刊两种。报纸是指有固定名称、刊期、开本，以新闻报道为主要内容，每周至少出版一期的散页连续出版物。期刊是指有固定名称，用卷、期或年、月顺序编号，成册的连续出版物。

（1）报纸。

虽然有的供应商也能在一定区域内发行报纸，但由于缺乏像邮局那样遍布全国的庞大的发行系统，因此国内版报纸基本上由邮局垄断发行。如果对报纸进行招标，市场条件则还不成熟。所以，国内版报纸只宜采用单一来源采购方式。

（2）期刊。

国内版期刊分为邮发刊和非邮发刊，邮发刊过去是由邮局垄断发行，非邮发刊则由刊社自办发行。近年来，出现了一些能全面发行国内期刊（包括邮发刊和非邮发刊）的代理商，因此，也可尝试采用公开招标的方式将邮发刊和非邮发刊捆绑采购。但因为供应商总体数量不多，实力悬殊，邮局独大的局面并没有实质性改变，当采购金额不高或采购品种非常专业时，采用公开招标可能会因投标人数量不足而致流标。在这种情况下，建议采用单一来源、邀请招标或竞争性谈判的方式采购，也可采用混合采购模式，如邮发期刊采用单一来源方式，非邮发期刊采购采用公开招标方式。

3. 视听资料

视听资料，又称音像资料，是指记录原始声音或图像信息，并借助相应设备进行视听的载体。视听资料的市场比较成熟，有新华书店和众多音像制品零售商可以供货。如果大批量采购，可以参照国内版图书，采用公开招标或邀请招标的方式确定协议供货商，如果采购数量不多，可以选用单一来源方式。

4. 电子文献

电子文献与传统纸张文献相比具有不同的特性：信息量大、可靠性高、承载信息丰富，具有较强的交互性，制作和阅读过程需要相应软件支持。此类文献资源除部分由生产商或代理商销售外，其他销售渠道大致与视听资料相同。其政府采购方法可以参照视听资料的采购方式。当采购数量较少时，可与视听资料合并处理。当采购一些只由生产商或唯一代理商销售的电子文献时，可采用单一来源方式。

5. 数据库

数据库类型很多，图书馆需要的数据库基本上属于电子文献数据库，包括各种类型的书目数据库、文摘数据库、索引数据库和全文数据库等。数据库在采购方面具有特殊性。首先，相对于其他类型的文献来说，数据库的单价高，通常是以单个为标的物采购；其次，数据库的销售渠道比较单一，或者是生产商自行销售，或者是代理商销售。即使是代理商销售，通常也是按地区划分，一个地区一般也只有一个代理商，这就造成了数据库供应商的唯一性；另外，数据库必须定期更新才能继续使用，而更新数据必须由数据库的生产商提供。所以，数据库采购一般采用单一来源方式。若采用招标，往往因不足三家供应商应标，不能满足开标的条件。但是对于一些同类产品较多的数据库，在第一次购买的时候，则可使用技术参数进行招标。但以后的续订，必须使用单一来源的方式向数据库的生产商或代理商购买。需要注意的是，如果图书馆参加了各种形式的数据库集团采购（包括全国性、区域性和校际联合组织等），可采用采购备案方式对采购结果进行备案。

6. 其他文献资料

其他文献资料包括特种文献、缩微资料等资料类型。特种文献指科技报告、政府出版物、会议文献、学位论文、专利文献、技术标准、产品样本等。这类型资料的市场竞争程度不高，能供应较多品种的供应商较少，货物采购渠道分散。在采购数量较大的情况下，可以采用单一来源、邀请招标或竞争性谈判的方式进行采购，如果需求不大，则可并入图书一起公开招标。

二、进口原版（含我国港澳台地区出版）文献信息资源

进口原版文献是一种无论进口还是销售都受到国家严格控制的货物。根据《中华人民共和国出版管理条例》（中华人民共和国国务院令第343号）第四十一条规定："出版物进口业务，由依照本条例设立的出版物进口经营单位经营；其中经营报纸、期刊进口业务的，须由国务院出版行政部门指定。未经批准，任何单位和个人不得从事出版物进口业务；未经指定，任何单位和个人不得从事报纸、期刊进口业务。"第四十六条规定："发行进口出版物的，必须从依法设立的出版物进口经营单位进货；其中发行进口报纸、期刊的，必须从国务院出版行政部门指定的出版物进口经营单位进货。"这就决定了进口文献在国内的第一手经销只能由那些由国家指定、有进口权的图书进出口公司经营，市场还存在着一定程度的垄断。在这种情况下，图书馆需要根据采

购经费的数量来决定采购方式。如果经费较多，供应商愿意花费一定的人力物力进行投标，公开招标的条件就成立；如果经费较少，供应商根本不愿意投入成本参与竞争，此时可采用邀请招标、竞争性谈判或单一来源的方式进行采购。

进口原版报刊与进口图书的情况不尽相同。进口报刊的时效性强，要求供应商的配送服务到位，送刊频率高。目前真正能够为图书馆全品种供应进口原版报刊并且能解决配送问题的供应商仅有少数几家公司，因此，进口报刊的采购应根据图书馆的采购要求和供应商的业务能力，选择适当的采购方式：①年度批量采购进口原版报刊可采用公开招标或邀请招标、竞争性谈判方式确定供应商。视实际情况，可采用招资格标方式，若品种变动不大，也可采用固定标的物采购。如果需要划分子包，可以按文种、出版社、出版区域、是否与电子刊捆绑、价格等标准划分。②国内印刷发行的引进版权的报刊宜采用单一来源方式采购。③少量需要直接订购的报刊可采用采购备案制。

其他进口原版文献如视听资料、电子文献、数据库等，根据供应商的数量，一般可采用以下方式采购：①当有多家供应商时，采用招标或竞争性谈判方式采购。②当只能从极少或唯一供应商处采购时，可采用竞争性谈判或单一来源方式采购。另外，各种形式的进口数据库在集团采购（包括全国性、区域性和各种联合组织等）前提下可使用采购备案制进行采购。

第四节　图书馆文献信息资源政府采购的评价

评价，指为达到一定目的，运用特定的指标、设定的标准和规定的方法，对事物发展结果所处的状态或水平进行分析判断的计量或表达过程。换句话说，评价就是通过对事物的比较分析做出全面判断的过程。图书馆开展文献信息资源政府采购评价，对自身以及供应商、政府采购管理和组织部门都有重要意义。首先，图书馆作为采购方，需要一些量化指标，对所有供应商以统一的标准进行评价，客观地反映供应商的服务水平、服务质量，做到公平、公正，避免“人治”，提高图书馆科学管理水平。客观的评价数据是图书馆向供应商提出服务要求的重要依据，也是今后采购工作的参考依据。其次，对于供应商来说，有了量化指标，就有了明确的目标和努力的方向，可以更好地对照标准改进服务，提高自身在政府采购工作中的竞争力。供应商的供货能力和服务质量的提高，也必将促进图书馆文献信息资源建设质量的提升。另外，对于政府采购管理和组织部门来说，对供应商服务质量以及采购活动的评估，有利于主管部门履行监管职能、进行宏观调控，保证文献信息资源政府采购工作的健康发展。

按照政府采购活动实施的时间顺序，图书馆文献信息资源政府采购的评价工作分为三个阶段：第一阶段为供应商选择过程中的评价，第二阶段为采购过程中对供应商供货与服务质量的评价，第三阶段为采购工作结束后对政府采购工作绩效的评价。

一、供应商选择过程中的评价

文献信息资源采购是图书馆最重要的基础工作，采购质量直接关系到图书馆的服务工作。图书馆实施文献信息资源政府采购，可以吸引更多的供应商参与竞争，图书馆可以在更广的范围内选择合适的供应商，以保障采购工作的顺利进行，为日常采购和服务奠定基础。但在当前激烈的市场竞争环境下，面对良莠不齐的供应商，如何选择出综合能力最佳的供应商，已越来越成为图书馆界关心的问题。

在实施政府采购过程中，公开招标成为当前图书馆文献信息资源采购的主要方式，其中科学、合理、合法的评标办法和公平、科学、择优的评标过程，是图书馆选择好的供应商，以较低的价格获取高质量服务的一个重要手段。

供应商招标评价体系建立的原则包括：

（1）指标量化原则。评价指标体系选用的指标可以进行实际计算和评分，有具体的数据来源，保证评价结果的客观性和可比性。

（2）指标细化原则。指标的设置要尽可能全面地反映图书馆文献信息资源采购的所有实际需求，保证评价结果的实用性和可操作性。

（3）指标可选择性原则。用于评价的各项指标可以根据采购人的实际需求进行优化选择，保证评价结果的个性化。

供应商招标评价体系主要包括三个方面的指标：

1. 商务指标

商务指标是供应商整体实力的反映，主要包括三方面的内容：①财务状况，即企业的注册资本、资产负债及纳税、资质等级等情况；②经营状况和特色，即经营内容、经营场所、人员配备、行业优势、学科优势及地域优势等；③同类项目的合作情况，包括与之合作的图书馆规模、合作时间、销售金额等。此外，对供应商的社会印象以及有无不良记录等也应予以关注。

表 3　供应商招标评价·商务指标样例

<table>
<tr><th rowspan="2">评审项目</th><th rowspan="2">评审内容</th><th rowspan="2">分值</th><th colspan="4">评分分值</th></tr>
<tr><th>优
90~100</th><th>良
70~89</th><th>中
40~69</th><th>差
0~39</th></tr>
<tr><td colspan="2">企业的社会贡献情况</td><td>5</td><td rowspan="3">对比最优</td><td rowspan="3">对比次之</td><td rowspan="3">对比一般</td><td rowspan="3">对比最差</td></tr>
<tr><td>同类项目经验</td><td>近两年的业绩（需提供合同及服务对象的验收报告）</td><td>30</td></tr>
<tr><td rowspan="3">财务状况及纳税情况</td><td>注册资本</td><td>10</td></tr>
<tr><td>财务报告权威性</td><td>5</td><td colspan="4">能提供会计师事务所出具的前一年度《审计报告》：5 分；无：0 分。</td></tr>
<tr><td>前一年末资产负债率（负债总额/资产总额）</td><td>5</td><td rowspan="4">对比最优</td><td rowspan="4">对比次之</td><td rowspan="4">对比一般</td><td rowspan="4">对比最差</td></tr>
<tr><td colspan="2">投标人经营规模、人员数量、销售网点等情况</td><td>25</td></tr>
<tr><td colspan="2">投标人获得的资质等级或奖项情况</td><td>10</td></tr>
<tr><td colspan="2">企业信誉（证明材料：如行业协会等第三方机构颁发的有关企业诚信的证明材料、近三年来获得政府部门颁发的“守合同重信用企业”称号、银行信用等级证明材料、客户评价等）</td><td>10</td></tr>
</table>

将每一个评委的评分汇总，去掉一个最高分和一个最低分，将其余评分进行算术平均，得出该投标人的技术评分。

2. **价格指标**

价格指标是对供应商提供折扣的评价。采购折扣是整个招标过程中一个最硬性的量化指标，也是图书馆在招标时非常关注的一个指标，它可以使图书馆有限的资金发挥最大的效用。一般来说，在同等条件下，折扣低的供应商占较大优势。但在评标过程中，过分注重折扣优势，会导致服务质量等其他方面的下降，从而影响图书馆的正常采访工作和文献信息资源建设。因此，在招标过程中，应尽量避免单纯以折扣来确定供应商。

价格评分：可采用低价优先法计算，即满足招标文件要求（通过资格性审查和符合性审查）且折扣率最低的折扣率为评价基准价，其价格分为满分，其他投标人的价格分统一按下列公式计算：

价格评分 = （评标基准价/投标折扣率） ×100

例如：在参与投标的合格投标人中，甲、乙、丙投标折扣分别是 78%、75%、80%，最低的折扣率为 75%。

甲的价格评分 = 75% ÷78% ×100 = 96.15

乙的价格评分 = 75% ÷75% ×100 = 100

丙的价格评分 = 75% ÷80% ×100 = 93.75

3. **服务技术指标**

服务技术指标指在投标书中供应商对图书馆服务要求的承诺响应，是供应商评价体系中最重要的一个指标，牵涉的内容较多，包括正版图书保证、订购书目到书率、提供符合国家标准的 CNMARC 数据、提供电子采购数据、组织采购方式、免费提供辅助加工服务、售后服务等。

表 4　供应商招标评价·服务技术指标样例

<table>
<tr><td colspan="2" rowspan="2">评审项目</td><td rowspan="2">分值</td><td colspan="4">评分分值</td></tr>
<tr><td>优
90~100</td><td>良
70~89</td><td>中
40~69</td><td>差
0~39</td></tr>
<tr><td colspan="2">投标人对本项目质量管理的措施情况</td><td>20</td><td>满足或优于采购需求，对比最优</td><td>对比次之</td><td>对比一般</td><td>对比最差</td></tr>
<tr><td colspan="2">出版物进货渠道的多样性和稳定性，品种的多样性</td><td>25</td><td>满足或优于采购需求，对比最优</td><td>对比次之</td><td>对比一般</td><td>对比最差</td></tr>
<tr><td colspan="2">投标人提供采购形式（如现购、订购、外采等）的多样性</td><td>20</td><td>满足或优于采购需求，保障措施详细、合理可行</td><td>对比次之</td><td>对比一般</td><td>对比最差</td></tr>
<tr><td colspan="2">服务方案，服务承诺、其他优惠情况</td><td>20</td><td>服务方案完整合理、切实可行，服务承诺详细，满足或优于采购需求</td><td>对比次之</td><td>对比一般</td><td>对比最差</td></tr>
<tr><td rowspan="3">售后服务能力</td><td>售后服务机构设置</td><td>5</td><td colspan="4">在本地区设有长期稳定的服务机构的，服务便捷，由投标人直接提供服务最优，委托他人提供服务的次之（需提供服务机构的工商或税务等证明）</td></tr>
<tr><td>服务人员配置</td><td>5</td><td>服务人员具备相应资质，从业经验丰富，对比最优</td><td>对比次之</td><td>对比一般</td><td>对比最差</td></tr>
<tr><td>售后服务方案（服务内容、服务响应时间等）</td><td>5</td><td>有详细、合理可行的售后服务方案，切合实际，完全满足或优于采购要求，对比最优</td><td>对比次之</td><td>对比一般</td><td>对比最差</td></tr>
</table>

将每一个评委的评分汇总，去掉一个最高分和一个最低分，将其余评分进行算术平均，得出该投标人的技术评分。

4. 评价方法

评价供应商的主要依据应以资信和服务为主，报价为辅，进行综合评定。评价的具体步骤是：

①确定评标指标体系，各个图书馆可以根据自己的实际情况选择需要的评价项目，分类归纳为综合指标；

②确定各项目分值（权重）和评分规则；

③提供给评标专家打分；

④将各项指标的得分累加，得出投标供应商的综合分数。

样例：综合评分 = 技术评分 ×35% + 商务评分 ×30% + 价格评分 ×35%

各项得分按四舍五入原则精确到小数点后两位。将综合评分由高到低顺序排列；综合评分相同的，按报价由低到高顺序排列；综合评分相同，且报价相同的，按技术评分由高到低顺序排列；综合评分相同，且报价和技术评分均相同的，名次由评委会抽签决定。评委会按上述排列向采购人顺序推荐中标候选人，最高分者为最优图书供应商，得出推荐采购的中标商。

本文所涉及的三个指标分值在实际应用中可以根据不同图书馆的采购需求进行调整。通过对图书供应商的科学选择，有利于提高采购工作的水平和推进文献信息资源建设，提升图书馆整体服务水平。

二、采购过程中对供应商供货与服务质量的评价

图书馆在确定文献供应商后，在采购过程中应持续对供应商的供货与服务质量进行评估和修正，以促进供应商供货与服务质

量的改进，保证采购质量，保障文献信息资源建设工作的正常开展。另外，以招标为主要方式确定供应商资格之后，在实际采购过程中，面对多家供应商，图书馆如何在各中标供应商之间合理分配采购金额和数量，仍有待确定。因此，对于图书馆来说，在不同阶段，建立一套客观、透明的供应商供货质量评估体系，是实行文献信息资源政府采购必要的监督，亦是招标评价体系的延伸。供货质量的评价指标主要包括：信息服务、供货能力、配送服务、增值服务。

1. 信息服务评价

供应商的信息服务能力主要包括提供的新书书目信息的及时性、采访数据的准确性、对图书馆订单的反应能力等。及时的新书书目信息能为图书馆的订购工作提供重要依据，图书馆可在这些信息的基础上勾选所需图书。采访数据是开展文献采购查重工作的一个前提条件，其准确性能减少图书馆重复采购的风险。另外，对订单的反应能力也是供应商信息服务能力的重要体现。供应商应及时告知图书馆其所需图书能否供应，何时可到货等事项，以保证文献信息资料在最短的时间内采购到馆。

2. 供货能力评价

供货能力包括现购和订购两个方面。文献的到书率与到馆周期是衡量供应商供货能力的两个主要指标，体现了供应商的综合实力。有实力的供应商信誉较好，到书快，到书率高，而实力相对较弱的供应商到书慢，到书率低。招标时图书馆对这两个指标都会提出具体的量化要求，投标过程中有些供应商甚至会做出超出标书要求的承诺，但供应商的实际表现只有在采购过程中才能判定。

现购到书率要求供应商严格按照图书馆现场采购选择的品种配货，防止任意搭配其他图书馆不需要的图书，现购图书到书率应保证在90%以上。对于订购书目的到书率，各个图书馆可以根据实际需求提出不同的要求。例如，对于普通国内版图书，采购人可以要求供应商到书率为90%。

到馆周期是指图书馆确认采购订单至文献到馆的时间，一般来说，现购书的到馆周期比订购书的到馆周期短，图书馆可以根据自身的实际情况与文献市场的运作规律确定。例如，现购到货时间保证在采购人确认订单后20个工作日内到货，逾期10个工作日不能到货的，采购人有权取消订单，逾期情况严重的则应向中标供应商提出警告直至取消其供货资格。订购的到货时间在3个月内到货率不应低于70%，合同期内全部到货，否则采购人有权取消订单。供应商应负责提供到货和未到货两份清单，以书面形式说明未到原因。如采购人不取消订单，供应商应在规定时间内补齐未到品种。

图书馆对到书率和到馆周期指标的考核，可以利用业务管理系统定期或不定期对供应商的订单进行统计来实现。

3. 配送服务评价

供应商在进行配书送货过程中，不可避免会出现一些错误，主要集中在：①送货清单价格与实际书价不符，这种情况主要是由供应商系统数据中价格出错造成的；②送货清单与实物不符，这主要是由供应商工作人员的失误引起的，表现在少配、漏配复本，或者有实物而清单上没列，有时甚至整包图书与清单不符；③图书本身的质量问题，包括缺页、倒装、模糊不清、折页、开线、开胶、附属配件不齐全等。

供应商的配送质量严重影响着图书馆验收部门的工作，例如，清单价格与实际书价不符，造成验收金额与到货金额不符，验收人员只有在加工完整批图书后，出验收清单时才能发现，此时，只有通过逐本校验图书价格来更正。如果图书质量出现问题，整批图书就要等更换完成后才能继续加工，供应商更换图书的速度决定了该批次图书到达读者手中的时间。

图书馆应通过制定一套供应商配送质量标准，对各供应商的配送服务质量进行监控，促进配送质量的提高。

以广州图书馆对供应商配送服务的评价办法为例，2005 年，广州图书馆对中标的 10 家供应商提出了一套评分标准：各中标供应商的原始分值均为100 分，由广州图书馆验收部门按照评分的各个单项对照计算差错，由原始分减去差错总分，得出该供应商的配送质量分值。

供应商配送质量差错率计算方法是：

①送货前未能及时提供打包清单电子版，每次计 1 个差错。

②图书包未能按批包号有序摆放，每批计 1 个差错。

③包头号与单号不对应，每包计 0. 5 个差错，每批最多计 2 个差错，超过 2 个差错的，供应商应召回该批图书，重新打包。

④同次采购的同种图书不在同一包内，每种计 2 个差错。

⑤图书复本出错，每本计 0. 5 个差错。

⑥图书相关附属配件不齐全，每本计 0. 5 个差错。

⑦质量不合格的图书（缺页、倒装、模糊不清、折页、开线、开胶等情况），每本计 0. 1 个差错，每批最多计 2 个差错。超过 2 个差错，供应商应召回该批图书，重新配货。

⑧图书清单与实物不符（单价或金额、种册数错误等），每处计 0. 5 个差错。

⑨退换图书未能在 3 天内更换，延迟一天计 2 个差错。

表5　广州图书馆配送质量控制表

供应商名称：　　　　　　　　　　日期：

序号	项目	批次1	批次2	批次3	批次4	扣分合计
1	送货前未能及时提供打包清单电子版					
2	图书包未能按批包号有序摆放					
3	包头号与单号不对应					
4	同次采购的同种图书不在同一包内					
5	图书复本出错					
6	图书相关附属配件不齐全					
7	质量不合格的图书（缺页、倒装、模糊不清、折页、开线、开胶等情况）					
8	图书清单与实物不符（单价或金额、种册数错误等）					
9	退换图书更换延迟					
	扣分合计					

4. 增值服务评价

目前，大部分图书馆在招标时都要求供应商免费提供所采购图书的编目数据，以降低图书馆编目人员的劳动强度，提高工作效率，这是考察供应商综合服务能力的一个重要指标。因此，提供编目数据的供应商在人员配备上必须具有精通文献分类和编目的专业人员，由他们担当图书编目数据的加工工作。同时，图书馆的编目人员应对各个供应商提供的数据进行考核，对出错情况较多的供应商提出警告直至取消其供货资格。

广州图书馆制定了编目数据质量控制表，在采购合同周期内对供应商进行打分，各供应商的数据质量分等于原始分（100分）减去出错分（每出错一次计1分）。当某一供应商的质量分值累计低于80分时，采购人应通知其进行整改。

表6　广州图书馆编目数据质量控制表

供应商名称：　　　　　　　　日期：

序号	数据出错类型	批次1	批次2	批次3	批次4	扣分合计
1	套错数据					
2	题名项出错					
3	出版项出错					
4	分类、主题标引出错					
5	责任者出错					
6	条码号出错					
7	馆藏地点出错					

（续上表）

序号	数据出错类型	批次 1	批次 2	批次 3	批次 4	扣分合计
8	索取号出错					
扣分合计						

近年来，图书馆为了节约人力成本，提高工作效率，在招标中将贴磁条、盖馆藏章、贴条码、贴书标等图书辅助加工工作交由供应商完成，但图书馆必须对加工服务质量进行必要的检查，包括书标、条码是否与数据吻合，图书加工是否符合要求，对出错情况较多的供应商应提出警告、改正直至取消其供货资格。

广州图书馆制定了辅助加工质量控制表，在采购合同周期内对供应商进行打分，各供应商的验收质量分等于原始分（100分）减去出错分（每出错一次计 1 分）。当某供应商的质量分值累计低于 80 分时，采购人应通知其进行整改。

表 7　广州图书馆辅助加工质量控制表

供应商名称：　　　　　　　　日期：

序号	出错类型	批次 1	批次 2	批次 3	批次 4	扣分合计
1	条码问题					
2	磁针问题					
3	馆藏章问题					
4	还书日期纸问题					
扣分合计						

综合上述采购服务、配送质量、增值服务等多角度的专项评

价，图书馆可以对采购过程中供应商的供货与服务质量进行较为全面的评价。

表 8　广州图书馆供应商综合评价表

供应商名称：　　　　　　　　日期：

评审项目	分值	内容	得分
信息服务	5	提供新书品种量	
	5	订购数据的速度	
供货能力	5	现购到书率	
	5	订购到书率	
	5	现采到货时间	
	5	订购到货时间	
配送服务	50	配送质量分×50%	
增值服务	10	编目数据质量分×10%	
	10	辅助加工质量分×10%	
综合得分			

各项目按实际情况确定权重比例和最高分值。如：

信息服务（10 分）+供货能力（20 分）+增值服务（20 分）+配送服务（50 分）=最高总（100 分）

综合评分可以定期计算，如每季度或半年评定一次，也可以按一定额度的采购金额确定评定周期，如当一个供应商的采购金额累计到 10 万元时评定一次。评价的结果与下一阶段的采购额度挂钩。

通过系统的评价方法来确定供应商的采购份额固然理想，但是在实际操作中一定要结合市场的多样性与多变性，对比较的结果做出合理分析、综合利用。

三、采购结束后对政府采购工作绩效的评价

政府采购绩效是指政府采购产出与投入之间的对比关系。政府采购投入即政府采购成本，包括投入人力、财力和时间等的数量；政府采购产出即政府采购效益，包括质和量两个方面，需要从宏观和微观两个角度进行计算。政府采购绩效是对政府采购效率进行的全面、整体的评价，要求采购到质量好、价格合理的货物、工程或服务，还要按时完成、取得规模效益、保护环境等，因此，应该以指标的形式评价和反映政府采购绩效。如何做好绩效评价是一个不容忽视的问题，也是政府采购工作中不可或缺的环节。评价文献信息资源政府采购工作，并不只是“省了多少经费”的问题，还包括“这些经费所买回来的文献发挥了多大的作用”等，这些都需要通过量化的、可操作的指标进行衡量。对于文献信息资源这一特殊货物，建立一套科学合理的绩效评价指标需要综合对政府采购和图书馆工作的评价。政府采购工作绩效微观指标主要包括资金效率和行政效率，宏观指标主要包括规模效率、人员效率、政策效率和管理效率。图书馆工作绩效指标可参照国际标准化组织1998年公布、2007年修订的《ISO 11620信息与文献——图书馆绩效指标标准》。文献信息资源政府采购工作的绩效可以从经济效益和社会效益两方面进行评价。经济效益指文献信息资源购置经费的使用效益，图书馆要以尽可能低的价格采购到高质量、符合要求的文献信息资源。社会效益指文献信息资源政府采购工作在社会上产生的非经济性效果和利益。

1. **从经济效益方面评价文献信息资源政府采购工作的绩效**

文献信息资源政府采购工作经济效益方面的绩效可以从文献购置经费的资金效率和行政效率两方面进行评价。

（1）资金效率。

资金效率主要是衡量文献购置费的节约情况，包括节约额和节约率。政府采购的节约额是指政府采购预算金额与实际政府采购金额之间的差额，是反映政府采购节约总额的一个指标。具体到文献信息资源政府采购，节约额就是指采购码洋和采购实洋之间的差额。

节约额的计算公式为：

文献信息资源政府采购节约额＝文献信息资源采购码洋－文献信息资源采购实洋

节约额是衡量政府采购工作绩效的一个重要指标，但因为采购规模不同，这个节约额不能作为衡量资金效率的唯一标准，还需要考虑节约率。节约率越高，节约效果越明显。

节约率的计算公式为：

文献信息资源政府采购节约率＝文献信息资源政府采购节约额÷文献信息资源采购码洋×100%

节约率可以从三个角度计算：

①计算单次采购的节约率，得出单次采购的购置费节约情况；

②计算不同类型文献信息资源的节约率，得出各类型文献采购的购置费节约情况；

③计算全年文献信息资源采购的节约率，得出年度购置费的节约情况。

（2）行政效率。

政府采购周期指从上报需求计划至政府采购合同履行完毕整

个过程所需的时间。以公开招标采购为例，一个完整的政府采购周期主要由以下几个环节组成：预算的制定，采购人向财政主管部门上报需求计划或提交采购申请，财政主管部门批复，采购人选择采购代理机构，采购代理机构编制标书，媒体收到信息并发布采购公告，投标人编制投标书，采购中心运作、审批、流转，专家评标，中标公示期，采购人和中标供应商履行合同，合同履行完毕后采购人付款。

文献信息资源政府采购的行政效率主要用于衡量政府采购是否能及时满足图书馆的需要，是通过政府采购工作所使用的时间来衡量的。按通常的政府采购周期计算来说，可以从文献信息资源采购经费预算的制定开始计算，直到采购合同履行结束为止。但这个采购周期放在文献信息资源采购方面就显得有些不妥。上文已经论述了文献信息资源采购工作的连续性，也就是说，理想的文献信息资源采购模式是全年均可以采购，即采购行为会在合同期满才结束。所以文献信息资源采购周期的计算可以考虑不以文献政府采购结束为界，而改用以采购合同的签订为界。另外，考虑到预算制定需要经过主管部门、人大等的层层审批，不定因素较多，所以本书也把此因素排除在讨论之外，即采购周期可以缩短成从上报采购申请开始到合同签订结束。

在评价政府采购的行政效率时，并不是时间越短就越好。《中华人民共和国政府采购法》及各地的一些规定已经对政府采购工作流程所用的时间作了明确规定，例如，《政府采购法》第三十五条规定：货物和服务项目实行招标方式采购的，自招标文件开始发出之日起至投标人提交投标文件截止之日止，不得少于二十日。因为如果时间过短，可能会导致招标信息传播不充分，致使投标人数量不足或投标人没有充分的时间准备投标书而造成招标质量下降。再如邀请招标，资格预审公告期限不得少于五个工作日，否则会造成对投标人资格审核的不足。

以广州市文献信息资源公开招标工作为例，采购周期如表9：

表9　广州市文献信息资源采购周期

工作步骤	时间	备注
财政局审批采购申请	即时	
代理机构制作标书	5天	可视实际情况缩短
自招标文件发出之日起至投标人提交投标文件截止之日止	20天	《政府采购法》规定，不可缩短
开标评标	约1天	不可缩短
采购人确定中标供应商	5天	可视实际情况缩短
公示中标结果	5天	广州市财政局规定，不可缩短
合计	36天	

表中没有计算从确定中标结果到签订合同的时间。按2004年财政部颁布的《政府采购货物和服务招标投标管理办法》第六十四条规定：采购人或者采购代理机构应当自中标通知书发出之日起三十日内，按照招标文件和中标供应商投标文件的约定，与中标供应商签订书面合同，但这个时间可由图书馆和中标供应商在三十日的范围内自行掌握，如果双方的效率足够高，则可以在几天内完成这项工作。

据中央国家机关政府采购中心统计，2009年该中心单个采购项目平均执行周期为52天（数据来源：《中央国家机关采购中心：规模稳步增长 周期大幅缩减》，http：//zb80. com/news/detail/13889. shtml），这个时间不含预算制定时间，但包含了采购时间。

2. 从社会效益方面评价文献信息资源政府采购工作

文献信息资源政府采购的社会效益主要从采购的文献投入读者服务后所产生的效果来评价，可以参照国际标准组织（ISO）于1998年公布、2007年修订的《ISO 11620 信息与文献——图书馆绩效指标标准》，各类型图书馆进行绩效评估时均可参考使用。该标准将已完成的图书馆绩效指标分成三类，共计二十九项：

①读者感知类（user perception）指标：

读者满意度（user satisfaction）

②读者服务类（public services）指标：

图书馆使用率（percentage or target population reached）

服务每位读者的平均成本（cost per user）

每位读者每年进馆次数（library visits per capita）

服务每位到馆读者的平均成本（cost per library visit）

图书资料可获得性（titles availability）

读者所需图书资料的可获得性（required titles availability）

读者所需图书资料占馆藏的比例（percentage of required titles in the collection）

读者所需图书资料的延伸可获得性（required titles extended availability）

每人每年图书资料馆内使用量（in-library use per capita）

馆藏利用率（document use rate）

闭架式馆藏查寻所需平均时间（median time of document retrieval from closed stacks）

开架式馆藏查寻所需平均时间（median time of document retrieval from open access areas）

馆藏平均流通次数（collection turnover）

每人每年图书资料借阅量（loans per capita）

特定时间内每人平均图书资料借阅量（documents on loan per capita）

每次图书资料流通的平均成本（cost per loan）

每位馆员年平均流通处理量（loans per employee）

馆际互借处理速度（speed of inter-library loan）

参考问题回答正确率（correct answer fill rate）

书刊名检索的成功率（title catalogue search success rate）

主题检索的成功率（subject catalogue search success rate）

设备的可使用性（facilities availability）

设备利用率（facilities use rate）

阅览座位利用率（seat occupancy rate）

自动化系统的可使用性（automated systems availability）

③技术服务类（technical services）指标：

图书资料采购进馆的平均时间（median time of document acquisition）

图书数据处理的平均时间（median time of document processing）

每一笔书目编目的平均成本（cost per title catalogue）

在该标准中，对每一项指标的名称、设置目的、应用范围、具体定义、计算方法、影响指标的因素和解释、该指标的出处、该指标的相关指标等都有详尽的描述。依据《ISO 11620 信息与文献——图书馆绩效指标标准》对图书馆基本业务的定量评价分析，可以知道图书馆在社会中所发挥的作用，各馆可根据本馆文献采购、读者服务的实际业务需求选取相应指标进行衡量。以下是建议选取的一些指标：

①读者感知类（user perception）指标：

指标1：读者满意度（user satisfaction）

含义：读者对图书馆的整体服务及个别服务的评价。

计算方法：用问卷的方式调查读者对图书馆的整体服务及个别服务的评分，分1~5分五个档次，并对调查的结果进行统计。

计算公式：A/B（A为读者评价得分合计，B为调查读者总数）

②读者服务类（public services）指标：

指标2：图书馆使用率（percentage or target population reached）

含义：在图书馆的服务对象中，已经使用图书馆服务的人数百分率。

计算方法：

a. 随机抽样调查，调查过去一年中到馆使用或用其他方法使用图书馆的人数，并计算调查结果。结果用百分比表示。

计算公式：A/B×100%（A为被调查者中使用图书馆服务的人数，B为被调查者总数）

b. 统计计算机系统的外借记录中过去一年借出图书资料的读者人数与图书馆服务对象人数的比。

计算公式：A/B×100%（A为借出图书资料的读者人数，B为图书馆服务对象人数）

指标3：服务每位读者的平均成本（cost per user）

含义：一个会计年度内，图书馆常用经费总额除以到馆读者总数。

计算公式：A/B（A用通用货币表示，为一个会计年度图书

馆常用经费总额；B 为一个会计年度内到馆读者总数）

指标 4：馆藏利用率（document use rate）

含义：过去一年被利用的馆藏占总馆藏的百分比，利用包括借出及在馆使用。

计算方法：从馆藏中随机抽出图书资料样本，调查其是否有借出记录或在馆使用记录。

计算公式：A/B×100%（A 为调查样本中有被利用的图书资料数量，B 为被调查图书资料总数）

指标 5：书刊名检索的成功率（title catalogue search success rate）

含义：读者查找书目的成功率。

计算方法：用问卷的方式调查读者在馆藏目录中查找所需要的图书资料的成功率。问卷的项目包括：简单的查找主题说明、查到图书资料的分类号、查到适合并可以采用的图书资料的分类号、读者类别的区分。

计算公式：A/B（A 为读者认为符合需求的图书资料数量，B 为馆藏中该主题的图书资料的数量）

③技术服务类（technical services）指标：

指标 6：图书资料采购进馆的平均时间（median time of document acquisition）

含义：从图书资料发行日至到馆所需的平均时间，受赠或交换的图书资料除外。

计算方法：随机抽取部分图书资料，统计其从发行日至到馆所需时间。

计算公式：A/B（A 为所调查图书资料从发行日至到馆所需时间的总和，B 为调查的图书资料数量）

指标 7：图书数据处理的平均时间（median time of document

processing）

含义：图书资料到馆至可以被读者利用的过程所需的平均时间。其过程包括：入馆登记、制作目录、物理加工、上架。

计算公式：A/B（A为所调查图书资料从到馆至可以被读者利用的过程所需的平均时间的总和，B为调查的图书资料数量）

3. 评价方法

在评价方面，可采用综合评估法与标杆分析法相结合的评价方法。

根据佚名的《图书馆管理论文：图书馆绩效评价研究》（http：//lunwen. 02edu. com/public/Library/83967 _ 2. html）一文，综合评估法的步骤是：①明确构成图书馆环境的重要利益群体（Stakeholders）；②明确不同利益群体对图书馆的期望以及他们的期望如何随时间不断变化；③根据图书馆的使命和宗旨把上述期望转化为相应目标；④提出图书馆满足这些目标的评估方法。延伸至政府采购领域，可以结合上述指标计算出近年的相应数据，再进行比较，以衡量本图书馆在实行文献资料政府采购后所取得的社会效益。

标杆分析法（benchmarking）是以同业内高度竞争者或知名领导者为标杆，针对自身产品、服务与作业流程予以评量的连续过程；是一种确认、建立与达成卓越标准的方法；是一种评量与改善作业流程的全面品质管理（TQM）工具。根据洪世昌《标杆分析与ISO 11620于图书馆绩效评估之运用》一文中所述，标杆分析的概念被导入图书馆界的时间是20世纪90年代初期。20世纪90年代中期，图书馆标杆分析的成功典范出现，如美国威斯康辛与俄亥俄州图书馆进行的参考服务标杆分析（Wisconsin－Ohio Reference Evaluation Program）、澳洲北领地大学图书馆进行的采编标杆分析（Australian Best Practice Demonstration Program）。这种方法同样可运用到文献资源的政府采购评价方面。各图书馆可选取业内相同等级、业绩较好的图书馆，搜集上述指标的数据作为一个参考值，分析本馆在社会效益方面的成绩。以广州图书馆为例，在其文献信息资源政府采购工作的绩效评估报告中，选取了在全国业内处于相似地位的十五个城市图书馆作为标杆进行了标杆分析。

第四章　图书馆文献信息资源政府采购存在的问题与对策

虽然政府采购制度在西方已经有200多年的历史，但在我国尚属新生事物，仍然处于摸索阶段，有许多不完善和不科学之处。而图书馆文献信息资源采用政府采购更是近几年的事情，由于文献信息资源采购的特殊性，在具体实施和操作中又出现了一些新的问题。

概括来讲，图书馆文献信息资源政府采购中所存在的问题可以分为两种：一是由于我国政府采购制度体系和管理监督不完善造成的；二是由于文献信息资源采购自身的特点而产生的。前者是一个共性问题，相关研究很多，本书只讨论其在文献信息资源采购中表现得较为突出的问题；后者是一个个性问题，国内系统性的研究基本处于空白阶段，本章将重点对其展开讨论。

第一节　政府采购制度体系和管理监督不完善造成的问题

一、供应商资格审核资料难验真伪

图书馆因服务类型、采购规模的不同，对供应商的具体要求也不尽相同。《政府采购法》第二十三条规定，采购人可以要求参加政府采购的供应商提供有关资质证明文件和业绩情况，并根据《政府采购法》规定的供应商条件和采购项目对供应商的特定要求，对其进行资格审查。资格审查是衡量供应商是否具有参与投标资格、是否有能力履行采购合同的一种筛选机制，它直接影响到评标和定标，在招标采购过程中起着至关重要的作用。在文献招标采购的实际操作中，招标文件一般要求供应商出具营业执照、出版物经营许可证、注册资金证明、有业务来往的出版社信息、业绩情况及相关财务报表等书面材料。

现实中如何确定这些资料的真实性和合法性，是采购单位和评标专家面临的一个问题。一些实力不强的供应商为了能参加投标，可能提供虚假的资质材料，其手法主要包括：①挂靠：有些小公司挂靠在大公司名下，拿大公司的资质证明文件作为自己的证明文件；②借用：如有的外地供应商利用本地招标机构不熟悉外地文献信息资源采购市场的弱点，把其他公司的经营业绩说成是自己的业绩；③伪造：如编造一些根本不存在的所谓成功案例，或者将过期的材料修改时间后拿来充数。

政府采购组织机构如果不能验证供应商资质材料的真实性和合法性，就无法了解其真实的经济实力和经营状况，无法对其供货能力和服务水平做出准确判断，结果往往导致采购合同难以履行，直接影响图书馆的文献信息资源采访工作。怎样才能有效实施准入制度，严把供应商资格审核关，保障文献信息资源政府采购工作顺利实施？本章提出如下建议，谨供参考：

(1) 实地考察。采购人在招标前对有意参加投标的供应商进行实地考察，从信誉、经营规模、到书周期、到书率、技术水平、现代化设备、网络资源、人员素质、售后服务等方面对供应商进行具体了解和分析评价。

(2) 咨询。对于投标供应商特别是外地的供应商，要求其提供曾经服务过的合作单位对其服务质量和服务能力的反馈意见表，采购人可通过咨询这些合作单位了解真实情况，然后与供应商提供的资料进行比对，就能准确判断材料的真实性，并对材料中含有多大比例的水分做到了然于胸。

（3）信息共享。即建立各地政府采购部门之间的信息共享机制，将各方得到的关于供应商的资料汇总分析，建立供应商资料库，避免某些供应商的不法行为屡次得逞。

（4）实行供应商准入制度。美国政府规定，凡有意参与政府采购的企业，应向有关部门提出申请、注册，由有关部门按照国家标准局所定标准对企业进行审查，通过分析、评估，确定该企业是否合格，并公布合格供应商名单。文献信息资源政府采购也应实行供应商准入制度，通过对供应商的供货能力、服务质量等进行综合评价，淘汰一些规模小，供货能力弱，不足以保障图书馆文献信息资源采购工作的供货商，通过优胜劣汰，建立一支稳定高质的文献信息资源供应商队伍，以提高文献信息资源政府采购工作的效率和质量。

（5）加大对违规供应商的处罚力度。对于提供虚假材料的供应商，政府采购管理部门应当根据其造假情节及所造成后果的严重程度按照《政府采购法》第七十七条的相关规定进行严肃处理，包括罚款、列入不良行为记录名单、没收违法所得、吊销营业执照、追究刑事责任等。

（6）建立企业信用制度。《法制日报》2005 年 10 月 11 日以“我国企业每年信用损失近 6 000 亿——信用管理体系亟待建立完善”为题报道：我国的信用缺失情况非常严重，每年因逃避债务、合同诈骗、产品质量低劣或制售假劣等失信行为而造成的各类损失就超过 5 855 亿元。美国企业的平均坏账率为 0.25% ~ 0.5%，而我国为 5% ~ 20%，有的企业甚至为 80%。而且，5 855亿元只是直接损失，其他如交易不能完成、减少，管理成本的提高等间接损失更是无法估量。因此，建立和完善我国信用制度是发展我国社会主义市场经济的当务之急。可以想见，如果我国能建立起有效的企业信用制度，政府采购资质审查中遇到的困难将迎刃而解。

二、价格因素对评标结果影响过大

在我国图书馆文献信息资源政府采购中，存在着价格因素对评标结果影响过大的问题，造成这个问题的原因在于：

（1）价格因素客观上占据重要地位。目前图书馆文献信息资源政府采购的评审标准中一般包括商务类指标、技术类指标、价格指标。在这些评估项中，只有价格是客观可比的，而且它在合同执行中也是一个刚性指标，而其余各项在没有实质的合作之前难以衡量，在执行合同时也较难客观评价，因而约束力较弱。正因为如此，在图书馆文献信息资源政府采购中，价格因素倍受重视，乃至有时被过分重视。

（2）对文献信息资源采购的特殊性认识不足，将适用于标准定制商品及通用服务项目的最低评标价法用于图书馆文献信息资源采购，使价格成为主要影响因素。《政府采购货物和服务招标投标管理办法》规定：货物服务招标采购的评标方法分为最低评标价法、综合评分法和性价比法。最低评标价法适用于标准定制商品及通用服务项目，是指以价格为主要因素确定中标候选供应商的评标方法，即在全部满足招标文件实质性要求的前提下，依据统一的价格要素评定最低报价，以提出最低报价的投标人作为中标候选供应商或者中标供应商的评标方法。文献信息资源是一种精神产品，具有生产的不确定性、价值的多重性等与一般货物不同的性质，因此不属于标准定制商品。另外，由于购买人（图书馆）对附加服务的专业化要求较多，虽然具有服务项目的特点，也不是通用服务项目。因此，文献信息资源政府采购不适用最低评标价法。

折扣率的权重过高，容易出现类似“劣币驱逐良币”的现象：实力雄厚、管理规范、服务先进、资源丰富的公司，往往因为操作规范，成本较高而丢标；而一些实力不够的供应商却因管理成本低、进货渠道不正规、不在乎长期声誉、能提供也敢于提供较低折扣而中标。但是这些不良供应商中标后，为了保证商业利润，必然以降低服务水平来补偿，出现高品质图书少、到书率低、到书时间慢、加工水平差、数据质量差，甚至出现盗版书等恶劣情况，以致不能兑现承诺，造成双方纠纷，甚至会造成采购人的工作任务无法在计划的时间内完成，影响图书馆的正常采购工作和馆藏质量。虽然双方签订了合同，但是这种合同对供应商的约束力是有限的，最终吃亏的总是图书馆。从供应商的角度来看，科技类图书、优秀出版社的图书进货折扣通常都高于中标的折扣，图书馆过多地采购这种类型的图书，他们肯定亏本，因此自然会找出种种理由拒绝供货。可见，合理的折扣是有序竞争、良好服务的前提。

在竞争日益激烈的今天，文献信息资源的折扣率已相当透明，不同供应商由于进货的渠道不同，所给的折扣的确存在着某些差异，但不会太大，或者说若差异太大，肯定不属于出版单位正常出版的。正版书的国家税收在20%以上，加上稿费、印刷、装订、储运等方面产生的费用，仅成本就超过了书价码洋的3折，再加上书商运作过程中的成本及利润，书商能提供的折扣至少应在六折以上。因此，在制定评标标准时，应对图书折扣有正确的认识，在把折扣比重控制在合理的范围内的基础上，把评标重点放在对应标公司的资质和服务水平的评价上。具体做法有：

（1）综合评分法：指在最大限度满足招标文件实质性要求的前提下，按照招标文件中规定的各项因素进行综合评审后，以评标总得分最高的投标人作为中标候选供应商或者中标供应商的评标方法。在我国图书馆近年的政府采购实践中，文献信息资源招标采购大都采用综合评分法进行评标。经历过几起国内影响较大的政府采购负面事件后，综合评分时价格的权重也逐渐趋于理性。根据《政府采购货物和服务招标投标管理办法》第五十二条："采用综合评分法的，货物项目的价格分值占总分值的比重（即权值）为30%～60%"，再结合实际工作经验，我们认为，图书招标采购中价格因素的评分权重以30%～40%为宜。广州图书馆在2007年的公开招标中，把价格比重由原来的40%降低至35%，把5%加到技术评分上，使技术评分比重达到45%。加大技术评分的比重，更好地保障了文献信息资源采购对品种、到货等技术上的要求。

（2）合理最低价法：即在各投标人满足招标文件实质性要求的前提下，经专家参考招标人标底，并对各投标报价与基准价进行对照评审，选择合理低价投标人为中标候选人的评标法。其意义在于：能满足招标文件的实质性要求；经过评审的投标价格为最低；投标价格处于不低于自身成本的合理范围之内。

（3）统一折扣法：评标小组须摸清图书发行市场的行情，根据各公司的综合情况拟定一个合理的优惠折扣率，在同等的折扣率水平上比较各投标供应商的资质、场地、信誉、服务能力等条件，选择其中实力雄厚、服务全面的供应商作为中标单位。这样，有利于供应商在供书过程中围绕供书品种、售后服务等展开竞争，从而提高政府采购效率。

三、评审委员会管理不够科学

在政府采购招标活动中，评审委员会负责在开标后对每个投标供应商进行评价和比较，评价结果直接决定哪个供应商能中标，因此，评审委员会无论对于招标方还是投标方都有着特别重要的意义。从图书馆文献信息资源政府采购方面近年发表的论文来看，相当多论文认为对评标委员会的组织与管理存在着不科学的地方，表现在以下两个方面：

（1）缺乏真正懂行的评标专家。

《中华人民共和国招标投标法》第三十七条对“专家”的解释为：“应当从事相关领域工作满八年并具有高级职称或者具有同等专业水平”，《政府采购评审专家管理办法》第八条规定：“评审专家应当具备以下条件：……从事相关领域工作满 8 年，具有本科（含本科）以上文化程度，高级专业技术职称或者具有同等专业水平，精通专业业务，熟悉产品情况，在其专业领域享有一定声誉。”上述法律条文对“专家”的要求条件，适用于所有政府采购招投标，但是一个比较笼统的说法。就图书馆文献信息资源的招标而言，什么样的领域是图书馆文献信息资源采购的“相关领域”？新闻出版局或文化局的管理人员、公共图书馆或高校的管理人员、出版行业或发行行业的从业人员、大学教授，乃至图书馆读者服务部门的专业人员，即使他们工作的领域确实与采购对象——文献信息资源“相关”，即使他们在自己的工作领域内“精通专业业务，熟悉产品情况，在其专业领域享有一定声誉”，但如果没有长期负责过图书馆文献信息资源采购的实际工作，就往往只能从某一个角度局部地看问题，而不能站在图书馆馆藏建设全局的高度来考虑。事实上，即使长期负责过图书馆文献信息资源采购实际工作的专家，对于公共馆、高校馆、中学馆等各种不同类型图书馆的具体采购业务也不可能面面俱到，在评标时容易出现意见上的分歧，在不同程度上影响供应商的选择。例如，广东省佛山市顺德区某图书馆招标时，抽取的四位专家分别来自于印刷、造纸、艺术设计等行业，这些专家虽然在各自领域有所建树，但毕竟对图书馆馆藏建设缺乏必要的了解，因此很难做到科学合理地选择供应商。

在文献信息资源采购招标活动中，正是由于许多评审专家对图书馆的具体采访业务不熟悉，对图书行业和图书供应商不甚了解，所以只能根据标书内容以及供应商的规模、历史等给供应商综合评分，较多注重文献信息资源折扣，对供应商提供适合图书馆收藏特点的文献信息资源的能力和提供图书馆需要的服务的能力考虑较少，也无法对标书中的服务承诺做出判断。

从专业的角度看，在图书馆文献信息资源采购招标中的专家应该：①充分了解不同类型图书馆的服务方向，熟悉图书馆采访业务；②熟悉出版发行系统以及图书市场的各种细节；③熟悉政府采购、招标投标的相关政策法规和业务理论知识。惟其如此，图书馆文献信息资源政府采购的评审工作才能顺利进行。

（2）评标专家不公正。

《中华人民共和国招标投标法》第四十九条要求评标委员会成员“遵纪守法，客观、公正、廉洁地履行职责”。但是，在缺乏有效监督机制的情况下，仅靠个人自律很难避免评标委员会成员因私心而产生的倾向性。目前我国政府采购主要依靠在招标前对评标委员会成员名单进行保密、在评标现场禁止评标委员会成员与外界联系等方面的措施来促成评标客观、公正。但在现实操作中，因评标委员大都是本地区文献信息资源相关行业的专家，圈子相对较小，而且他们在平时的工作中难免会与某些供应商有业务往来，有着或远或近的关系。在这种情况下，不法供应商实施“打招呼、拉关系”就有了可能。

另外，评标时间太短、评标任务过重也会从客观条件上造成评标不公正。例如在同次招标中招标的子包太多，或者参与投标的供应商太多，而评标时间一般只有1天时间，这样评标专家在短时间内很难对标书内容进行详细阅读、全面比较，仓促间难以保证公平和公正。

针对评标委员会存在的上述两个问题，我们提出如下对策与建议：

（1）严格评标专家资格认定，加强对评标专家的培训、考核和档案管理，及时更换或补充评标专家队伍。

（2）加大文献信息资源政府采购综合评标专家库建设力度。符合上面提到的三个条件的专家也许数量不多，可由各图书馆推荐分散在各院校、教育、文化系统的符合条件的专家，经图书馆学会、学术委员会等专业团体评定后录入评审专家库，然后集中统一组织，建立文献采购综合评标专家库，实现评标专家资源共享。

（3）图书馆文献信息资源政府采购评审专家宜进一步细分。从图书馆文献信息资源政府采购发展的长远来看，政府采购评审专家库中专家的选择条件应该进一步具体化，吸收更多从事过图书馆采购工作的专家进入专家库，优化专家库结构。最好能根据图书馆的服务类型（公共馆、高校馆、中小学馆、少儿馆、科技馆等）对专家细分，提高评标专家队伍的针对性。

（4）在评标过程中，采购人代表应积极与评标专家沟通。从文献招标采购目前的现实条件考虑，为了确保文献采购工作能保质保量地完成，在评标过程中，采购人代表应积极与评标小组成员进行沟通，解读本馆的文献信息资源采购特点与服务要求，帮助评标小组了解本馆的需求，选出符合本馆要求、资信良好、实力雄厚、管理规范、服务先进、资源丰富的供应商，为本馆文献信息资源的采访工作奠定基础。

（5）科学设计招标方案，为评标专家提供充裕的评标时间。采购人应根据评标工作量和难易程度适当划分招标任务，不要在一次招标中涉及太多项目，以便为评标安排足够的时间。例如，中文图书项目由于市场发育较为成熟，供应商众多，所以前来应标的供应商一般会比较多，图书馆在规划子包时就应该充分考虑这种情况，尽量避免在中文图书同次招标中有过多的其他项目子包，保证评标专家有充裕的时间对应标供应商进行客观评价。

四、政府采购合同对供应商的约束力不强

文献信息资源采购合同是市场经济条件下的法律文书，经双方签订即产生法律效力。它既是图书馆和供应商双方利益的保证书，又是供应商提供服务的承诺书。但是，在现实操作中，图书馆文献信息资源政府采购合同存在对供应商约束力不强的问题。有的供应商为求中标，在投标的时候，对用户需求一律响应，但中标后却因自身能力欠缺或成本考虑而不履行承诺，致使图书馆不能按时、按质采购到所需的文献信息资源，影响文献信息资源采访工作的正常开展。究其原因，主要有以下两个方面：

首先，政府采购的监督管理机制不完善。

（1）政府采购管理机构对政府采购工作的行政监督往往过多关注预算计划是否完备、采购手续是否规范等政府采购的事前和事中监督，忽视甚至忽略了对供应商履行合同行为进行事后监督。

（2）没有形成有效的对供应商的评价反馈机制。根据管理的封闭原理，管理手段必须形成一个由决策、执行、监督、反馈

环节构成的连续封闭的回路，才能实现对管理对象的有效控制。在这个相对封闭的回路中，反馈环节起着相当重要的作用。如果管理系统缺少反馈机制，决策者会失去纠正系统运转偏差的机会，导致系统不能向良性方向发展。在目前的图书馆文献信息资源政府采购中，供应商在履行合同过程中无论是好的表现（正反馈）还是坏的表现（负反馈），都没有有效地反馈到下一次招标中，这显然不利于提高政府采购的工作质量。

其次，图书馆在采购合同的制定和执行方面存在问题。

（1）合同约定不全面。由于文献信息资源采购本身的复杂性，对供应商所提供的服务的要求较多，文献信息资源政府采购合同需要约定的内容也相应比较多，容易发生遗漏。

（2）违约责任不明确。虽然采购合同中一般都规定了图书的到书率、到书时间、配套服务等具体要求，但没有指出如果供应商达不到约定要求应该承担的责任。笔者理解这与图书采购多招资格标有关：如果达不到要求，图书馆可以减少该供应商的采购量，或取消其供货资格。这种做法固然会起到约束作用，但如果多家中标供应商出现问题，或者相同供货特色的中标供应商只有一家，图书馆就不太可能轻易采取这种措施，以免影响到采购任务的顺利完成。结果就是对供应商的一些违约操作只好睁一只眼闭一只眼，不利于提高供应商服务质量。

（3）追究违约责任在执行上存在困难。由于合同一般是分多个批次在一年中陆续执行的，因而违约也是零零星星、断断续续发生的，不成规模；对于每一个图书馆来说，适合长期合作的供应商的数量毕竟有限，在影响不大的情况下，图书馆更愿意采取不伤和气的处理方法，避免与供应商产生矛盾，缺乏有效的处罚措施，最多是下次招标时不再考虑该书商，但已造成的损失无法弥补，显得很被动。

为了进一步加强政府采购合同对供应商的约束力，保证文献信息资源采购工作的顺利进行，应在以下方面进行改进：

（1）建立完善的政府采购监督机制，加大对违约行为的处罚力度。针对图书馆文献信息资源政府采购，特别是文献信息资源采购持续、分批次的特点，政府采购管理机构应经常对采购合同的履行情况，包括交货时间、货物质量、售后服务等进行跟踪调查并形成一套管理制度，对合同履行过程中出现的零星违约情况，可采取积累负分的办法，对不同的负分数量，按规定作出相应的处罚。

（2）形成有效的供应商评价反馈机制。对于政府采购管理机构而言，建立供应商评价反馈机制就是要将供应商的以往表现（如积累的评价分数）作用于未来的招标过程和结果。如果供应商出现严重违约，除按有关规定处罚外，还可以取消其政府采购市场准入资格，并实行一定时期的施禁。对于图书馆而言，建立供应商评价反馈机制就是要对供应商提供的图书品种、质量、到书情况、售后服务等进行定期统计分析，取得到书率、退书率、订准率、一般到书周期、加工质量等数据，得到的统计数据不仅可以提交给政府采购管理机构，作为对供应商履约能力的评价依据，还可以发布到图书馆信息交流平台上供其他图书馆决策参考，对供应商形成声誉约束。

（3）在合同撰写过程中，图书馆的各种要求一定要明确、具体，尽可能详尽地列出各种违约情况，并具体指出各种违约情况出现时供应商应承担的责任。不过，如何设定违约责任以使其具有实际可操作性，是一个值得思考的问题，目前相关研究还基本处于空白状态。下表列出了一般中文图书政府采购合同中应涉及的约定项目及相应要求、违约情况、违约责任，仅供参考。在文献信息资源政府采购实施阶段，要严格按照合同约定执行，出现违约情况就要追究违约责任，决不姑息，以促进图书馆与供应商合作的良性发展。

中文图书政府采购合同要点

项目	合同要求	违约情况	违约责任
版权	必须是合法出版物	盗版图书、伪劣图书	停止合作，情节严重的追究法律责任
质量	符合有关出版物的装订与印刷质量标准	污损、缺页、倒装、模糊不清、折页、开线、开胶、附件不全等	无条件退换
品种	规定应提供的品种数量下限	数量不足	补足数量
提供样书	定期提供最新出版的品种样本	未能提供样书服务	暂停合作
到书率	要求达到规定的比例	达不到比例	取消订单
订准率	严格按订单发货	搭配订单外图书、擅自加大复本量	非图书馆订购的图书与复本一律退回
到书周期	图书必须在规定时间内送馆	超过规定时间	取消订单
送货方式	送货前与采购员协商好送货时间，并提供免费送货、卸货服务	不协商送货	拒收并退回处理

（续上表）

项目	合同要求	违约情况	违约责任
包装	1. 同次采购的同种图书必须置于同一个包内到馆；到馆前已分类的，按分类或索书号顺序打包 2. 每批书附汇总清单，清单内容包括该批书的批号、种数、册数、总金额等项目 3. 每包书附明细清单，清单内容有包内图书的序号、图书题名、册数、单价、总价等项目	1. 不按要求打包 2. 实物与清单不符	退回重新整理，情节严重的取消订单
采访数据	定期免费配送指定类别或出版社的采访数据；不定期配送图书馆临时需要的图书的采访数据；采访数据要包含指定字段	不符合数据要求	暂停合作
编目数据	配送所采购图书的规范编目数据	不符合数据要求	暂停合作
辅助加工	按采购人要求提供辅助加工服务	不符合加工要求	退回并重新加工

第二节　由于文献信息资源采购自身的特点而产生的问题

一、文献信息资源建设的长期性与政府采购合同操作的短期性之间的矛盾

文献信息资源建设需要与符合自己要求的供应商长期稳定地合作，这是因为：

(1) 在多年的读者服务工作中，每个图书馆都会逐步建立起自己独具特色的馆藏结构，以最大限度满足本馆读者的文献需求，最大限度发挥馆藏文献信息资源的使用效益。这种馆藏结构的要素包括学科、文种、时间、载体、复本、层次等多个方面，是一种相对稳定的结构，并需要长年累月地建设完善。另外，图书馆馆藏中相当一部分文献信息资源具有连续性或系统性，如一些分期出版的报刊、多卷书、丛书等，这些书的选题和内容要么互相补充，要么密切相关，是一个有机的整体，缺少任何一本都会造成馆藏的不完整。因此，图书馆馆藏文献信息资源建设是一项长期和系统的工程。文献信息资源的出版发行也具有长期性和连续性的特点，例如同济大学出版社的建筑类图书，其本身的选题和出版就具有一定的系统性。这样一来，各个图书馆在文献信息资源采购活动中，会在品种的选择上产生一些定势。例如，较多选择某些出版社的图书，即所谓“重点出版社”，而其他出版社的图书则只作为补充。鉴于不同供应商在供货品种上具有不同的特色，图书馆就要选择符合自己要求的供应商，并希望与之有一个长期稳定的、可持续的合作。

（2）图书馆文献信息资源采购对供应商售前、售中、售后各种服务的要求较多，专业性也较强。例如，供应商要熟悉所服务图书馆的馆藏要求、采购流程、编目数据格式、自动化系统、加工要求等特点，才能提供高效率、高质量的服务。所以，在实际操作中，新中标的供应商大都需要一个磨合期。磨合期的长短主要取决于中标供应商的业务能力。磨合期太长，不仅会减少订单数量，而且订了的文献信息资源也往往迟迟不能到货，甚至最终根本不到货，影响馆藏建设。从这个角度讲，图书馆需要尽量保持供应商的稳定性，以缩短磨合时间。

（3）地方出版物的采购需要长期稳定的供应商支持。地方出版物往往是公共图书馆重点建设的一种特色馆藏，而地方出版社往往有多家，直接从每一家出版社购买图书比较困难，因此图书馆多数情况下还是要借助供应商来完成这项任务。但对于供应商来说，地方出版物却不是一个受到特别重视的类别，只要市场上好销的图书，他们就会多进货，否则就少进货，不会考虑是本地出版社还是外地出版社。这也是市场经济的本色表现，无可厚非。要解决这一问题，较可行的办法是找一个本地的、与地方出版社关系较为稳定的供应商，由其长期负责地方出版物的供货以及书目数据的收集。

但政府采购合同会对合同期时间跨度和金额做出明确限制，具有短期性的特点，也没有哪一家供应商能保证次次中标。因此通过招标确定供应商具有不稳定性。供应商的不稳定对文献信息资源采购工作的影响是显而易见的：一方面，供货商的更换不仅意味着已预订的文献信息资源作废，而且更意味着废弃原先的采购渠道和方式，图书馆需要对新的供应商重新适应。这就可能导致文献信息资源采购工作脱节，发生图书品种漏购的现象，破坏文献信息资源建设的连续性。另一方面，供应商更换频繁，图书馆与供应商之间就不可能深入合作，供应商难以提供有针对性的服务，图书馆对供应商的培育更无从谈起。

接下来，我们从理论角度探讨一下解决供应商稳定性问题的两种可能的途径：

（1）延长招标时间间隔。一年一招标对图书馆的采购工作非常不利。每年重新招标，没有哪家供应商能保证次次中标，图书馆采购人员把许多精力都花在与各中标供应商的磨合中，会使工作受到很大影响。如果能够争取到上级部门的理解和支持，实现两年或者更长时间招标一次，虽然不能彻底解决问题，但也会使矛盾得到有效缓解。

（2）在供应商选择上采取淘汰制。淘汰制即政府采购管理机构根据图书馆与供应商合作的总体目标和具体目标，设定一定的考核指标体系，以此指标体系对供应商进行考核，根据考核的结果对供应商进行合理排序，并将一定比例的排名靠后的供应商在图书馆下一轮招标中淘汰出局的绩效管理制度。例如，一个图书馆每年如果需要与 5 个供应商合作，那么，事先制定一个供需双方都认可的评分标准，在合同期结束时根据这个评分标准对 5 个供应商进行评价，然后保留 2 个表现较好的供应商，另外 3 个供应商名额通过公开招标确定，这样既可保证供应商的稳定，也兼顾了政府采购的公平性原则，还能促进供应商不断提高服务水平。

二、文献信息资源采购的不确定性与政府采购的提前预订方式的矛盾

文献信息资源采购具有不确定性。首先，出版市场具有不确定性。图书出版单位虽然每年年底都会根据市场情况拟订一个年度选题计划向上报批，但这个选题计划并非就是最终的出版物目

录，出版单位经常会根据市场情况作一些调整。从实际情况来看，变动的幅度是比较大的。出版市场的不确定性直接导致了文献信息资源采购的不确定性。一般情况下，图书馆在进行政府采购时，不可能提前准确掌握出版市场中将会出现的图书品种。另外，图书馆也无法预见一些临时性的采购任务和读者需求。

政府采购采用的是提前预订的方式，对于普通商品的政府采购，只要在招标时指定该商品必须是哪个品牌、哪种型号、哪个生产厂家，对供货时间、付款方式及售后服务等加以约定，就基本不会出现太大差错。但由于文献信息资源采购的不确定性，在图书馆文献信息资源进行政府采购时，只能在一个财政年度的时间内，从购书经费总量来进行集中的政府采购，确定合作的图书供应商，提前签订的采购合同只能是从大的分类上对需要采购的文献信息资源品种和总金额做出规定，对信息资源具体性质的界定是模糊的，文献信息资源政府采购合同中无法列明标的，这导致采购人和投标人的权利、义务及责任在法律意义上没有严格的参照标准，为以后图书馆和供应商在履行合同时产生矛盾埋下伏笔。一些供应商为了追求更高利润，往往会选择利润较大的普通图书，间或还会加塞一些出版社库存时间较长、信息过时，甚至是介于正规出版与盗版之间的二手图书、特价图书等。而一些有较高参考价值和收藏价值的专业类图书、优秀出版社图书等，由于价格较高，利润较低，供应商就会少进货或者干脆不进货，久而久之必然导致图书馆整体馆藏质量下降。

为了解决上述矛盾，图书馆文献信息资源政府采购可以从两个方面来弥补文献信息资源采购不确定性对图书馆馆藏建设造成的不良影响：

（1）在招标环节实施事前控制。

①采取公开招标中的物品协议供货形式，以合作资格进行招

标，即中标供应商只是取得了供货的资格，但采购数量、采购品种不确定。此种方式有利于图书馆在中标供应商中按需选择有利于本馆采访工作开展的供应商。在此种方式下，中标供应商为了获得更多的订单会不断提高供货能力，改进服务质量，满足图书馆的采购需求，为图书馆提供更为优质的服务，最终实现双赢。

②招标宜选择多家合作供应商（具体确定几家供应商应根据经费情况而定），这样一旦出现某家供应商不履行投标承诺、供货不及时、质量不保证，甚至毁约等现象，也可以及时调整，不至于对图书馆文献信息资源建设产生大的影响。

③列明不同类别图书的采购比例。对于供应商来说，社科类图书和科技类图书进货优惠率是不一样的，为了更加科学合理地反映真实的价格因素，应在标书中分别列明本次招标两类图书的采购比例，以便于供应商制定合适的报价策略，从而实现图书馆和供应商的双赢。

④单列采购或重点强调。为了解决专业图书和优秀出版社图书到书率不足的问题，可以将这类图书单列出来，作为一个单独的子包进行招标。如广州大学图书馆在2007年度的图书采购过程中，就将高等教育出版社、中国劳动出版社、上海外语教育出版社、中国建筑工业出版社四家出版社出版的图书作为一个单独的子包；西安交通大学图书馆也在这方面做了有益的尝试，将核心出版社与外围出版社分标段招标，从而确定不同的采购模式，运行效果良好。这种做法可以让供应商充分认识该类图书的采购成本，制定科学合理的报价策略，从而保障了优秀出版社图书的到货率。同样，为了保证文献信息资源能及时到货，提高时效性，也可以将该类文献信息资源单列出来采购。目前，文献信息资源市场有许多计算机类、考试类图书专营公司，因此，图书馆可向这些专营公司招标采购。此外，也可以在与供应商签订的采

购合同中，针对时效性文献信息资源在条款中作具体要求。这样做的好处是可以强化图书馆和供应商双方对文献信息资源时效性的重视程度，管理起来比较方便，供应商也会比较配合。

（2）在履行政府采购合同时实施事中控制。

①专业图书采用看样采购或现货书目订购的方式。专业类图书包括学术专著和一些专门的工具书如动植物志、国家标准等，这些书一般读者面较窄，印数少，成本高，零售利润低、回款慢，供应商进现货后立即面临两个难题：一是仓储，二是退书，书商承担的风险很大。出于最大化商业利润的考虑，供应商更愿意提供读者面广、利润丰厚、风险小的普通图书。应该说，图书馆对高质量图书的需要以及供应商对高利润的追求都是很自然的现象，让任何一方放弃自己的立场都是不可能的。要维持长期合作，必须达到“共赢”。因此，图书馆可以要求供应商提供及时、准确的专业图书书目数据，或者提供样书来弥补品种上的不足，即专业图书采用看样采购或现货书目订购的方式。这样既避免了图书馆专业书籍的漏采，也降低了供应商所承担的风险。

②定期监控馆藏结构。为了保证藏书建设的系统性和完整性，图书馆应定期进行缺藏分析和图书补购。缺藏分析应以本馆的馆藏结构为依据，而馆藏结构是图书馆在多年的读者服务工作中逐步建立起来的，是一种“相对稳定”的结构。换一种说法，就是这个结构有一定的“模糊性”，并不是那么明晰精确的。例如，在公共图书馆中，通俗读物（如小说）品种和复本量一般都较多，专业类书籍（如数学）则反之，但两者的相对比例在本馆的馆藏结构中究竟是多少？不同学科、文种、层次的文献在馆藏中究竟应该达到怎样的绝对数量或者相对比例？怎样改善这个比例才能提高文献信息资源的利用率、最大限度满足本馆读者的需求？对于这些问题，很少有图书馆安排专人，或者专门组织

人力进行系统分析。还有，图书馆馆藏中一些分期出版的多卷书、丛书等，图书馆的编目数据中是否应该对这类书用特定字段进行标记以方便查漏补缺？图书馆业务自动化系统是否有缺藏分析的功能？对这些问题的深入研究，是图书馆进行缺藏分析和图书补购的基础，也是图书馆在政府采购中保证文献信息资源品种齐全完整的前提。

③提高图书馆采访、验收人员的业务水平，把好图书的进口关。在文献信息资源政府采购的过程中，作为图书馆的采访和验收人员，必须不断积累经验，对各种图书质量问题了然于胸，对盗版伪劣图书的印刷、装帧、纸张、内容方面的特征形成职业敏感，对某些经常被盗版的图书类型如边远地区出版社的图书、少儿书、教材等进行重点检查。

由于现场采购一般经费额度较大、时间较短、采访工作的强度较高，故采访人员还需运用一定的采访技巧。在图书的选择上，尽量选购优秀出版社、专业出版社出版的图书以及知名专家学者所著图书以保证采访质量。

在文献信息资源政府采购过程中，由于期货购买方式主要依靠图书馆自动化系统来完成整个流程，供应商不容易从中钻空子。但现场采购图书一般由现场采购人员利用采集器完成，完成后的采购清单一般再交由供应商整理，一些供应商就利用这一过程在到书时混入一些低价的图书。由于业务上的联系，供应商往往比较容易拿到图书馆的馆藏数据，这样在混入其他图书时就可以先经过查重处理，图书馆验收人员在直接将到书数据录入计算机管理系统时也很难察觉。因此，现采完成后，采购人员应立即将此次采集器中的书目数据以纸质方式打印出来，并签名确认，以作为验收的凭证。或者将每次现采的数据保存下来，在本馆的自动化系统中做成订购数据，待供应商到书后，验收人员将到书数据与之前的订购数据进行对比分析。这些措施基本可以杜绝供应商“捎带书”现象。

④文献信息资源政府采购要做好计划，尽量避免突击买书。在我国图书馆界实施的政府采购活动中，已经出现了多起因应付检查评估突击买书而发生的图书质量问题事件，从招标到图书上架时间太短，图书质量自然难以得到保证。

⑤加强对图书馆采访人员的制度监督和职业道德教育。一方面，政府采购管理部门要采取规范化的措施对图书馆采访人员进行监督；另一方面，图书馆也要强化采访人员的廉洁意识，教育他们在与书商的交往中不要收受供应商任何形式的礼品或好处，以免在后面的采购活动中进退两难，受制于人，最终不得不接受有质量问题的图书。

⑥时效性图书宜就近采购。在图书馆文献信息资源政府招标采购中，外地供应商中标的情况经常发生。与本地供应商相比，外地供应商由于路途较远，从采购到运输都需要耗费较长时间。因此图书馆在购买一些时效性较强的图书时，要尽量避免向外地供应商购买。如果本地供应商有多家，要尽量选择管理先进、效率较高的供应商。

⑦加强与供应商之间的沟通。任何一种形式的合作，沟通都是非常关键的，尤其图书馆购买的图书品种很多，批数也多时，经常会有这样那样的问题出现，直接沟通是最快的解决途径。在不伤害双方利益的情况下，供应商对图书馆的一些具体要求一般会尽量满足。例如图书馆采购人员提前将时效性图书的种类特征、到馆时间要求等告知供应商，图书到馆后，图书馆验收人员如果发现有些图书内容已经不能满足时效性要求，可以即时与供应商联系调换或退货。

三、文献信息资源采购的灵活多样性与招标采购的集中性、规模性的矛盾

首先，文献信息资源采购的灵活多样性表现在图书馆文献信息资源采购金额大，品种多，复本少，出版机构涵盖面广，直接面向全国上千家出版机构采购几乎是不可能的。因此，一般要通过图书供应商进行采购，如各级新华书店、专业书店、专业性图书发行代理公司等。另外，图书供应商虽然具有强大的品种集成能力，但它们为了追求利益最大化，都有各自的经营偏好和服务特色，都有自己的供货局限——即使是综合性最强的新华书店，面对当前无限多样的出版发行品种，也不可能做到面面俱到、包罗万象。

其次，目前出版物的发行渠道日趋多样，一些种类的图书如自办发行、内部出版的图书等一般不进入常规的图书发行渠道，发行商未必能提供，需要采访人员多方访求，采取交换、征集、邮购等各种可能的方式获得。

再次，由于图书馆的读者群体相对较大，特别是面向公众开放的公共图书馆，读者需求相当广泛，多数图书馆为了最大限度地满足读者的阅读需求，往往开辟了读者荐购渠道，这就要求图书馆有相对灵活的采购策略来应对这种不可预测的采购任务。

因此，图书馆文献信息资源的采购任务一方面必须主要依靠一家或几家大型供应商，另一方面又不可能仅仅依靠几家供应商完成。文献采购的多样性需求决定了其需要有一定的灵活性来保障。

而政府采购作为一种规范的社会制度，组织管理是非常严谨的，因而程序也相当复杂——每组织一次政府采购，都需要投入大量的人力、财力、物力和时间，因此只有采购金额的规模达到

一定程度，才能起到节约财政资金的目标。2003 年 1 月 1 日起实施的《中华人民共和国政府采购法》第八条规定：“政府采购限额标准，属于中央预算的政府采购项目，由国务院确定并公布；属于地方预算的政府采购项目，由省、自治区、直辖市人民政府或者其授权的机构确定并公布。”各个省级地方政府也根据《中华人民共和国招标投标法》制定了具体的实施办法，对政府采购限额标准有了明确的规定，例如，广东省规定使用财政性资金采购图书资料，采购的预算金额在 10 万元以上（含 10 万元）必须采用部门集中招标（《广东省 2006 年政府集中采购目录及政府采购限额标准》，粤财采购〔2006〕2 号）。在这样的情况下，图书馆小规模的采购需求不可能通过招标等形式来解决，而某些特色文献的供应商也很难参加招标工作。

因此，在图书馆文献采购活动中，全年采购经费最好不要全用在公开招标采购上，应根据年度下拨经费的额度，保留一部分图书经费自主采购，以解决一些特殊的、临时性的、小批量的采购任务，缓解招标采购灵活性不足的矛盾。需要自主采购的文献主要为如下几种类型：

（1）不公开发行的文献。如政府机构出版物、企业内部出版物。

（2）不经过中间商发行的文献。如自办发行的报刊、作者包销的图书。

（3）发行量较小的专业文献、工具书、年鉴等。

（4）图书馆重点收藏的文献。图书馆根据馆藏原则，需要重点收集的专题，如馆藏特色文献、地方出版物、地方文献、工具书、年鉴、地方志、专题图书等，因需要收集较为齐全的品种，中标供应商不一定能全部满足。

（5）古籍、家谱文献。图书馆承担着保存文化遗产的职能，因此有时需要通过类似文物征集的方式收集有永久保存价值的文献。

（6）中标供应商不能供货的读者荐购或急需的文献品种。

四、文献采购周期与年度政府采购经费使用周期的矛盾

图书出版单位根据市场情况制订出版计划，办理审批手续，然后组织生产，这个过程通常呈现出以下四个特点：①持续性：即在一年中持续不断会有一些新书陆续出版；②周期性：为了配合每年1月份的北京图书订货会和每年4月份的全国书市，年初是图书出版的高峰；③不可重复性：过低的印数使得一些高质量图书稍纵即逝，一旦错过特定的采购时间或采购对象，要拾遗补缺比较困难；④不确定性：图书出版单位虽然每年年底都会根据市场情况拟订一个年度选题计划向上报批，但这个选题计划并非就是最终的出版物目录，出版单位经常会根据市场情况作一定的，甚至较大幅度的调整。

受图书出版以上特点的影响，图书馆文献信息资源采购在一年中只能持续性、分批次地进行，而且最好抓住年初的关键时期。而政府采购具有严格的程序性，它虽然在较大程度上保证了采购行为的规范性、合法性和整体效益，却是以牺牲效率为代价的。为了避免空头采购、资金拖欠、合同违约等情况，政府采购工作原则上是在资金落实以后才开始进行采购活动。财政预算通常要求采购人提前几个月或大半年编制好采购计划，然后报上级主管部门、财政部门审定后列入财政预算，经费审批下来一般都要到每年的3、4月份。之后，采购人做经费使用方案，经上级财政部门批准后才能进行采购招标。在招标实施阶段，又面临一

系列程序，拟定招标书、招标标段、评标标准等，之后是开标、评标，再到与供应商签订合同，这至少需要一个月的时间。这样一来，从经费下达到政府采购招标、签订相关合同完成，整个过程一般要到当年的4～5月份才能完成，使整个采购业务被耽搁，不能正常开展。另外，当前有些地方出于零账户的要求，采购经费一般不能跨年度使用，供应商须以财政年度为周期供货。当年经费当年用完，如果用不完也不能与下一年度的购书经费累积使用。因此在文献信息资源的政府采购实施过程中，采购经费真正可以被采购人支配的时间一般是5月到年底的这段时间。

由于在年初（约在1～4月份）供应商没有确定，图书馆日常采访工作无法正常进行，采访前期工作被耽搁，影响图书采购的连续性，造成工作积压。最重要的是，5月才开始采购，正好错过了1～4月的出版高峰，而图书生产具有不可重复性，许多书错过了采购时机就买不到了，造成一些收藏价值高、发行量少的图书的缺藏。因采购经费不能跨年度使用，全年的图书采购任务都积压在7～8个月的时间内，时间短、任务紧，于是有些馆到年底突击现采图书，而此时市场上图书的品种却十分有限，最后迫不得已用库存、过期的图书充数，这样势必会影响馆藏质量。况且到货时间、到货总额都难以准确控制，很难在合同期满时刚好达到所规定的数额，特别是在预订方式下，实际操作存在困难。有时订单发出去，图书还没到，合约已经到期了。“上半年有书没钱，下半年有钱没书”正是文献信息资源采购周期与年度政府采购经费使用周期这一矛盾现象的精辟概括，它自然会影响到采购任务的顺利完成。

除了图书外，年度经费使用周期与文献采购周期的不合拍同样也影响到了图书馆其他类型文献的采购和使用。例如，数据库的更新周期多为按日或按月更新，对于很多图书馆，在正式履行采购手续前的几个月数据库数据不能得到正常更新，严重影响了读者的使用。

为了解决上述问题，图书馆界在不断实践中摸索出一些值得提倡的做法：

（1）提前招标，争取时间。为了减少招标对采访工作的影响，在上级财政部门的支持下，2007 年广州图书馆成功实施了中文图书、进口图书、国内音像资料及软件、进口音像资料及软件四个采购项目的提前招标工作，打破了以往等经费下达后才招标的惯例，招标时间比往年提早了 1 个月，为采访工作争取了时间，是进一步完善文献信息资源政府采购工作的有益尝试。今后，广州图书馆还将探讨将招标工作进一步提前，如在上一年年底招标，使采访工作得以连续进行。

（2）提前使用部分购书经费。2006 年广州图书馆在整体文献购置经费 1 000 万元正式下达前，向市财政局申请先行下拨了 200 万元购书经费，并先行就该部分经费办理了政府采购手续，实施采购，对缓解上半年不能买书的困境起到了一定的作用。

（3）调整供货期。广州图书馆还尝试采用调整数据库服务期的办法，从 2007 年起，把数据库的使用期从原来的至年底延长至次年的 5 月，以解决长期存在的经费正式下达前数据库更新不连续的问题。

（4）推行政府采购电子化，提高采购工作效率。政府采购电子化就是以电子信息技术为载体，结合电子商务技术的应用，利用网络迅速、便捷、覆盖广等优势，将采购信息在网上公开发布，供应商通过网络进行报价竞投，采购人由此做出选择的新型采购形式。政府采购电子化不但大大节省了人力、物力，同时提高了政府采购效率，使采购人能更快地实施采购，已成为国际政府采购的发展趋势之一。

第五章　公共图书馆文献信息资源政府采购的相关问题

第一节　采编业务外包

文献信息资源政府采购一般采用招投标方式确定文献信息资源供应商。供应商为了提高自身竞争力，在投标应标当中会积极响应图书馆提出的服务要求，或者根据自身优势做出进一步的服务承诺，这就给了图书馆一个压力分解释放的空间。

一、图书馆采编工作的困境

随着现代信息技术的发展，图书馆自动化、网络化建设已经进入了快速发展的阶段，图书馆的采编工作也呈现出了不同以往的崭新面貌。目前，图书馆采编工作在动态开放的网络环境中，实现对文献信息资源的整序，并将编目成果交流、共享和传播，实施地区性、全国性乃至世界性的网上联合编目，共建联合目录数据库，共享书目数据资源，为读者提供高质量的书目数据，最大限度地发挥书目数据资源的效益。

无须置疑，技术的进步为图书馆采编工作提供了更为广阔的空间，编目工作已经脱离分散的“小作坊”形式，编目范围也逐渐从传统文献向电子资源、网络资源扩展，编目职能也从组织文献转移到组织更深入的知识单元。人们对网络环境下的采编工作在速度和质量方面的期望更高了。但是，对于在传统思维下运作多年的图书馆采编工作，是否真的就赶上时代发展的步伐，实现了更快、更好、更强了呢？答案并非如人们想象的那么乐观。图书馆采编工作的老问题仍然存在，如人力资源不足、专业人员缺乏、工作效率低下、积压书严重等依旧困扰着图书馆。究其原因，技术并非等同于效率，图书馆在管理、从业人员的思想观念等方面存在的种种问题，仍然令图书馆的采编工作处境艰难。

（1）从图书馆个体来说，图书馆基础业务工作在采用自动化技术之后所需花费的工夫并不会少于手工操作年代，甚至更多，对工作人员的素质要求也更高了。

在手工编目时代，图书馆编一张卡片目录需要记录八项内容，包括：题名与责任者项、出版发行项、载体形态项、附注项、丛编项、提要项、排检项、标准编号与获得方式项。限于卡片大小，每一项必须著录最精炼的内容。如附注项，一般仅著录版本和书目的沿革或适用对象附注，其他内容很少著录。而计算机编目，如 CNMARC 要求著录十大块内容，即标识块、编码信息块、著录信息块、附注块、款目连接块、相关题名块、主题分析块、知识责任块、国际使用块、国内使用块。卡片著录的八大项内容只是计算机编目十大块内容中的一小部分。如 CNMARC 的附注块就有 35 个字段可供选择使用，编目员可以尽可能详细地对其他著录项目或检索点作进一步陈述和说明。又如主题标引，在卡片目录上也就寥寥数字，作为排检项中的一个小内容，有些图书馆不做主题排检，这一内容也就可有可无。但在计算机编目中，主题标引就成为一个需要专门作为检索点的、在服务读者时不可或缺的一块，这一块的著录成了最耗费编目员工夫，也最能体现编目员业务能力的一项内容。编目工作的各项程序在实现计算机化之后一步也没有少，原来的验收、分类编目、审校、清点工序都没有简化。相反，在计算机化之后，有的图书馆还将原来的验收工序进一步分解为人工验收和上机验收，即除了保留人工验收外，还要求工作人员在计算机管理系统中对采访数据进行比对验收。出书清点工作除了为本部门保留个别登记账外，还要给各个收藏管理部门提供出书清单。在对工作人员的素质要求上，除了原来的综合素质要求之外，还要求具备计算机能力，对项目繁多的著录项目的理解和应用能力等。

（2）图书馆采编工作效率低下，导致图书分编成本居高不下。

公共图书馆属于社会公益性服务部门，在管理上深受官僚主义思想的影响，政府部门通常是用行政手段来管理图书馆，造成人浮于事、效率低下。而图书馆内部业务管理同样传承了传统管理的惰性，缺乏热情和活力，劳动生产率一直处在较低水平。有专家认为，图书馆乃“耗能大户”。以编目工作为例，编目成本的计算方式可以用下述公式表示：

$$\text{编目单元成本（元/种）}=\frac{\text{人员年均薪金}+\text{物耗（电力、纸张、磁条、书标等消耗，计算机、打印机等设备折旧）}}{\text{人员年均工作量（种）}}$$

笔者在最近一次编目中心年会上了解到，图书馆原始编目工作的平均指标为 30 种/天。如果一个编目员的平均年薪约为 5 万元/年，平均每月工作 21 天。根据上述公式和数据得出的每种图书分编成本接近 7 元。再加上各种耗材（如磁条、条形码等）以及办公场地与设备等费用，每种图书的分编加工费用至少在 8 元以上。在实现联机联合编目多年之后，尽管在联合书目数据库中有大量书目数据可供下载，但很多图书馆的编目工作量的设置并没有发生太大的变化，也就是说，工作效率并没有得到实质性提高。

(3)“自力更生”的传统观念根深蒂固。

从藏书楼到公共图书馆，从个人藏书到依靠政府力量每年拥有几百万甚至几千万元购书经费，图书馆经历了一个从封闭到开放、从自力更生到集腋成裘的不断发展的过程。技术的进步、社会的发展使社会结构和功能也在不断分化，馆际协作、资源共享在当代已经渗透到图书馆的各个业务发展环节当中。有位图书馆学家说过：任何图书馆都不是独立的。现代图书馆应该是一个无边界、大图书馆的概念，所有的图书馆只是整个网络中的一员，每一个图书馆都应该有大图书馆的意识，在进行本馆业务发展时，要把业务活动与整个网络系统联系起来。然而不可否认的是，在我国，图书馆的“围墙”实际上还是很坚固的。缺乏合作意识，害怕吃亏，把自己的资源看得很紧，坚持认为自己的才是最好的，十足的“守门员”意识……顽固的门户观念在我国图书馆界依旧“阴魂不散”。20世纪90年代，在我国图书馆开始进行计算机管理的时候，虽然采编数据加工仍由采编部门完成，但是已经需要技术部门参与进行数据管理，当时采编工作人员就不太适应。后者认为，原来一个部门能完成的业务现在变成了多个部门合作，这岂不复杂化？再后来发展起来的联机联合编目，采编人员思想意识的适应过程就更长了，因为这不仅要求馆内部门合作，还要求实现图书馆与其他单位的合作。编目人员有个共同的特点，就是特别关注细节，特别在意编目质量。然而在只有质量没有效率，或者当全国编目中心能提供相当有质量的书目数据以共享的时候，仍然坚持认为自己做的数据最好，这种“自力更生”成了图书馆进一步发展的障碍。

采编工作是图书馆的基础性和关键性的工作，图书馆整体服务效率的提高，很大程度上需要依靠采编工作效率的提高。唯有采编工作做好了，文献才可以以较快的速度与读者见面，高质量的文献信息也才可以给读者提供满意的查全率和查准率，读者服务的效益才能得到体现。

二、政府采购促进了我国公共图书馆采编工作的业务外包

政府采购是图书馆文献信息资源采购的新模式，其作用与意义在多年的实践中已经得到彰显。由实施政府采购模式带来增值服务，如提供编目数据、图书辅助加工，等等，有供应商把该服务定义为“附加值服务”，在无意之中促进了我国公共图书馆采编业务外包。

政府采购在国外已有200多年的历史，而我国将政府采购作为一种财政支出管理手段，运用于公共财政支出只是20世纪90年代的事情，作为法律条文正式发布实施则在2003年。可以说，我国政府采购实施的时间很短。毫无疑问，政府采购模式加剧了供应商争夺图书馆客户的竞争程度，该模式要求各供应商把条件和优势都充分展示出来：哪家的条件更优越，哪家的折扣更合理，哪家能够提供更多的服务，哪家的服务更加周到……希望增加竞争成功的胜算和把握，供应商需要在折扣之外，主动给图书馆做出更多或者更大的服务承诺。可以认为，这些服务承诺都是供应商在自己的能力范围之下给出的。

（1）业务外包是图书馆能够接受的管理方式。

图书馆业务管理方面的压力、图书馆采编工作的困境，只依靠图书馆自身的力量来解决是比较困难的，而借助外部力量不失

为解决问题的有效途径。

图书馆曾尝试过委托管理（Contracting - out），就是将原来由政府部门管理的部门委托给民间团体或企业进行管理。英国、美国、日本和西欧等国家和地区，在20世纪七八十年代为了适应本国在行政、财政和人事制度方面的改革，开始调整图书馆政策，试图通过委托管理达到提高图书馆工作效率、“精兵简政”的目的。但是，这一做法引起了比较大的争论和强烈的反对之声，最后不得不承认：从公共图书馆的基本性质出发，委托只能局限于机械性的事务工作，全面委托是不妥当的，从而确认了“公共图书馆不适合委托”的原则。

在委托管理风潮之后，业务外包成了图书馆界比较能够接受的管理方式。图书馆业务外包（Library Outsourcing）是图书馆以合约的方式委托外部服务商向图书馆提供所需的部分或全部业务功能。有关资料显示，国外早期图书馆管理的外包服务是组织大学生勤工俭学，从事图书加工、图书排架、卫生保洁等简单服务，这可以说是图书馆业务外包的雏形。在20世纪初期，美国许多图书馆向国会图书馆购买编目卡片，这是图书馆界编目委外作业概念的肇始。后来诸如OCLC专业公司的成立与发展，为图书馆编目业务外包创造了更好的条件。20世纪七八十年代，在日本、美国等地由于外部市场的逐步成熟，采编业务外包已成为较常见的工作模式。业务外包基本上不涉及管理权问题，而且能够达到科学管理的目标，能起到降低成本、节省时间、提高效率和改进质量的效果。更重要的是，通过业务外包，图书馆可以集中精力更有效地完成本单位的核心任务。

（2）政府采购促进了我国公共图书馆业务外包。

在国外图书馆业务外包风生水起的时候，我国也有少数图书馆在做这方面的尝试，但开展者不多。当时我国图书馆界对业务外包的反应颇为矛盾，有人极力鼓吹，有人诟病不绝。之所以会产生如此相左的观点，究其原因，在当时的特定环境下，业务外包的开展存在着两大障碍：一是我国图书馆普遍存在经费紧张的问题，经费问题得不到解决，业务外包产生的费用自然无从解决；二是对于外包如采访、编目、数据库建设等专业性较强的业务，质量能否过关，图书馆人心里没底。程焕文教授在 2003 年竭力在海峡两岸就“图书馆业务外包”这一专题进行组稿，当时就因为该专题在我国“开展者少，研究者亦少”，终竟未能如愿。

但是，进入 21 世纪，当我国图书馆文献信息资源采购要求以政府采购模式进行的时候，供应商主动提出可以提供增值服务，我国公共图书馆界对业务外包的态度发生了很大变化，图书馆的管理者们敏锐地将政府采购与业务外包两者密切地联系起来，由最初的反对转而开始拥护。

供应商提供的增值服务，是一项在政府采购模式下得到政府部门许可的“附加值服务”。这种服务虽然也有成本，但成本已经包含在购书折扣里，不需要图书馆额外支付费用，在图书馆经费紧缺成为全球现象的今天，这项增值服务确实给图书馆提供了很大的拓展空间。既然业务外包产生的费用在增值服务的承诺中已经解决，那么，阻挡在图书馆业务外包面前的第一道障碍就消除了。此时，图书馆编目工作方面的外部环境也已经发生了很大变化，全国几大采编中心已经运作得相对成熟，包括 1997 年同时成立的全国图书馆联合编目中心和中国高等教育文献保障体系服务中心（CALIS）的联合目录数据库，2000 年和 2001 年相继成立的地方版文献联合采编协作网和上海市文献联合编目中心，可以为图书馆提供绝大部分较高质量的书目数据。书目数据得以共享，编目质量得到了保障，从而化解了业务外包的第二道障碍。

三、业务外包在图书馆的实现方式及发展建议

1. 实现方式

业务外包在图书馆的实现方式有多种。根据图书馆的性质、图书馆的规模、图书馆的发展水平、图书馆人力资源、图书馆工作流程设置等，各个图书馆实行外包的方式和具体的外包项目并不相同。在此，本章按照业务外包的程度，将其划分为部分外包和完全外包。

（1）部分外包。

顾名思义，部分外包就是将图书馆的部分业务以协议的方式外包给供应商。采用这种方式的图书馆，是有所选择地开展业务外包项目，一般是将本馆业务划分出核心业务和非核心业务，然后将本馆没有经营优势的非核心业务外包出去，而核心业务仍由图书馆重点掌控。

在采访业务外包中，有的图书馆将采访业务中订购前的查重、订单核对以及提交采访数据等业务外包给供应商，而馆藏发展及选书、验收等工作作为核心业务仍然由图书馆控制。这种外包方式较为常见，如美国肯特州立大学图书馆、澳大利亚昆士兰理工大学图书馆等均采用这种模式。

在编目加工业务外包中，有的图书馆将数据套录、图书辅助加工业务（如贴条码、加磁针、盖馆藏章、贴书标等）外包给供应商，而原始编目、数据审校等业务仍由图书馆专业人员控制，目前广州图书馆采用的就是这种做法。

（2）完全外包。

所谓完全外包，是指将图书馆所有的基础业务都外包给供应商，由供应商进行“一揽子服务”。从图书的查重、采购、验

收，到图书的编目、加工，再到图书的上架，整个过程都由供应商一包到底。这种方式在规模较小的图书馆较为常见。

图书馆业务外包在降低图书馆运作成本、节省时间以及提高图书馆工作效率、增强图书馆整体竞争能力等方面效果显著，有利于解决困扰图书馆，尤其是困扰采编工作多年的问题，其积极影响不言而喻。广州图书馆采编业务在实现业务外包之后，普通图书加工周期从原来的平均3个月以上缩短至1周，人力投入减少30%，从而彻底解决了原来存在的如人力资源不足、积压书严重等问题。目前业务外包逐渐成了我国大部分图书馆的业务运作模式。

2. 业务外包存在的问题

(1) 业务外包的尺度放得过大，导致图书馆失去控制。有的图书馆跟供应商签订协议，供应商向图书馆提供其所需类型的所有图书，只要一出版就立即送到图书馆，图书馆全部买下，不得退书。这是图书馆在采访业务外包方面失控的表现之一，实际上是丧失了图书馆在采访业务上的自主权和选择权。

(2) 外包环节设计不合理，不能提高工作效率。有的图书馆将书目数据加工环节外包，要求供应商配送书目数据。但是，供应商配送的数据，有的是从权威编目中心下载，有的则是供应商的编目人员自己所做。供应商的编目人员业务水平有限，所做的数据实在难以令图书馆满意。图书馆得到了配送数据，实际上又不敢放心使用，只能安排图书馆的业务人员一条一条地审校改正，工作效率自然高不起来。

(3) 质量控制措施不到位。外包质量一直以来影响着图书馆开展该业务的信心。在图书馆业务外包的实践中，确实存在着控制措施不到位而产生质量问题的现象，如采访订单环节出现错订、漏订，配书环节出现配错书，或者该配的不配、用其他书顶替等，辅助加工环节出现条码贴错从而产生一书两号、书标贴错、贴歪，漏做了其中某项加工等，数据工作环节出现套错书目数据，输错条码号，搞错馆藏地点，等等。质量管理学者认为，质量的提高有赖于对产品生产活动过程的质量控制。业务外包过程的质量控制原则上应该由供应商负责，图书馆方面难以在外包工序中产生直接的控制作用，但供应商精力所限且对图书馆的业务并不十分精通，就会出现质量控制措施不到位的问题。

（4）没有掌握图书馆业务规则，造成图书馆业务断层。多数图书馆都建立了自己的分类、编目细则，有自己的目录体系，有自己的加工规则等，因此，图书馆需要对参与外包业务的供应商工作人员进行图书馆业务规则方面的培训，保证外包业务继承和延续图书馆的业务传统。但是，由于参与图书馆外包业务的供应商工作人员不固定，经常轮换，图书馆的培训工作就比较被动，不得不重复进行，这一方面大大增加了图书馆的培训成本，另一方面也容易造成疏漏，导致图书馆培训工作不到位。如果供应商工作人员没有经过图书馆业务培训，或者没有掌握图书馆的业务规则，图书馆的外包就会产生业务断层问题，无法延续原来的规则和传统。

（5）供应商增值服务能力不足，不能达到满意的服务效果。理论上讲，通过政府采购中标的供应商都要符合一定的资质，具备一定的服务能力。但是实际上，中标供应商的资质还存在一定的差别，服务能力也不同。服务能力不足的供应商直接影响到图书馆外包业务的开展，效果不尽如人意。

3. 图书馆业务外包发展建议

（1）从实际出发，控制业务外包的尺度。图书馆在实行业务外包的时候，一方面要更新观念、大胆尝试，以积极的心态接受业务外包，不能谨小慎微、缩首缩尾，或者碰到了问题就止步不前，毕竟国外多年的发展历程以及我国多个图书馆的成功案例告诉我们，业务外包在提高工作效率及提升服务质量等方面是一个可选的有效途径；另一方面，图书馆对业务外包要有一个清醒的认识，一定要坚持从实际出发，坚持理性尝试。要根据中标供应商的实际能力来设计图书馆的外包业务，而不能不顾一切地“甩包袱”，不管供应商服务能力的大小把业务全部推给他们，让他们一包到底。这样做不仅效果不理想，而且会损害以后的合作关系。

（2）紧抓质量控制。有专家指出，图书馆业务外包的质量控制是决定外包成功与否的一个关键因素。当图书馆业务外包成了一种无法阻挡的发展趋势时，我们最应该关注的已经不是外包该不该实行的问题，而是如何控制业务外包的质量，使业务外包更有效、更健康地为图书馆服务。

在招标合同中，要尽可能详细地提出图书馆的服务要求。图书馆采购招标书不可能列出图书馆所有的服务要求，但是关键的服务条款一定不能少，如服务的项目、服务的程度等，这些条款也可以作为供应商的评分条件。

当供应商中标之后，需要再向他们提供服务需求规格书，明确每项外包服务的工作标准，还要进行适当的培训，目的是让供应商提供的服务尽可能达到图书馆的要求。广州图书馆在每年通过政府采购确定供应商之后，都会给每个中标供应商发放该馆的辅助加工细则，包括条形码的打印规格、纸张的选择、粘贴的条数及位置，磁条的品牌规格及粘贴要求，还书日期纸的黏贴要求，书标的打印及黏贴要求，馆藏印章的加盖页码要求等。图书馆还会把供应商的加工人员召集起来，手把手地教他们如何加工。在套录数据一环，为了保证数据质量，要求供应商派人上门，在馆内完成该项工作。

同时，建立检查制度也是确保业务外包质量的重要手段。验收工作实际上就是一种检查手段，检查供应商是否按图书馆的要求配置了相应的图书，对质量要求较高的图书馆来说，验收工作一般不会外包。数据审校更是一种检查制度，审校内容包括书目数据和馆藏信息，审校方式有随机抽查和逐本审校。当然，逐本审校花费的时间较多，但检查的力度更强。辅助加工环节的质量检查同样重要，该项工作可以是专人检查也可以将其分解到各个环节进行。由于辅助加工工作有些是前期加工工作；有些是后期加工工作，所以应该分开检查。可以让验收人员负责前期加工的质量检查，让出书清点工作人员做后期加工质量的检查。当每项外包工作都有相应的检查制度配套，业务外包工作的质量就有了保障。在美国，图书馆已经建立起了完善的检查制度，如美国图书馆商业技术服务委员会于 1993 年提出了编目对外承包的技术检查表，此后，Hirshon 和 Winters 还特别提出了编目质量管理方面的一些细节，如主要错误（编目数据的类型、日期等项）的错误率为 1%，次要错误（编目数据的 5××、录音资料的 505 及 300、949 字段等项）的错误率为 10%，随机抽查的错误率为 1%。

（3）争取最好的资源。采取优势互补原则，使外包效益最大化。文献信息资源政府采购不同于其他物品的采购，中标供应商一般不只一家，但是中标供应商的服务能力是有差别的，有些供应商在某方面拥有优势，而其他供应商在其他方面拥有优势。图书馆在进行业务外包时，首先要了解中标供应商的实际服务能力，然后把业务外包项目进行统筹分配，按实际情况再分配外包项目，而不是采取简单的平均分配方式。详细了解供应商的能力，可以避免供应商因为某方面能力不济而导致服务效果的不尽如人意，影响业务外包项目的整体完成效果。如对于拥有较强数据加工能力的供应商，可以要求其只负责数据方面的加工，而不需要再参与其他辅助加工工作，如贴书标等，而对于缺乏优秀数据加工人员的供应商，就应安排他们负责一些辅助加工工作。这样，各供应商优势互补，图书馆通过资源调配，得到最好的服务。当然，在利用资源方面，目光不能只停留在供应商的能力上，如果还有其他更好的社会资源，也要争取使用。如书目数据，虽然目前供应商在提供编目数据时已经非常尽心，提交的数据也比较规范，但是要完全达到图书馆的质量要求还有一定的距离。全国几大编目中心都能提供优质的书目数据，其数据都是由资深图书馆专业人员完成和审校过的，质量较好。图书馆在进行数据外包工作时就应加强管理，促使供应商尽量利用全国性编目中心的数据。

（4）加强沟通，共同成长。出于利益驱动和竞争需求，供应商总是会尽可能地满足图书馆的业务外包要求，并尽可能地了解图书馆。但客观现实是：不论他们如何努力，都不可能完全了解图书馆。每次通过政府采购最后确定的供应商也不可能一成不变，根据经验，每年都有新的供应商。所以，图书馆也需要了解供应商。正是在这种情况下，沟通和反馈制度的建立显得特别重要。沟通能使图书馆与供应商更好地了解对方，图书馆通过沟通把服务需求和质量要求传达给供应商，供应商通过沟通更好地了解图书馆的要求，从而达到图书馆的质量要求。双方通过沟通和反馈，达成信息互动，保证业务外包的顺利开展。

在文献信息资源政府采购模式下，我国公共图书馆的业务外包得以顺利开展。图书馆业务外包跟文献信息资源政府采购一样，在我国实践的时间不长，属于新生事物。我们应该在正确把握前进方向的同时关注它们的不足，用积极的心态、开阔的思维及可行的发展思路努力使它们健康成长。

第二节 政府采购背景下图书馆文献信息资源采购的自由裁量权

一、政府采购的自由裁量权

1. 自由裁量权的定义

自由裁量权是一个在实际生活中形成的述评。虽然现代意义的行政自由裁量权最先由资本主义国家的法律所确认，但并没有形成统一的定义。美国学者戴维斯（Davis）将自由裁量权理解为："只要对公共权力的有效限制不足以排除行权者进行判断和自由做出选择的可能性，就存在着自由裁量权。"同是美国学者的戴默克认为自由裁量权就是指行政管理者自由地进行选择或者自由地根据自己的最佳判断而采取行动的权力。美国《布莱克法律词典》将自由裁量权解释为："在特定的情况下依照职权以适当和公正的方式做出行为的权力。"我国学者在相关行政法学著作中也或多或少地提及自由裁量权并给出了相应的定义。马怀德在《中国行政法》一书中将其定义为行政机关和法定授权组织在法律规定的范围和幅度内，或在符合立法目的和原则的前提下，斟酌、选择、采取适当的措施的权力。朱新力在《行政法基本原理》中认为我国行政自由裁量权应该是行政机关在法定范围内自行判断、自行选择和自由决定以做出公正而适当的具体行政行为的权力。沈岿在《试论行政诉讼中的司法自由裁量权》一文中分析了英国学者 R. 帕滕顿（R. Pattenden）归结的自由裁量权的六种用法后认为："自由裁量权的大致含义是：合法合理地进行自由选择的权力。"

学者们见仁见智，从不同的角度对自由裁量权做了界定，尽管各有偏重，但对自由裁量权的实质理解还是基本一致的，概括起来，自由裁量权具有以下几个特点：①该权力是主体依法在其权限范围内享有的权力；②该权力行使的前提是缺乏相关的羁束性规范，法律只规定了模糊的标准，没有规定明确的范围和方式，主体根据实际情况和对法律的合理解释采取具体措施；③主体在行使该权力时拥有一定的自由处置权，可根据自己的意志和判断做出选择；④主体在特定情况下，依据该权力做出的决定应该客观、合理。由此可知，自由裁量权是指主体在法律规定的范围内，按照法律的原则，根据具体情况自行判断，以做出公正的、适当的、合理的决定的权力。

2. 自由裁量权与政府采购法的发展

根据自由裁量权的定义，我们认为，政府采购的自由裁量权就是指采购主体在政府采购法规定的范围内，按照采购法的原则，根据具体情况自行判断，做出公正的、适当的、合理的决定的权力。政府采购的自由裁量权与政府采购法的发展息息相关，这可从美国政府采购法的发展看出。美国是世界上较早实行政府采购制度的国家之一，经过200多年的发展，现在已经形成了一整套完善的政府采购制度。肖北庚从价值演进的角度对美国政府采购法进行了研究，认为它经历了“效率”和“控权”两个阶段，“控权”就是控制自由裁量权，这说明政府采购法的本质就是如何合理有效地控制自由裁量权，它通过政府采购主体分离制度、采购程序与采购方式统一制度、供应商资格制度、以司法审查为核心的供应商权益救济制度等制度、法律、法规对自由裁量权进行规范，并不断地补充修正，以保证政府采购法能紧跟时代发展的脚步。

（1）效率阶段。在这个阶段，美国政府以法律的形式将集中采购权赋予了财政部长或后来设立的政府采购局，政府以不同于普通民事主体的身份到市场以集中统一采购的方式购买政府正常运转所需的物品和服务，并且采购程序和政策必须同商业惯例相吻合。当时政府最关注的是如何提高政府资金的使用效率，即如何以最低的价格获得质量最佳的产品来满足使用者的需要，政府采购的根本目的是经济地、及时地采购到政府管理所需要的物品和服务，效率价值（经济效率和行政效率）放在了政府采购法的首要位置。另外，当时人们普遍认为政府部门集中采购，可以在大规模采购中降低价格，进而获得更大的经济效益，节约国库资金，保证纳税人的钱能被高效使用。再者，美国刚独立，新成立的政府都不会过分滥用权力，这是人类历史发展的普遍规律，使得行政机构履行其正常职能应有一定程度自由裁量权的观念得到了大多数人的认同，因此制定政府采购制度时，控权的重要性让位给了效率，本来应该合理控制政府采购主体的自由裁量权以维护公平和秩序的采购法却以效率作为核心价值。但众所周知，法律的核心价值在于维护公平和秩序，采购法的这一缺陷必定会对政府采购产生不利影响，在日后政府采购的发展中也显得越来越突出。

（2）控权阶段。美国政府采购法的核心价值目标由效率向控权转化主要是由以下两方面因素促成的：一是随着采购实践的不断深入和采购规模的日益扩大，享有很大自由裁量权的政府采购主体经常偏离公共资金所有人的意图，不完全按照商品的价值和质量因素来选择供应商，尽力为关系好的供应商和朋友获取合同，不少供应商也采取一些非正常的手段获取采购合同，导致政府采购领域丑闻不断。这一切实际上是由于初始政府采购法未注重控制采购人的自由裁量权造成的，由此人们认识到了控制政府采购中的自由裁量权的重要性。二是政府采购的深入发展，使得它成为政府调节经济和社会的基本手段，具有了公共政策的功能。美国20世纪30年代出现了经济衰退，为了摆脱经济萧条，促使经济复苏，美国政府采取了扩大内需的扩张性财政政策。受政策导引，政府采购的规模和领域日益扩大，对整个国民经济产生了举足轻重的作用，与初始的政府采购不同，当时的政府采购将大量的公共资金投放到市场中去，对经济结构和产业运行有重要的导向作用，并产生了深远的影响。政府采购法的性质发生了根本变化，由财政预算向宏观调控方向转变。政府采购在实现其公共政策功能的同时，也为政府采购拓展了广阔的选择空间，且不受法律严格控制，滥用自由裁量权在这里同样不可避免。当时采购人在贯彻公共政策意图的政府采购中渗透采购人私意的事情时有发生，寻求控制这种新的自由裁量权的方法的结果是强化了法院的司法审查权。政府采购的过程及具体采购中由采购主体行使自由裁量权而形成的采购决定的实际内容都会受到司法审查。于是，司法审查就进入了政府采购法领域，这种控制自由裁量权的有效方式为控制政府采购的自由裁量权奠定了坚实的基础。自此，控权也由政府采购法的价值目标开始转化为法制实践。

社会发展的日新月异，政府采购的新情况、新问题也层出不穷，导致新的自由裁量权不断出现，控制新的自由裁量权会促使政府采购法律、法规进一步向前发展，可以说控制自由裁量权是政府采购法不断发展的原始动力。不过对于自由裁量权来说，通过规范采购方式、采购程序，在政府采购的运作过程中控制固然重要，但更重要的还是要对政府采购人在具体采购过程中的采购行为和采购决定进行审查，并通过制裁和惩罚违法的采购行为和决定而产生的威慑力来控制。

二、政府采购自由裁量权存在的必要性

滥用自由裁量权的危害举世皆知，但自由裁量权的存在又是必然的，无法取缔的，特别是现代信息化、民主化、经济全球化社会，我们要求政府对错综复杂、瞬息万变的公共事务做出及时有效的反应，必然要赋予行政机关、行政官员一定限度的自由裁量权，政府采购也是如此，自由裁量权有其存在的客观基础。

1. 政府采购法的滞后性决定了采购人员必须享有一定的自由裁量权

我们知道，法律规范具有确定性、稳定性的特点，相对于不断发展的社会现实来说，法律总是滞后的。面对变化迅速的社会，因无法预见未来的发展变化，政府只能授权政府采购机关对不断出现的新问题根据具体情况做出决定。法律本身不可能尽善尽美，现有的法律法规根本不可能提供足够的依据，有效应对政府采购中无法预料的各种情况。只有赋予政府采购机关一定的自由裁量权，才能保证顺利完成政府采购任务。此外，政府采购还受采购人员个人的价值判断、个性、情感等因素的影响，即使完全相同的情况，不同的采购人员也会做出不同的判断。在做出决定的过程中，认定事实和适用法律的过程本身就包含着自由裁量的因素。

2. 政府采购的广泛性、复杂性决定了采购机关必须享有一定的自由裁量权

我国政府采购虽然起步比较晚，但发展很快，采购的范围包括货物、工程、服务三大类，从纸、笔到飞机、轮船，从道路建设到水利、防洪设施，涉及各个领域。不同领域的知识、技术、内容、法律法规等都不尽相同，这样在政府采购时，标书的编

制、合同条款的确定等都会不同。而且，随着经济技术水平的提高，政府采购中的专业性和技术性不断增强，但专业法律却少之又少，从而使越来越多的事务需要采购人员根据实际情况和自己的判断加以灵活处理。同时，全国各地区、各部门、各行业的情况不同、发展水平不同，各地的供应商情况也参差不齐。因此，政府采购无法遵循统一的、固定不变的规则和程序。为了顺利实施政府采购，必须赋予采购人员在采购过程中一定限度的自由裁量权。

3. 政府采购的特性决定了政府采购机关及其人员必须享有一定的自由裁量权

政府采购不同于一般行政行为，是一种商业行为。在市场交易中，政府采购主体和供应商是平等的，总会有一些预料不到的情况需要灵活处理，如有一个金额较大的政府采购项目，按规定必须采用公开招标的方式进行，但因时间紧迫，来不及采用公开招标，如果采购机关照章办事，只会贻误采购时机，所以采购人应该有权选择采用其他法律允许的采购方式，比如邀请招标、竞争性谈判等。值得一提的是，政府采购还担负着调节国民经济运行，支持企业发展，平衡地区差距，推动科学研究，保护环境，促进就业等使命，必须兼顾经济目标和社会目标。要推行政策目标，需要通过授予合同的自由裁量权来实现，比如，采购机关为了贯彻扶持中小企业的政策，就必须有权将合同授予同样符合条件的中小企业，尽管它们在很多方面不如大型企业。在政府采购过程中，公共利益具有至上性，政府采购机关必须享有基于公共利益的合同优先权，单方面变更、终止合同，这也属于政府采购机关的自由裁量权范围。

三、政府采购自由裁量权与新公共管理

20 世纪 80 年代以来，西方国家普遍面临着财政危机、管理危机和信任危机，为摆脱危机，掀起了一场针对官僚制度的行政改革运动，指导这场改革运动的理论就是新公共管理理论。通过这场改革，削减了政府职能，精简了政府机构，提高了政府工作效率，并且政府管理公共事务的方式由过去的强制性垄断管理转变为合同管理，实现了“管理行政”模式向“服务行政”模式的转变。为了削减政府职能，新公共管理以合同的方式将一些公共事务交给社会组织去管理，一些经济职能转移给那些专门从事相应经济活动的职能组织去办理，这实际上扩大了政府采购的范围，涉及国计民生的铁路、市政工程、电力、通信、机场、港口等公共基础设施项目也都被纳入政府采购。由此可知，政府采购是新公共管理的重要组成部分，作为化解管理危机的现实途径、走出信用危机的有效方法、摆脱财政危机的强力措施，在摆脱危机方面确实起到了重要作用，并在这个过程中，政府采购又实现了一个新的飞跃。简而言之，新公共管理为政府采购开拓了一个更广阔的天地，政府采购的公共政策功能得到了进一步加强，并更加严格地规范了政府采购的方式、程序以及政府采购的监督、审查程序，使得政府采购法日益完善，形成了独立的法律体系。

不可否认，信任危机对政府的打击最大，人们甚至怀疑政府的合法性。腐败问题、官僚主义、机构臃肿、效率低下等问题都让公众对政府产生不信任，但很大程度上政府的信用危机是由腐败造成的。政府腐败从政府权力本身来看就是由滥用自由裁量权所致，在公共管理过程中，公共资金使用的腐败占很大一部分，公共资金又多用于政府采购，因此问题最终归结到政府采购的自

由裁量权上。新公共管理是如何通过控制政府采购的自由裁量权来遏制腐败，推动政府走出信任危机的呢？主要有以下几点：

1. 严格界定行使界限，降低不合理使用自由裁量权的可能性

自由裁量权的存在是现代行政法治的必然结果，但是自由裁量权的合理存在并不意味着其一定能被合理地使用。在政府采购领域，因自由裁量权被滥用，破坏政府采购的形象，损害公共利益和供应商的合法权益，最终使得政府采购的目标落空者并不少见，腐败在一定范围内存在着。但如果自由裁量权受到严格的程序和客观标准的制约，腐败产生的可能性就会减小。政府采购法通过规定严格的商业标准和公正、公开的程序规则对政府采购过程中自由裁量权的行使划定界限，大大减少不合理行使自由裁量权的可能性。世界贸易组织的《政府采购协定》、英国的《采购政策指南》和《采购实施指南》、美国的《联邦采购条例》、中国的《中华人民共和国政府采购法》等都对政府采购过程中自由裁量权行使的界限进行了界定，从根源上减少了自由裁量权的滥用。

2. 坚持公开、透明原则，消除信息不对称，加强公众对自由裁量权的有效监督

从行政权运作方式上看，腐败与信息不对称有很大关系。公共管理中，政府对其所提供的公共产品和公共服务在质量、性能等方面享有充分的信息优势，而公众所拥有的信息和知识相当有限，处于明显的信息不对称状态。只要无法实现完全的信息传递，政府官员在管理过程中就有可能利用自己的信息优势，滥用自由裁量权进行"暗箱操作"和"幕后交易"，造成行政权行使的腐败。特别是由于公众了解的信息非常少，监督的成本变得非常高，"请公众监督"就成了一句空话。只有公众对公共权力执行的过程及其结果的监督成本为零并积极监督，才可以形成有效的监督。《政府采购法》遵循公开、透明原则，规定了政府采购人必须提前公开采购信息及其需求，建立定期发布政府采购信息公告、负责提供政府采购信息及向公众提供咨询意见的机构，把行政权放在公众的监督之下，使公共权力不仅在权力制约机制内得到监督，而且必须接受整个社会的普遍监督和普遍制约，从而大大减少了权力异化和谋取私利的机会。

3. 加强监督部门对自由裁量权的监督审查，消除“寻租”现象

寻租性腐败行为是比较常见的，实际上就是权钱交易。在公共管理过程中，“设租”是指政府官员利用权力对公共产品和公共服务进行全程控制，滥用自由裁量权，人为设计需求障碍，进而营造获得非生产性利润的环境与条件；“寻租”是指政府管理的相对人利用合法和非法手段获得某种特权，进而占有“租金”的行为。政府采购法规定的具体采购方式及其适应条件要求每一具体采购过程中政府采购人必须按商业标准依据特定的条件选择适当的采购方式，不能以自己的偏好来选择采购方式。采购方式的选择不是一种权力，反而转化为政府采购人应尽的义务，这种义务的不履行则可能成为监督部门行使监督权制约政府采购人的理由，这就大大降低了政府采购人人为设计障碍的可能，“寻租”也必然相应减少甚至消失。

根据上述分析我们可以看到，政府采购法非常有助于减少甚至消灭公共资金使用领域里的腐败，新公共管理正是通过不断完善政府采购法，以限制、监督、审查等各种手段成功控制了政府采购自由裁量权的行使，防止了不正当交易、暗箱操作、幕后交易、权力寻租等腐败行为。可以说，正是政府采购法对腐败的抑制作用，帮助政府走出了信用危机。

四、图书馆文献信息资源政府采购中的自由裁量权

早在我国1999年颁布《中华人民共和国财政部政府采购管理暂行办法》之前，就有图书馆涉足政府采购这一领域，后来尽管不乏反对者，但这种公平、公正、公开的阳光采购具有经费使用效益高，辅助加工配套服务完善等不可阻挡的强大优势，迅速在图书馆界掀起了一场变革，文献信息资源采购呈现出生机勃勃的发展态势。不过图书馆在实行文献信息资源政府采购之后一直在呼吁更多的自由裁量权，从表面上看，这的确和整个发展大环境背道而驰，各地控制和规范自由裁量权的法律、法规不断涌现，如2009年7月4日广州市政府出台了《广州市规范行政执法自由裁量权规定》，2009年12月9日江西省地方税务局颁布了《江西省地方税务系统税务行政处罚自由裁量权适用规则》，2009年11月12日湖南省人民政府发布了《湖南省规范行政裁量权办法》。在这种情况下，图书馆为何还要呼吁更多的自由裁量权？这是因为：

（1）文献信息资源是一种精神产品。文献信息资源虽为商品世界中的一分子，可是作为一种精神产品，有其自身的特殊性，与设备、原材料之类的货物不同。它既不能通过品牌来了解商品的性能，又不具有办公用品的长期单一性，它的采购是一种长期、连续，而又不重复的采购行为。一个具有特定功能的馆藏体系是图书馆根据自己的服务对象和任务，长期精心选择、搜集、筛选、整理并不断更新而成的。图书馆文献信息资源采购的目标是要提高读者满意度，完善馆藏体系，而在政府采购目录中，把文献信息资源纳入了货物类。假如完全按照货物类的商品来进行采购，一方面价格势必会成为决定图书馆采购的主导因

素，低价书、特价书就会成为图书馆采购的首选，这样势必会对图书馆的馆藏体系造成严重打击；另一方面由于政府采购合同的供货期是一年，必然会对文献信息资源建设的连续性和系统性产生一定的影响。

（2）文献信息资源政府采购的复杂性。图书馆文献信息资源类型多样，特点各异，从载体形式上可分为图书、报刊、特种文献资料、缩微资料、视听资料、光盘资料、数据库等。不仅每种类型文献信息资源出版发行的具体情况不一样，而且即使是同一类型，国内版和进口版的进货渠道也不相同，进口出版物无论是进口还是销售都受到国家的严格控制，这样每种类型的文献信息资源都要选择适合的政府采购方式。选择采购方式是一个非常复杂的问题，图书馆要根据本馆的需求、文献信息资源的类型和特点以及出版发行情况来选择每种类型文献信息资源的采购方式。文献信息资源政府采购的方式有公开招标、邀请招标、竞争性谈判、单一来源、询价、协议供货、备案制采购等多种，究竟选择何种方式，往往都是先由图书馆根据出版市场的情况进行选择，然后上报主管政府采购的上级机关审批，但上级机关往往不了解文献信息资源的特殊性以及文献信息资源采购的复杂性，把它直接归于如设备、原材料之类的非精神产品类型的货物，导致图书馆申请的行之有效的采购方式易遭到否决。

有鉴于此，下文将重点论述图书馆文献信息资源政府采购已拥有和还需要拥有的自由裁量权，以及保障自由裁量权合理使用的监控审查制度。

1. 图书馆文献信息资源政府采购已拥有的自由裁量权

（1）自主分配经公开招标确定的协议供应商的采购额度。

分配采购额度的自由裁量权是指通过公开招标确定协议供应商后，图书馆可以根据各供应商的实际服务情况自主分配采购额度的权力。比如通过公开招标确定了 A、B、C 三个供应商，图书馆有 100 万元的购书经费进行分配，给三个供应商各分配多少额度的经费完全由图书馆来决定，图书馆可以根据本馆馆藏建设的需要来考察供应商的行业优势、学科优势，然后从供货能力和服务质量等方面来决定采购额度，可以按 90 万，5 万，5 万元来分配。也可以按 50 万，30 万，20 万元来分配。究竟怎么分配，图书馆有很大的自由度，主管政府采购的上级机关一般不予干涉。这样一方面有利于满足图书馆馆藏建设的需要，另一方面也可以促进供应商之间的竞争，提高供货能力和服务质量。当然，每个供应商分配的采购额度要有理有据，不可随意确定，否则当图书馆被质疑：为什么中标的多家供应商分配的采购额度不一样，而且相差很远时，或者中标的供应商因分配的采购额度过少而向有关部门投诉时，图书馆如果无法给出合理解释，将被问责。广州图书馆制定了《供应商评分标准》，采购每一批图书后都要对供应商的供货渠道、到货情况、加工服务等进行评分，评分结果就作为分配采购额度的重要依据。图书馆需要通过一套客观、透明的供应商供货质量评估体系来合理使用分配采购额度的自由裁量权。只有真正拥有这一自由裁量权，才能保证协议供货的采购质量，在一定程度上保障图书馆馆藏建设的需要。

协议供货在图书馆政府采购文献信息资源方面的优势是非常明显的：它在提高规模采购效益的同时减少了烦琐、重复的采购程序，一次招标、多次采购，采购单位足不出户，通过网络就能完成大部分采购工作；对于供应商来说，避免了重复投标，大幅度降低了交易成本和管理成本。协议供货将政府采购的“效益”和“效率”有机结合起来。文献信息资源采购具有批次多、单批数量少、不重复、不同采购人侧重点不同等特点，不难看出，协议供货采购方式非常适用于文献信息资源，尤其是大额采购。

此外，对于货物类商品来说，采购周期过长和采购标准难以控制是协议供货制度的主要缺陷，商品价格瞬息万变，采购单位很可能因信息掌握的不及时，按原价采购了已降价的产品，IT 产品则会因升级更新换代频繁，当采购周期快结束时，按原标准购买的产品很可能已经“落伍”了。可对于文献信息资源来说，基本上不存在这些问题，折扣都是固定的，新出版的图书价格不会有太大变动，尤其那些科技类图书，因此，协议供货现在已成为图书馆政府采购文献信息资源最普遍使用的一种采购方式。但要发挥协议供货的优势，只能依靠合理使用分配采购额度的自由裁量权来实现，假如采购额度已经确定了，中标供应商会失去改进供货能力和服务质量的积极性，图书馆的采购质量必将大打折扣。图书馆只有合理使用分配采购额度的自由裁量权，根据满足本馆采购需要的情况来分配采购额度，才能保证采购质量，提高读者满意度，完善馆藏体系。

（2）预留部分经费进行不定供应商的自主采购。

每年各类文献信息资源出版数量众多，总量更是惊人，中标的几家供应商能满足图书馆大部分的采购需求，但不可能面面俱到。从采购的实际情况来看，总会出现一些特殊的、临时性、小批量的采购任务，中标供应商往往无法供货，比如不公开发行的政府机构出版物，企业内部出版物；发行量较少的专业文献、工具书、年鉴等，图书馆重点收藏的文献如馆藏特色文献、地方出版物、地方文献、工具书、年鉴、地方志、专题图书等以及古籍、家谱文献，此外还有中标供应商不能提供的读者荐购或急需的文献。这些小规模的采购假如仅从采购金额来看，有可能是微不足道的，但从满足读者需求，完善馆藏体系，实现文献信息资源采购的目标来看，却能起到意想不到的关键作用。因此，大多数图书馆都会根据年度下拨经费的额度，向主管政府采购的上级申请保留部分经费自主采购，这样图书馆就有了使用部分采购经费进行不定供应商的自主采购的自由裁量权。这一自由裁量权不仅能有效缓解招标采购灵活性不足的问题，而且能全力推进馆藏建设，尤其是特色馆藏建设，对消除图书馆实行政府采购与馆藏建设的不协调有深远的意义。合理使用部分经费进行不定供应商的自主采购的自由裁量权历来是图书馆采购工作中的重中之重，尽管它只占采购经费很小的比例，但能填补招标采购不能满足的采购需求，保障读者多层次、全方位、多变的信息需求。需要注意的是，使用部分经费进行不定供应商的自主采购的自由裁量权一定要严格执行备案制度，按规范程序开展，以备审查。

2. 图书馆文献信息资源政府采购尚需争取的自由裁量权

（1）在确定采购方式上需要一定限度的自由裁量权。

政府采购是一种复杂的多样化行为，这就决定了没有哪一种采购方式能适应所有的采购情况，只有根据具体情况采用最合适的方式才能使采购行为最有效、最经济。而选择文献信息资源的采购方式尤为复杂，图书馆要根据本馆的需要、文献信息资源的类型和特点以及出版发行情况来选择每种类型文献信息资源的采购方式。有时图书馆申请的行之有效的采购方式会遭到上级主管机关的否定，所以，图书馆需要拥有一定限度的自由裁量权，使其能够根据实际情况，直接确定合适的采购方式，从而避免出现如某些文献信息资源本不能用公开招标的方式进行采购，但不得不先使用公开招标，不成功后再使用单一来源等方式的情况出现，既浪费金钱和时间，也影响了图书馆的正常业务。

实行文献信息资源政府采购后，图书馆一直在探索适合于文献信息资源政府采购的指南和规范。我国图书馆事业由公共、高校、科研等几大系统组成，分别隶属于不同的行政部门。由于人事与财政体制不同，图书馆分属系统和地方管辖，这就造成了我国图书馆事业发展的不平衡，年购书经费上千万元的图书馆不在少数，但在欠发达地区，多年没买一本新书的图书馆也比比皆是。与之相应，图书馆文献信息资源政府采购的发展也极不平衡，高校图书馆、部分公共图书馆显然走在了前列。教育部高等学校图书情报工作指导委员会于 2006 年 10 月 19 日发布了《普通高等学校图书馆文献集中采购工作指南》，对高校图书馆政府采购的原则、方式及其组织、各采购方式的操作流程、各类型文献信息资源的适用采购形式进行了指导。《指南》按照图书、国内版期刊、进口期刊、文献数据库、其他非书资料五种类型对文献信息资源的采购方式进行了详细的规范，包括：①图书可以根据出版机构、学科、图书出版地区来进行选择性招标；②国内版期刊，邮发期刊年度订购宜采用单一来源谈判方式采购，非邮发期刊采购宜采用采购备案制；③文献数据库，从唯一供应商处采购的文献数据库，采用单一来源谈判方式，内容相同或相近的文献数据库有多家来源时，采用招标或竞争性谈判方式采购。本书第三章对各种类型文献信息资源在何种情况下使用何种采购方式进行了详细介绍，可以作为图书馆文献信息资源政府采购时选择采购方式的指导。因此可以说，目前图书馆文献信息资源政府采购研究已经取得了一些实践和理论成果，可以为图书馆选择文献信息资源采购方式提供参考，同时也可以为主管图书馆政府采购的上级部门审查提供依据。换言之，图书馆界具备了行使文献信息资源政府采购方式选择自由裁量权的能力和条件。

（2）在确定协议供应商方面需要一定限度的自由裁量权。

随着政府采购的发展，图书馆对供应商专业化的服务能力要求越来越高，要求供应商熟悉图书馆的馆藏要求、采购流程、编目数据格式、自动化系统、加工要求等。这样在实际操作中，新中标的供应商大都需要一个磨合期。但政府采购合同对合同的时间跨度做出的限制一般不超过一年，也就是说图书馆和供应商双方过了磨合期之后，很可能没过多久，合同就终止了，没有哪一家供应商能保证次次中标，结果图书馆需要不停地适应新的供应商，适应新的采购渠道和模式，一旦发生脱节，就会严重影响文献信息资源建设的连续性。因此，图书馆在确定协议供应商方面需要拥有一定限度的自由裁量权，延长那些表现好、合作愉快的供应商的供货期。例如可在经公开招标确定供应商后，根据图书馆的考核指标给供应商打分，评出优秀、合格、不合格三个级次，达到优秀等级的就继续保持其供货资格，需要注意的是一定要保证考核的客观公正，不掺杂人为因素，保证优秀等级的供应商在业界能得到大家的一致好评。这样既能减少不必要的磨合，保障图书馆文献信息资源建设的连续性，又能促进供应商提高服务能力。

（3）在确定招标时间方面需要一定限度的自由裁量权。

文献信息资源采购的连续性是很强的，但有关政府部门并不是很了解这一点，只用财政年度来确定图书馆的招标时间。这样，公共图书馆只有在人大审核采购经费后才能进行公开招标，而高校图书馆则是由教育采购管理办公室组织招标，从上报招标计划到签订合同需要几个月甚至长达半年的时间，招标时间推到了五、六月份，或者更迟，每年的采购时间大大缩短，而“零余额制度”导致每年年底都会有一些突击采购行为，严重影响了采购质量。这对拥有充裕购书经费的大馆来说，问题相当严重，每年上千万的购书经费不能及时进行采购。如果图书馆在确定采购时间方面拥有一定的自由裁量权，不受批复经费时间的影响，将图书等年度经费投入变化不大，但采购工作量大、采购分散的项目招标时间定在每年年初或者上一个财政年度末，这对图书馆保障文献信息资源采购的连续性是非常有利的。提前招标可以使图书馆有条不紊地安排本馆本年度的文献信息资源采购计划。至于招标时经费的数量不完全确定，可以在标书上进行解释，取得所有应标人的同意。目前广州图书馆通过与有关政府部门沟通协商，打破了经费下达再招标的惯例，已经对图书、视听资料采购项目实施提前招标。

3. 建立严格的监控审查制度，保障文献信息资源政府采购中自由裁量权的合理使用

有了自由裁量权，既可以简化采购流程，提高采购效率，又可以通过合适的采购方式，保障采购质量。但如果自由裁量权不能得到合理的利用，或者被滥用，采购来的文献信息资源就不能起到完善馆藏体系，提高读者满意率的作用，反而可能成为滋生腐败的温床。因此必须加强监控审查，并对滥用自由裁量权的行为进行严惩。

（1）在政府采购监管机关内部建立裁量基准规则。

自由裁量权的一个显著特征就是灵活性，因此监管起来很不容易，但一般政府采购监管机关都有丰富的监管实践经验，并有可能进一步“提炼”出更有实际可操作性、更细致深入、更明确的裁量标准。经过层层细化和明确，裁量标准有可能涵盖政府采购监管实践中的大多数事实情形和法律后果，进而对政府采购监管执法中的监管裁量行为进行实质性层级控制、避免监管决定考虑不相关因素、不考虑相关因素、将相同情形不同对待、不同的情形相同对待等问题，确保政府采购监管裁量行为的统一性和平等性，同时为对政府采购监管裁量行为的复议和司法审查提供参照并进行自我约束。另外一种可行的做法是，政府采购监管机关在实践中发现制作并公布一些政府采购监管裁量行为的典型案例，以指导和规范监管裁量行为，这对于监管图书馆文献信息资源政府采购的自由裁量权来说，是一个行之有效的办法。

（2）建立和完善合同备案制度。

本书第二章在介绍文献信息资源政府采购方式时谈到了备案制。作为政府采购项目的历史记录，合同备案便于监管部门对采购主体、采购方式、采购程序、采购结果等的有效性、合法性进行审查，能为供应商提供一个保护自身权益的法律救济平台，对于加大执行政府采购集中支付力度提供审核依据。严格执行备案制度，全面审查合同，可以及早发现违法、违规行为，避免对国家利益或社会公共利益造成影响或损失，因此备案不是可有可无，更不能收下合同副本就存档了事。采购人或采购代理机构不能自行其是，想送就送，认为不重要的就不送。

在政府采购背景下，图书馆文献信息资源采购拥有一定限度的自由裁量权，是“以人为本”的精神、“读者第一，服务至上”的理念在图书馆文献信息资源采购中的体现，而从图书馆文献信息资源的采购变革中，我们也可以深切感受到这一点。以华南师范大学图书馆为例，从2006年开始试行原版外文图书现采，不过参与的主体是读者。供应商到图书馆举办书展是主要的现采方式，华南师大图书馆在招标文件中就列出中标书商每年必须要在该馆至少举办一次书展的要求。只要读者推荐的图书是非馆藏书，绝大部分都予以采购。该馆2006年的馆藏发展政策中原版外文小说还不在采选的范围之内，但在书展上，发现广大师生对原版外文小说的需求非常强烈，特别是经典小说和畅销小说，于是修订了有关馆藏发展政策，规定今后要采选一定数量的原版外文小说。由此不难看出，读者需求是图书馆采购文献信息资源的导向，图书馆总是想方设法地与读者交流，了解其需求，让读者来主导图书馆信息资源建设。因此我们在政府采购的背景下，必须争取一定限度的自由裁量权，有了自由裁量权，我们才能保障文献信息资源采购的连续性和稳定性，保障图书馆的馆藏建设质量，保障读者需求能得到更好的满足。当然，不管是已经取得的，还是要继续向政府争取的自由裁量权，都应该经过严格的审核并获得批准后才能执行，事后还要进行严格审查。图书馆不仅要关注如何获得合理的自由裁量权，同时还要考虑如何监控自由裁量权的使用，因为离开了严格监控，很可能为滥用职权提供可乘之机，只有当自由裁量权在图书馆文献信息资源政府采购中发挥了积极作用，并且没有被采购人员滥用，争取来的自由裁量权才有意义，才能成为图书馆推进馆藏建设，完善馆藏体系，更好地满足读者需求的重要手段。

总之，图书馆在政府采购的背景下，争取一定限度的采购自由裁量权，其最终目的是图书馆能采购到更多读者需要的文献信息资源，提高读者满意度。简言之，只要是能令文献信息资源采访工作健康持续地发展、提高读者满意度的采购自由裁量权我们都应该坚持，都要争取，反之就应该毫不犹豫地摒弃。惟其如此，图书馆的文献信息资源政府采购才能在变革中乘风破浪，不断前进。

第六章　案例：广州图书馆文献信息资源政府采购

广州图书馆在全国图书馆界和广州市财政核拨单位中较早实行文献信息资源政府采购。该工作从 2003 年开始启动，经过几年的探索、实践，先后采用争取先期下拨部分经费、经费正式下达前提前招标、调整供应商数量、不断扩大公开招标范围、延长数据库服务期等措施，使该馆文献信息资源政府采购工作逐步步入既符合政府采购法定程序，又适应图书馆文献信息资源建设自身要求的良性发展时期，使政府采购大政策与图书馆行业实际能够较好地结合起来。这一采购方式的成功实践，增加了图书采购过程的透明度，购书经费使用效益总体提高了 17%，并获得供应商配送标准书目数据和辅助加工等增值服务，使图书馆能把更多的资源投入到读者服务和核心业务中去。在广州市财政局对 2008 年广州市财政支出项目绩效评价工作中，广州图书馆文献购置、加工附加费支出项目获评优秀项目。

一、广州图书馆文献信息资源政府采购工作的回顾

1. 发展历程

广州图书馆文献信息资源政府采购工作从 2003 年开始启动，至今已进入第七个年头，经历了三个阶段：

第一阶段，2003 年，文献信息资源采购方式从传统的自主采购向政府采购过渡阶段。

2003年，广州市首次将文献信息资源采购纳入政府采购目录，由此拉开了广州图书馆文献信息资源政府采购工作的序幕。该馆一方面积极响应、执行文献信息资源政府采购政策，努力寻求适合文献信息资源采购特点的、可行的政府采购方式，另一方面认真处理好新的采购方式与传统采购方式的衔接问题。当年的采购经费为800万元，但因为相关文件在4月才下达到馆，此前图书采购工作已经如常开展，采购经费也已经使用了一定数额，所以最后根据实际情况，确定以部分年度文献购置经费即300万元作为当年政府采购的额度（实际采购额度为374万元），涉及的项目有中文图书、进口报刊、电子图书、中文报刊等。

（1）积极与财政、行政主管部门沟通。收到上级部门关于图书资料纳入政府采购目录的通知，广州图书馆立即着手进行了大量的前期调研和资料准备工作，并积极与财政、行政主管部门联系、沟通、交流情况，先后拟报《广州图书馆对图书资料实施政府采购工作的建议》、《广州图书馆对图书资料实施政府采购工作的情况调研及要求》、《关于确认广州图书馆订购图书资料办理政府采购有关手续的函》等多份文件，让有关主管部门了解图书馆文献信息资源的采购特点，为具体开展政府采购工作时解决相关问题铺路。2003年8月，市财政局在该馆建议的基础上启动了第一个全市图书资料集中采购协议供货招标项目（GPC－〔2003〕189），后因全市各单位要求不能统一，较多单位反对，全市集中招标没有实行。

（2）认真组织实施。鉴于全市集中采购未能成功开展，为完成当年的政府采购任务，经市财政局批准，广州图书馆进行了单独采购，实施了该馆首个图书现货询价采购项目（GPC－〔2003〕192）、单个中文图书供应商公开招标项目（GPC－〔2003〕240）、电子图书询价采购项目（GPC－〔2003〕254）、国内版中文报纸与进口图书报刊等单一来源采购项目（穗财采〔2003〕1761 及穗财采〔2003〕2485）。其中，采用确定订购书目（附图书采购清单）的方式开展中文图书询价采购（GPC –〔2003〕192），项目虽成功询价，但因供应商不能按合同要求交货时间保证到货，造成合同执行困难。因此在该馆后来的中文图书采购中基本不采用此方式，而采用协议供货，即通过招标确定供应商，在合同有效期内，采购人可随时、多次向中标供应商购买。

第二阶段，2004—2005 年，文献信息资源政府采购工作全面铺开阶段。

这一时期广州图书馆文献信息资源政府采购工作正式全面展开，2004、2005 年度的图书采购经费均为 1 000 万元，采购经费与采购项目全部纳入政府采购，各类型文献的采购方式渐趋稳定。

（1）首次实施多供应商政府采购协议供货公开招标。广州市图书资料项目第一个多供应商政府采购协议供货的招标工作于 2004 年 6 月正式上网招标，并于 2004 年 7 月份成功开标评标，六家供应商中标，涵盖了国家级、省级国有企业，民营企业，打破了只招一家供应商不利于图书馆藏建设的局面，通过供应商之间的竞争促进其服务水平的提高，为保障图书采购质量奠定了基础。此次招标是广州市乃至全国图书资料政府采购工作的示范标的，对公共图书馆的图书资料政府采购工作具有重要的参考借鉴作用。

（2）各类型文献的采购方式渐趋稳定。结合当时的市场条件，经过近几年的探索，广州图书馆各类型文献采用的政府采购方式基本稳定下来，中文图书、进口原版图书、国内音像资料与软件等项目采用公开招标方式采购，中文报刊、进口原版报刊、进口音像资料、数据库等项目因市场发育条件不成熟或供货渠道具有唯一性而不具备公开招标的条件，故采用单一来源的方式采购。

（3）兼顾图书馆文献信息资源需求特殊性的初步尝试。由于公共图书馆是面向公众开放的，读者需求的广泛性要求图书馆必须提供品种丰富的图书资料以服务读者。但有一些品种如学术资料、专业图书等，发行及市场需求量少，中标供应商未必能提供。再如广州图书馆的一些重点专题文献如艺术设计类文献，因需要收集的品种较为齐全，中标供应商也不一定能满足。还有一定时期内可能出现的较为集中的读者需求所要求的资源保障等。所以必须以其他供货渠道作为公开招标项目的补充，以保证图书资料品种的丰富与完整。通过与主管部门的进一步沟通，同意广州图书馆保留一定比例经费额度以未确定供应商的特殊单一来源方式进行零散采购，零散采购的经费占总采购经费的比例 2004 年为 10%，2005 年则进一步下降到 4%。这种采购方式较好地兼顾了图书馆文献信息需求的特殊性，因此一直沿用至今。

第三阶段，2006 年以来，文献信息资源政府采购工作逐步完善阶段。

文献信息资源购置除继续实施政府采购外，通过几年的政府采购实践，针对存在的采购时间滞后、价格因素影响过大等主要问题，广州图书馆在如何改进、完善文献信息资源政府采购工作方面进行了一系列大胆的尝试与探索，先后采用了先期下拨部分经费、提前招标等措施以进一步完善政府采购工作，使文献信息资源政府采购工作步入了既符合政府采购有关规定，又逐步适应图书馆文献信息资源建设要求的良性发展时期。

（1）提前使用部分购书经费。2006 年广州图书馆在整体文献购置经费 1 000 万元正式下达前，向市财政局申请先行下拨了 200 万元购书经费，使中文图书等使用经费多且需要连续购买的项目可以先行招标，对缓解上半年不能买书的困境起到了一定的作用。

（2）提前招标。2007 年广州图书馆进一步尝试在文献购置经费正式下达前提前进行公开招标工作，经与市财政局沟通，在经费正式下达前，成功实施了中文图书、进口图书、国内音像资料及软件、进口音像资料及软件四个公开招标项目的提前招标，打破了以往等经费下达后才招标的惯例，招标时间比往年提早了 1 个月，为采购工作争取了时间，有效保证了重要图书品种入藏及新书服务的不间断。提前招标的做法从 2007 年起一直实施至今，今后该馆还将考虑将招标工作进一步提前，如在上一年年底招标，使采购工作得以不间断进行。

（3）调整数字资源合同周期。广州图书馆还尝试采用调整数字资源合同周期的办法，经市财政局同意，该馆在 2007 年签订的采购合同中，把数字资源的合同期从原来的 1 年延长至 1 年零 5 个月，即 2007 年 1 月至 2008 年 5 月，相应地，从 2008 年起，每年的合同周期从以往的按自然年调整为当年 6 月至次年 5 月。这一调整，彻底解决了长期困扰该馆的每年 1 ~5 月经费下达前数字资源不能及时更新的问题。

（4）调整价格评分比重。2007 年起，广州图书馆在公开招标中，把价格比重由原来的 40% 降低至 35%，把 5% 加到技术评分上，使技术评分比重达到 45%。加大技术评分的比重，更好地保障了文献采购对品种、到货等技术上的要求，体现了图书馆对文献质量与价格之间辩证关系的正确认识与理智把握。

（5）根据实际情况调整采购方式。2008 年，鉴于当年进口原版报刊市场条件已经成熟，广州图书馆改变对进口原版报刊采用单一来源采购方式的一贯做法，主动对进口报刊项目实行公开招标。

（6）2008 年，广州图书馆在对有关图书馆的数字资源建设与服务情况进行调研的基础上，根据以服务为导向、以绩效为标准的原则立场和基本要求，与有关数字资源供应商逐一进行了交流，就可能的服务方式进行了充分沟通，以最大限度实现图书馆的利益。经过持续努力，达到了预期目标，2008 年该馆读者使用量最大的主要外购数字资源实现了开放外网服务，为该馆开展数字资源原文服务奠定了基础，2009 年该馆数字资源下载、浏览量达 116 万篇册次，较上年同比增长一倍。

2. 开展情况

（1）机构设置。

为了适应文献信息资源政府采购工作的要求，加强采购工作的统一管理，2003 年，广州图书馆改变了原来中外文报刊、电子资源等采购项目分散采购的采购工作机制，把各种文献信息资源的采购项目全部集中到采购部，以便统筹经费管理、集中办理有关政府采购事务。

（2）规章制度建设。

为了规范文献信息资源政府采购工作，广州图书馆先后制定了《广州图书馆文献信息资源采选条例》、《文献信息资源指导委员会章程》、《文献信息资源政府采购工作管理办法》、《馆藏文献资产管理办法》、《馆藏文献账目管理细则》等规章制度，为政府采购工作提供制度保障。2005 年起，该馆还与各文献信息资源中标供应商签订《廉政协议》，明确双方必须依法办事，供应商不得向图书馆及采购人员提供各种形式的回扣，不得邀请其参加与采购业务无关的各种活动或报销费用。

（3）具体实施情况。

广州图书馆结合各种文献信息资源的特点，采用了与其相适应的政府采购方式，形成了以公开招标为主，其他政府采购方式为补充的文献信息资源政府采购模式。2003—2009 年的具体实施情况如下表。

2003—2009 年广州图书馆文献信息资源政府采购实施情况表

年份	采购方式	项目	项目额度（万元）	经费额度（万元）	占年度经费比例
2003 年	公开招标（4 个项目）	国内版中文图书	101.4	172.9	21.61%
		国内中文期刊	55.2		
		音像资料	12		
		软件	4.3		
	单一来源（3 个项目）	进口原版图书	30	164.9	20.61%
		进口原版报刊	113.9		
		国内中文报纸	21		
	询价（2 个项目）	国内版中文图书	6	36	4.5%
		电子图书	30		
	合计		373.8		46.72%
2004 年	公开招标	国内版中文图书	400	400	40%
	单一来源（8 个项目）	国内版中文报刊	90	520	52%
		国内版盲文图书	5		
		进口原版图书	140		
		进口原版报刊	130		
		进口原版音像资料	25		
		未确定供应商的图书资料	100		
		国内版音像资料	20		
		计算机软件	10		
	询价（1 个项目）	数据库（含电子图书）	80	80	8%
	合计		1 000		100%

（续上表）

年份	采购方式	项目	项目额度（万元）	经费额度（万元）	占年度经费比例
2005 年	公开招标（3 个项目）	国内版中文图书	460	613	61.30%
		进口原版图书	120		
		国内版音像资料	33		
	单一来源（7 个项目）	国内版中文报刊	90	387	38.70%
		进口原版音像资料	12		
		进口原版报刊	115		
		数据库（含电子图书）	84.5		
		进口原版图书	40		
		国内版中文图书	40		
		计算机通用软件	5.5		
	合计		1 000		100%
2006 年	公开招标（4 个项目）	国内版中文图书	474.8	639.8	63.98%
		进口原版图书	125		
		国内版音像资料	35		
		计算机通用软件	5		
	单一来源（6 个项目）	进口原版音像资料	10	360.2	36.02%
		国内版中文报刊	100		
		进口原版报刊	135		
		数据库（含电子图书）	95.2		
		进口原版图书	5		
		国内版中文图书	15		
	合计		1 000		100%

（续上表）

<table>
<tr><th>年份</th><th>采购方式</th><th>项目</th><th>项目额度（万元）</th><th>经费额度（万元）</th><th>占年度经费比例</th></tr>
<tr><td rowspan="10">2007 年</td><td rowspan="3">公开招标（3 个项目）</td><td>国内版中文图书</td><td>440</td><td rowspan="3">587</td><td rowspan="3">60. 14%</td></tr>
<tr><td>进口原版图书</td><td>100</td></tr>
<tr><td>国内版音像资料（含软件）</td><td>47</td></tr>
<tr><td rowspan="5">单一来源（5 个项目）</td><td>进口原版音像资料（含软件）</td><td>8</td><td rowspan="5">389</td><td rowspan="5">39. 86%</td></tr>
<tr><td>国内版中文报刊</td><td>95</td></tr>
<tr><td>进口原版报刊</td><td>156. 2</td></tr>
<tr><td>数据库（含电子图书）</td><td>104. 8</td></tr>
<tr><td>未确定供应商的图书资料</td><td>25</td></tr>
<tr><td colspan="2">合计</td><td>976</td><td></td><td>100%</td></tr>
<tr><td rowspan="4">2008 年</td><td rowspan="4">公开招标（4 个项目）</td><td>国内版中文图书</td><td>440</td><td rowspan="4">719</td><td rowspan="4">70. 49%</td></tr>
<tr><td>进口原版图书</td><td>102</td></tr>
<tr><td>进口原版报刊</td><td>135</td></tr>
<tr><td>国内版音像资料（含软件）</td><td>42</td></tr>
</table>

（续上表）

年份	采购方式	项目	项目额度（万元）	经费额度（万元）	占年度经费比例
2008 年	单一来源（5 个项目）	进口原版音像资料（含软件）	8	301	29.51%
		国内版中文报刊	100		
		数据库（含电子图书）	93		
		古籍	70		
		未确定供应商的图书资料	30		
	合计		1 020		100%
2009 年	公开招标（4 个项目）	国内版中文图书	440	747	69.49%
		进口原版图书	112		
		进口原版报刊	150		
		国内版音像资料（含软件）	45		
	单一来源（4 个项目）	进口原版音像资料（含软件）	10	328	30.51%
		国内版中文报刊	108		
		数据库（含电子图书）	177.84		
		未确定供应商的图书资料	32.16		
	合计		1 075		100%

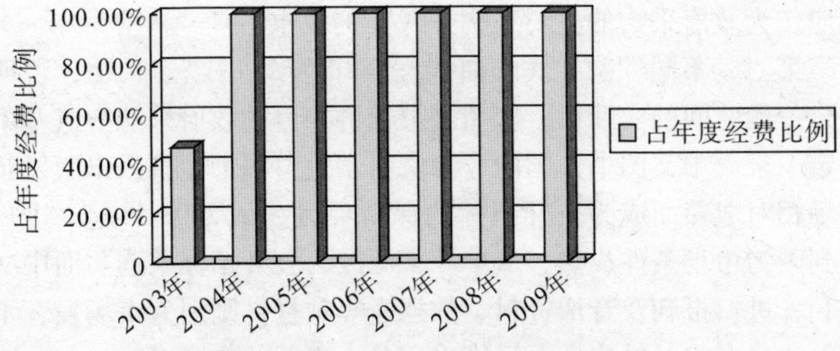

图 1 2003—2009 年政府采购经费占年度经费比例

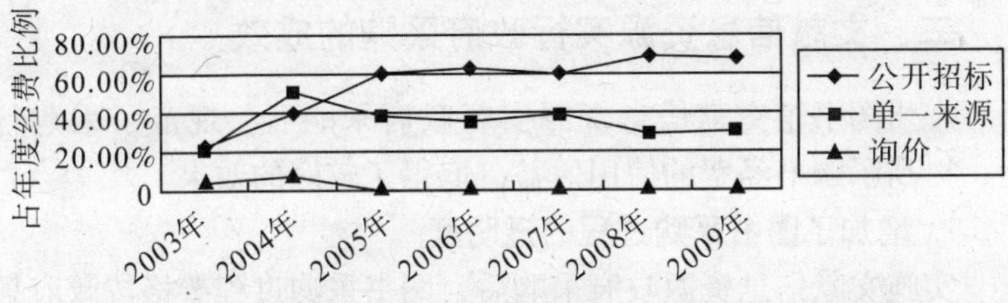

图 2 2003—2009 年各采购方式经费占年度经费比例折线图

从图 1、2 可以看出，广州图书馆在实施文献信息资源政府采购过程中有如下特点：

第一，除过渡时期 2003 年外，2004 年以来广州图书馆文献购置费的使用全部采用政府采购方式进行。

第二，广州图书馆文献信息资源政府采购的方式主要有公开招标和单一来源方式，其中公开招标方式占主导地位，经费比例呈不断上升趋势，占年度总购书经费的比例从 2004 年的 40% 上扬至近年的 70%；反之，单一来源的经费比例不断下降，占年度总购书经费的比例从 2004 年的 52% 下降至近年的约 30%。这种发展趋势符合《中华人民共和国政府采购法》关于“公开招标应作为政府采购的主要采购方式”的要求。

第三，不同采购方式的曲线在2005年以后趋于平缓，说明经过一段时间的实践后，广州图书馆各项目的政府采购方式基本稳定下来。中文图书、国内音像资料、进口图书项目因出版发行市场相对成熟而成为公开招标的保留项目。从2008年起，进口报刊因为市场条件成熟，从单一来源改为公开招标采购。而中文报刊、进口报刊及音像资料、数据库等项目，则因为市场发育不成熟或只有唯一供应商而只能采用单一来源的方式采购。

二、文献信息资源实行政府采购的成效

广州图书馆文献信息资源实行政府采购后，规范了采购行为，提高了购书经费的使用效益，取得了较好的效果。

1. 增加了图书采购过程的透明度

实施文献信息资源政府采购后，图书采购过程严格按政府采购的有关规定程序去操作，遵循“公开、公平、公正”的原则，招标的要求、程序和招标结果公开、透明，并接受社会各方面的监督，杜绝了采用自行采购方式有可能出现的不正当交易行为。

2. 提高购书经费的使用效益

文献信息资源实施政府采购后，投标人为了中标，在经过成本核算后会做出一定的折让，使同样的购书经费能购买到更多的资源，节省了财政经费，提高了购书经费的使用效益。2004—2009年，广州图书馆5 000万元的文献购置经费实际购买了约6 000万元码洋的文献信息资源，通过政府采购，经费使用效益提高了17%。

3. 获得购书增值服务

在政府采购中，图书馆向供应商提出一定的合理的售后服务要求，如由供应商附送标准的书目数据以及图书辅助加工服务，使得图书加工工作社会化，这在一定程度上减轻了图书馆在图书加工方面的工作负担，节省了投入，使图书馆能把更多的资源投入到核心业务中去。2006 年，广州图书馆利用供应商的辅助加工配送服务，对图书的编目加工流程进行了全面调整，工作效率提高近 3 倍，加快了图书加工速度，解决了长期以来的图书积压问题。

附录 1：广州图书馆 2010 年度公开招标国内版中文图书采购需求

一、投标人资格要求

参加本项目投标的投标人除应具备《政府采购法》第二十二条供应商资格条件外，还必须符合下列要求：

（1）中华人民共和国境内注册的独立法人；

（2）投标人的注册资金必须为 500 万元或以上；

（3）投标人必须具备有关部门颁发的《出版物经营许可证》；

（4）投标人拥有 2 000 平方米以上的固定经营场所。

二、招标范围

确定 2010 年国内版中文图书协议供货商 8 家。

三、招标要求

（一）对投标单位的要求

（1）供应商中标资格一旦确定，其有效期从签订合同之日起至2010年12月15日止。供应商资格的取得并不意味货物的售出，采购人无法预计也无法保证向各中标供应商确定采购数量。

（2）2010年广州图书馆国内版中文图书协议供货商确定为8家。

（二）对供应商供货的要求

（1）本项目的采购方式为分批采购，采购范围为2009年以来国内出版的中文图书及少量以往各年出版的图书，其中，社科类约占60%，科技类约占40%；可提供选择的当年新书品种不少于5万种。

（2）中标人需提供广州本地看样现购服务，如非广州现采，产生的一切费用由中标人承担。中标人应尽可能提供全国所有出版社新出版的图书样本，其中：广东省的出版物要求达到100%；各省、市级年鉴，地方志样本应尽可能齐全，并保证协议期内连续提供；中央级出版社及各地权威出版社出版的样本需收集齐全。

（3）中标人需提供连续的新书订购服务，包括：根据采购人的需求，搜集、提供采购人指定类别的图书目录，协助采购人对重点类别图书进行重点收集；提供《社科新书目》、《科技新书目》、《上海新书目》、《地方版新书目》等国内主要书目供采购人订购，本项目服务协议供货期内到货率应在80%以上；提供采购人指定图书的订购服务。

（4）中标人应保证所供应图书的质量，包括图书装订与印刷质量；保证所供应图书的内容、版本及进货来源合法，并承担相应的法律责任。

（5）对于协议供货期内不能到货的订单，中标人应知会采购人，采购人有权取消订单。

（三）包装、交货及其他服务要求

1. 配送及送货

（1）对采购人初选的图书，中标人应在3个工作日内将该批图书的采购数据发送给采购人。

（2）一般情况下，现购图书在订单确定后的15日内，中标人应完成图书配送及盖馆藏章、贴条码、装磁针、贴还书日期纸等辅助加工工作，并送货到馆。逾期10个工作日不能到书的，采购人有权取消订单。

（3）中标人应在送货前与采购人协商确定具体的送货时间、批数，并提供免费送货与卸货服务。

（4）因中标人配送错误引致的损失由中标人自负。

2. 包装

（1）到馆图书应按批次有序排列。每1批约为25包，每批书附一式两份的汇总单（包括该批书的批号、种数、册数、总金额等项目）；每包图书尺寸约为45cm（长）×35cm（宽）×25cm（高），每包书附一式两份的打印销售清单及电子清单（包括该包书的序号、图书题名、册数、单价、总价等项目）。

（2）每批（包）图书的品种、册数、金额等必须与对应的清单相符。如果在验收过程中，同一批次图书出现3%的图书品种与相应清单不符，采购人有权退回该批次全部图书，要求中标人重新核对，直至该批图书与清单相符。同一中标人累计出现5次上述出错现象，致使采购人合同目的不能实现的，采购人有权与该中标人解除合同。

（3）同次采购的同种图书必须置于同一个包内到馆。

3. 验收：中标人应与采购人共同验收

（1）质量问题的处理。出现如下情况，中标人必须在 3 个工作日内免费更换：图书装订或印刷质量有问题，如缺页、倒装、模糊不清、折页、开线、开胶等；图书种册数与对应清单不符；图书出现污损情况；图书的随书附件如随书光盘等不齐全。

（2）退货。图书到馆后，因各种原因不适合图书馆收藏的，中标人应无条件退换，但退货比例不超过货物总金额的 8%；采购人采购图书一般情况下不重复，如果到馆图书出现非采购人计划购置的复本，中标人应全部无条件退货。

4. 售后服务

（1）中标人需免费提供与采购人采购图书配套的符合《中国机读目录格式》标准的中文图书编目数据，并派专人上门把数据免费套录到采购人计算机管理系统。

（2）中标人需按采购人要求免费提供图书及随书附件的加工服务及材料，包括盖馆藏章、打印和粘贴财产条形码、装进口可充消磁防盗磁条、贴书标（含保护膜）、贴还书日期纸、随书光盘加工及包装等。

（3）中标人的图书辅助加工及上门套录数据人员应相对稳定，以保证加工质量。

四、付款方式

（1）图书到货后，图书馆采购人员与供应商按有关程序验收无误，办妥差、错、退换手续后，以图书馆采购人员最后验收的金额乘以供应商投标时承诺的折扣率进行结算。

（2）结算价 = 图书标价 × 中标人投标时承诺的折扣率。

（3）结算方式：按市财政局有关文件要求60个工作日内一次性结算。

（4）供应商必须提供国家税务部门监制的正式发票。

附录2：广州图书馆2010年度公开招标进口原版图书采购需求

一、投标人资格要求

参加本项目投标的投标人除应具备《政府采购法》第二十二条供应商资格条件外，还必须符合下列要求：

（1）中华人民共和国境内注册的法人；

（2）投标人的注册资金必须为100万元或以上；

（3）具有《出版物进口经营许可证》；

（4）投标人拥有2 000平方米以上的固定经营场所。

二、招标范围

确定2010年进口原版图书协议供货商3家。

三、招标要求

（一）对投标单位的要求

（1）供应商中标资格一旦确定，其有效期从签订合同之日起至2010年12月15日止。

（2）中标资格的取得并不意味货物的售出，采购人无法预计也无法保证向各中标供应商确定采购数量。

（二）对供应商供货的要求

（1）本项目的采购方式为分批采购，采购范围为2009年以来出版的进口原版图书及少量以往各年出版的图书，其中，社科类约占70%，科技类约占30%。

（2）中标人须提供广州本地看样现购服务，如非广州现采，产生的一切费用由中标人承担。

（3）中标人须提供连续的新书订购服务，包括：根据采购人需求，搜集、提供采购人指定类别的图书目录，协助采购人对重点类别图书进行重点收集；提供进口原版图书书目供采购人订购，本项服务协议供货期内到货率应在70%以上；提供采购人指定图书的订购服务。

（4）中标人应保证所供应图书的质量，包括图书装订与印刷质量；保证所供应图书的内容、版本及进货来源合法，并承担相应的法律责任。

（5）对于协议供货期内不能到货的订单，中标人应知会采购人，采购人有权取消订单。

（三）包装、交货及其他服务要求

1. 配送及送货

（1）对采购人初选的图书，中标人应在5个工作日内将该批图书的采访数据发送给采购人。

（2）一般情况下，现购图书在订单确定后的20日内，中标人应完成图书配送工作，并送货到馆。逾期10个工作日不能到书的，采购人有权取消订单。

（3）中标人应在送货前与采购人协商确定具体的送货时间、批数，并提供免费送货与卸货服务。

（4）因中标人配送错误引致的损失由中标人自负。

2. 包装

（1）到馆图书应按批次有序排列。每批图书附一式两份的汇总单（包括该批书的批号、种数、册数、总金额等项目）；每包图书附一式两份的打印销售清单及电子清单（包括该包书的序号、图书题名、册数、单价、总价等项目）；每册图书附一张配送单，配送单包括该书的国际标准书号（十三位或十位）、题名、原币价、汇率（港台书除外）、加乘系数、税率及人民币码洋等项目，并加盖中标人销售章。

（2）每包及每批图书的品种、册数、金额等必须与对应的清单相符。如果在验收过程中，同一批次图书出现3%的图书品种与相应清单不符，采购人有权退回该批次全部图书，要求中标人重新核对，直至该批图书与清单相符。同一中标人累计出现5次上述出错现象，致使采购人合同目的不能实现的，采购人有权与该中标人解除合同。

（3）同次采购的同种图书必须置于同一个包内到馆。

3. 验收：中标人应与采购人共同验收

（1）质量问题的处理。出现如下情况，中标人必须在3个工作日内免费更换：图书装订或印刷质量有问题，如缺页、倒装、模糊不清、折页、开线、开胶等；图书种册数与对应清单不符；图书出现污损情况；图书的随书附件如随书光盘等不齐全。

（2）退货。图书到馆后，因各种原因不适合图书馆收藏的，中标人应无条件退换，但退货比例不超过货物总金额的8%；采购人采购图书一般情况下不重复，如果到馆图书出现非采购人计划购置的复本，中标人应全部无条件退货。

4. 售后服务

（1）中标人需免费提供与采购人采购图书配套的符合采购人要求的进口原版图书编目数据，并派专人上门把数据免费套录到采购人计算机管理系统。

（2）中标人需按采购人要求免费提供图书及随书附件的加工服务及材料，包括盖馆藏章、打印和黏贴财产条形码、装进口可充消磁防盗磁条、贴书标（含保护膜）、贴还书日期纸、贴配送单、随书光盘加工及包装等。

（3）中标人的图书辅助加工及上门套录数据人员应相对稳定，以保证加工质量。

四、付款方式

（1）采购人完成验收工作，并经双方确认无误后在60个工作日内与中标人结算。

（2）外文图书的结算价≤图书原币价×到货日外币汇率×价格加乘系数×税率×中标人投标时承诺的折扣率。

（3）港台图书的结算价≤图书原币价×价格加乘系数×税率×中标人投标时承诺的折扣率（港台图书的价格加乘系数已包含汇率）。

（4）投标人在投标文件中应附“进口原版图书的价格加乘系数表”作评标时的参考，价格加乘系数报固定值，不能报范围值，不提供此表的投标人均视作不符合资格。原版香港和台湾图书的价格加乘系数包含汇率。

（5）图书的原币价以图书标价或中标人进货单据为准。当采购人对价格有疑问时，中标人应提供有关资料供采购人查阅。在图书价格不合理的情况下，采购人可拒收货物。

（6）中标人须提供国家税务部门监制的发票。

附录3：广州图书馆2010年度公开招标进口原版报刊（含港台报刊）采购需求

一、投标人资格要求

参加本项目投标的投标人除应具备《政府采购法》第二十二条供应商资格条件外，还必须符合下列要求：

（1）中华人民共和国境内注册的供应商，分公司投标的，必须由具有法人资格的总公司授权。

（2）具有“出版物进口经营许可证”且该证的经营范围含报纸、期刊的进口业务。

（3）拥有2 000平方米或以上的固定经营场所。

二、招标范围

确定2010年进口原版报刊协议供货商2家。

三、招标要求

（一）对投标单位的要求

（1）供应商中标资格一旦确定，其协议供货期从签订合同之日起至2010年12月31日止。中标资格的取得并不意味货物的售出，采购人无法预计也无法保证向各中标供应商确定采购数量。

（2）确定2010年进口原版报刊协议供货商2家。

（二）对供应商供货的要求

（1）本项目的采购方式为订购，采购范围为2010年出版的进口原版报刊及少量往年出版的进口原版报刊。

（2）中标人需提供2010年进口报刊目录供采购人订购，并根据采购人需求，搜集、提供采购人指定类别的报刊目录，协助采购人对重点类别报刊进行重点收集；提供采购人指定报刊的订购服务。除停刊或并刊的情况外，中标人对于采购人订购的品种必须全部提供，到货率须在99%以上。

（3）中标人应保证所供应报刊的质量，包括报刊装订与印刷质量；保证所供应报刊的内容、版本及进货来源合法，并承担相应的法律责任。

（4）对于协议供货期内发生变动或不能到货的订单，中标人应及时知会采购人，采购人有权取消订单或改订其他报刊。

（三）包装、交货及其他服务要求

1. 配送及送货

（1）交货时间要求。①港澳台报纸：出版当天到馆；②亚洲地区出版的报纸：出版后2天内到馆；③其他地区出版的报纸：出版后20天内到馆；④期刊：出版后20天内到馆。

（2）中标人应指定专人投递报刊，保证报刊投递的稳定性。中标人须保证港台报刊每天一次、外文报刊每周两次的正常投递，节假日、双休日均照常投递。报刊投递时间、投递次数不能随意改变，保证报刊不积压。

（3）中标人必须保证采购人所订报刊无漏订、无缺期。因中标人原因引致报刊漏订、缺期的，中标人必须在应交货期限当月补齐缺漏报刊，不能补齐的，全额退回订刊款，并免费提供该报刊复印件一份，由此引致的损失由中标人承担。

（4）中标人应在送货前与采购人协商确定具体的送货时间、批数，并提供免费送货与卸货服务。

（5）因中标人配送错误引致的损失由中标人自负。

2. **包装**

（1）到馆报刊应按批次有序排列。每批报刊附一式两份的汇总表（包括该批报刊的批号、箱数、册数等项目）；每包报刊附一式两份的打印装箱单及清单（包括该包报刊的序号、刊名、册数、卷次号等项目）。

（2）每包及每批报刊的品种、册数等必须与对应的清单相符。如果在验收过程中，同一批次报刊出现3%的报刊品种与相应清单不符，采购人有权退回该批次全部报刊，要求中标人重新核对，直至该批报刊与清单相符。同一中标人累计出现5次上述出错现象，致使采购人合同目的不能实现的，采购人有权与该中标人解除合同。

3. **验收：中标人应与采购人共同验收**

（1）质量问题的处理。出现如下情况，中标人必须在3个工作日内免费更换：报刊装订或印刷质量有问题，如缺页、倒装、模糊不清、折页、开线、开胶等；报刊种册数与对应清单不符；报刊出现污损情况；报刊的随书附件如随书光盘等不齐全。

（2）退货。报刊到馆后，因各种原因不适合图书馆收藏的，中标人应无条件退换，但退货比例不超过货物总金额的3%；采购人采购报刊一般情况下不重复，如果到馆报刊出现非采购人计划购置的复本，中标人应全部无条件退货。

4. **售后服务**

（1）中标人需免费提供与采购人采购报刊配套的符合采购人要求的进口原版报刊编目数据，并派专人上门把数据免费套录到采购人计算机管理系统。

（2）中标人需按采购人要求免费提供所订进口原版报刊及随书附件的现刊加工服务及材料，包括盖馆藏章、打印和黏贴财产条形码、贴还书日期纸、随书光盘加工及包装等。

(3) 中标人须按采购人要求免费提供所订进口原版报刊的过刊合订加工服务及材料，包括合订报刊的数据加工、打印和黏贴财产条形码、贴书标（含保护膜）等。

(4) 中标人的报刊辅助加工及上门套录数据人员应相对稳定，以保证加工质量。

四、付款方式

(1) 采购人完成订购工作，并经双方确认无误后在2010年12月15日前与中标人结算，结算价≤进口报刊人民币价格（含税）×中标人投标时承诺的折扣率。

(2) 当采购人对报刊价格有疑问时，中标人应提供有关资料供采购人查阅。在报刊价格不合理的情况下，采购人可拒收货物。

(3) 中标人须提供国家税务部门监制的发票。

附录4：广州图书馆2010年度公开招标国内版视听资料、软件采购需求

一、投标人资格要求

参加本项目投标的投标人除应具备《政府采购法》第二十二条供应商资格条件外，还必须符合下列要求：

(1) 中华人民共和国境内注册的独立法人；

(2) 投标人的注册资金必须为80万元或以上；

(3) 投标人必须具备有关部门颁发的视听资料及电子出版物的销售经营权；

（4）投标人拥有300平方米以上的固定经营场所。

二、招标范围

确定2010年国内版视听资料及软件协议供货商2家。

三、招标要求

（一）对投标单位的要求

（1）供应商中标资格一旦确定，其有效期从签订合同之日起至2010年12月15日止。供应商资格的取得并不意味货物的售出，采购人无法预计也无法保证向各中标供应商确定采购数量。

（2）2010年国内版视听资料及软件协议供货商确定为2家。

（二）对供应商供货的要求

（1）本项目的采购方式为分批采购，采购范围为2009年以来国内出版的视听资料及计算机通用软件，以及少量以往各年出版的视听资料及计算机通用软件。

（2）中标人须提供广州本地看样现购服务，如非广州现采，产生的一切费用由中标人承担。视听资料可提供选择的2010年现货品种不少于当年总出版品种的60%。

（3）中标人需提供连续的订购服务，包括：根据采购人需求，搜集、提供采购人指定类别的视听资料及计算机通用软件目录，协助采购人对重点类别视听资料及计算机通用软件进行重点收集；提供国内版视听资料和计算机通用软件书目供采购人订购，本项服务协议供货期内到货率应在90%以上；提供采购人指定视听资料及计算机通用软件的订购服务。

(4) 中标人应保证所供应视听资料及计算机通用软件的质量；保证所供应视听资料及计算机通用软件的内容、版本及进货来源合法，并承担相应的法律责任。

(5) 对于协议供货期内不能到货的订单，中标人应知会采购人，采购人有权取消订单。

(三) 包装、交货及其他服务要求

1. 配送及送货

(1) 对采购人初选的视听资料及计算机通用软件，中标人应在5个工作日内将该批视听资料及计算机通用软件的采访数据发送给采购人。

(2) 一般情况下，现购视听资料及计算机通用软件在订单确定后的7日内，中标人应完成配送工作，并送货到馆。逾期10个工作日不能到货的，采购人有权取消订单。

(3) 中标人应在送货前与采购人协商确定具体的送货时间、批数，并提供免费送货与卸货服务。

(4) 因中标人配送错误引致的损失由中标人自负。

2. 包装

(1) 视听资料及计算机通用软件应分别按批次到馆。每批视听资料或计算机通用软件附一式两份的汇总单（包括该批视听资料或计算机通用软件的批号、种数、件数、总金额等项目）；每包视听资料或计算机通用软件附一式两份的打印销售清单及电子清单（包括该包视听资料或计算机通用软件的序号、题名、件数、单价、总价等项目）。

(2) 每批（包）视听资料或计算机通用软件的品种、册数、金额等必须与对应清单相符。如果在验收过程中，同一批次视听资料或计算机通用软件出现3%的品种与相应清单不符，采购人有权退回该批次全部货物，要求中标人重新核对，直至与清单相

符。同一中标人累计出现5次上述出错现象，致使采购人合同目的不能实现的，采购人有权与该中标人解除合同。

（3）同次采购的同种视听资料或计算机通用软件必须置于同一个包内到馆。

3. 验收：中标人应与采购人共同验收

（1）质量问题的处理。出现如下情况，中标人必须在3个工作日内免费更换：视听资料及计算机通用软件质量有问题，影响正常使用；视听资料及计算机通用软件种件数与对应清单不符；视听资料及计算机通用软件出现污损情况；视听资料及计算机通用软件的附件不齐全。

（2）退货。视听资料及计算机通用软件到馆后，因各种原因不适合图书馆收藏的，中标人应无条件退换，但退货比例不超过货物总金额的8%；采购人采购视听资料及计算机通用软件一般情况下不重复，如果到馆的视听资料及计算机通用软件出现非采购人计划购置的复本，中标人应全部无条件退货。

4. 售后服务

（1）中标人需免费提供与采购人采购的视听资料或计算机通用软件配套的、符合采购人要求的编目数据，并派专人上门把数据免费输入采购人计算机管理系统。

（2）中标人需按采购人要求免费提供视听资料及计算机通用软件的加工服务及材料，包括打印和黏贴财产条形码、装防盗磁条、打印和黏贴书标（含保护膜）等。

（3）中标人的辅助加工及上门套录数据人员应相对稳定，以保证加工质量。

四、付款方式

（1）所购视听资料及软件资料到馆后，图书馆采购人员与供应商按有关程序验收无误，办妥差、错、退手续后，以广州图书馆采购人员最后验收的金额乘以供应商投标时承诺的折扣率进行结算。当采购人对价格有疑问时，供应商应提供相关资料供采购人查阅，在价格不合理的情况下，采购人可拒收货物。

（2）结算价 = 视听资料及计算机通用软件标价 × 中标人投标时承诺的折扣率。

（3）结算方式。按市财政局有关文件要求办理，时间为60个工作日内一次性结算。

（4）供应商必须提供国家税务部门监制的正式发票。

附录：广东省政府采购地方法规和条例选编

附录1：广东省实施《中华人民共和国政府采购法》办法

（2009年11月26日广东省第十一届人民代表大会常务委员会第十四次会议通过）

第一章　总　则

第一条　为实施《中华人民共和国政府采购法》，结合本省实际，制定本办法。

第二条　本办法适用于本省行政区域内的政府采购活动。

本办法所称政府采购，是指国家机关、事业单位和团体组织使用财政性资金，采购依法制定的集中采购目录以内的或者采购限额标准以上的货物、工程和服务的行为。

第三条　政府采购应当遵循公开透明、公平竞争、公正、诚实信用原则。

第四条　政府采购实行集中采购和分散采购相结合。

实行集中采购的政府采购项目，由集中采购目录确定。集中采购目录以外、采购限额标准以上的采购项目，实行分散采购。集中采购目录和采购限额标准由省人民政府确定并公布。

第五条　政府采购实行政府采购监督管理与操作执行相分离，逐步扩大采购范围和规模。

政府采购应当有助于实现保护环境、节能减排、支持自主创新、扶持不发达地区和少数民族地区、促进中小企业发展等国家的经济和社会发展政策目标。

第六条　政府采购应当采购本国货物、工程和服务。但有下列情形之一的除外：

（一）需要采购的货物、工程或者服务在中国境内无法获取或者无法以合理的商业条件获取的；

（二）为在中国境外使用而进行采购的；

（三）法律、行政法规另有规定的。

采购进口货物、工程和服务的，应当符合法定条件并报经地级以上市人民政府财政部门批准。

第一款所称本国货物、工程和服务的界定，按照国家有关规定执行。

第七条　政府采购信息应当在省级政府采购监督管理部门指定的政府采购信息发布媒体上及时向社会公开发布，但涉及国家秘密和商业秘密的除外。

第八条　各级人民政府应当推广电子化政府采购。省人民政府财政部门应当加强对政府采购信息化建设工作的统一领导和组织，制定电子化政府采购体系发展建设规划，建设全省统一的电子化政府采购管理交易平台。

政府采购文书格式文本由省人民政府财政部门统一制定，并通过指定的政府采购信息发布媒体供政府采购当事人免费下载使用。

第九条　各级人民政府财政部门是负责政府采购监督管理的部门，依法履行下列政府采购监督管理职责：

（一）制定政府采购工作规范；

（二）审核、批复采购人编制的政府采购预算，核准政府采购实施计划；

（三）监督政府采购预算执行，审核支付政府采购资金；

（四）建立健全政府采购合同备案制度，监督采购人依法履行采购合同；

（五）处理供应商投诉，查处政府采购违法行为；

（六）管理评审专家库；

（七）培训、考核政府采购人员；

（八）考核本级集中采购机构以及社会代理机构；

（九）法律法规规定的其他职责。

第二章 政府采购当事人

第十条 政府采购当事人是指在政府采购活动中依法享有权利和承担义务的各类主体，包括采购人、采购代理机构、供应商等。

采购代理机构包括集中采购机构和社会代理机构。集中采购机构由各级人民政府设立，社会代理机构应当由省级以上人民政府财政部门按照国家有关规定进行资格认定，并在其所在地财政部门网站登记。

第十一条 政府采购当事人进行政府采购活动，应当符合采购价格低于市场平均价格、采购效率更高、采购质量优良和服务良好的要求。

政府采购当事人不得互相串通、操纵政府采购活动。

第十二条 采购人及采购代理机构应当按照国家和省有关部门公布的优先采购产品目录，优先采购环境保护产品、节能产品、自主创新产品等。

第十三条 采购人采购属于本部门或者本系统有特殊要求的项目的，应当实行部门集中采购，具体办法由省人民政府自本办法公布之日起一年内制定。

采购人采购预算金额达到政府采购限额标准以上的分散采购

项目，必须依照法律、行政法规和本办法规定的采购方式和程序，组织采购或者委托采购代理机构代理。

第十四条　采购人可以在本省行政区域内择优选择采购代理机构。属于集中采购通用类目录的项目，采购人可以在集中采购机构范围内择优选择委托代理；属于集中采购部门集中类目录和分散采购的项目，采购人可以选择集中采购机构或者社会代理机构委托代理。

采购人委托采购代理机构代理部门集中类目录和分散采购项目中属于国家、省、市重点项目或者采购金额较大项目的，应当采取公开招标的方式确定采购代理机构。

采购金额较大项目的金额标准由地级以上市人民政府财政部门根据当地经济发展情况确定并调整。

采购人有权按照本条第一款、第二款的规定自行选择采购代理机构，任何单位和个人不得以任何方式为采购人指定采购代理机构。

第十五条　采购人应当建立健全政府采购管理工作制度，依法履行下列职责：

（一）加强对本单位采购人员的监督和培训；

（二）编报政府采购预算、政府采购实施计划；

（三）依法委托并协助采购代理机构办理采购事宜或者自行采购；

（四）选定代表参与政府采购评审工作；

（五）确认中标、成交供应商并签订采购合同，组织对供应商履约的验收和办理采购合同备案；

（六）负责对采购档案的管理工作；

（七）答复供应商的询问、质疑；

（八）接受和配合监督管理部门的监督检查；

（九）法律法规规定的其他事项。

第十六条　采购人不得在政府采购文件中规定排斥潜在供应商等方面的内容；不得在采购过程中以不合理的条件对供应商实行差别待遇或者歧视待遇。

第十七条　采购人应当选派符合下列条件的人员担任本单位的采购员，并报同级人民政府财政部门备案：

（一）本单位在编人员；

（二）熟悉有关政府采购的法律法规和财会知识；

（三）法律法规规定的其他条件。

采购员应当按照法律法规的规定承办本单位的政府采购工作。采购员实行定期轮换制度。采购人应当加强对采购员的管理，对采购员承办的政府采购相关工作进行监督。

第十八条　采购代理机构开展政府采购活动，应当符合下列要求：

（一）编制政府采购文件，并送交采购人审核、确认；

（二）组织项目评审，维护评审纪律，做好相关服务；

（三）根据评审结果向采购人提交中标、成交候选供应商名单；

（四）答复供应商的询问、质疑；

（五）及时公布政府采购信息，保存政府采购档案资料；

（六）法律法规规定的其他事项。

第十九条　集中采购机构应当建立健全内部管理制度，配备必要的具有任职条件的采购工作人员，对采购工作人员进行培训考核和定期岗位轮换。

集中采购机构必须完成受委托的本级政府集中采购目录中通用类项目的采购任务，不得故意拖延或者拒绝代理，不得转委托，不得违反规定收取代理费。

第二十条　社会代理机构收取代理服务费应当按照国家有关规定执行。

第二十一条　供应商参加政府采购活动应当具备法律、行政法规规定的条件，依法提供有关资料并接受采购人或者其委托的采购代理机构的资格审查；不得弄虚作假骗取政府采购供应商资格；不得提供虚假资料谋取中标或者成交。

供应商在投标过程中，不得以一致抬高投标报价、轮流以高价位或者低价位中标，以及先内定中标者再参加投标及其他恶意串通手段参与投标。

供应商中标或者成交后，应当按规定与采购人签订采购合同，并严格履行合同。

供应商对政府采购活动提出质疑或者投诉的，应当按照国家有关规定提出并附送有关证据材料。

第三章　政府采购程序

第一节　编制预算和计划

第二十二条　采购人应当编制政府采购预算，专项列入本单位下一财政年度部门预算或者申报年度追加预算内，按照法定程序上报审批。

采购人根据批复的政府采购预算编制本单位政府采购实施计划，报同级人民政府财政部门核准。

第二十三条　采购人编制政府采购预算,应当符合下列要求：

（一）政府采购项目以及资金预算在部门预算中单独列出；

（二）集中采购项目和分散采购项目分别逐项列明项目名称、数量及金额；

（三）实行配备标准或者资产限额管理的项目，已经同级人民政府财政部门批准。

第二十四条　采购人编制政府采购实施计划，应当明确政府采购项目基本情况、采购方式、组织形式和预计采购时间等具体内容，并符合下列要求：

（一）项目和资金符合政府采购预算；

（二）相同品目的项目归并编列；

（三）对采购价格、规格及技术要求等相关事项进行市场调查或者论证；

（四）预计采购时间与采购方式程序所需时间基本一致。

第二十五条　各级人民政府财政部门应当自受理采购人报送政府采购实施计划之日起五个工作日内予以核准，书面通知采购人。

第二十六条　政府采购必须按照批准的政府采购预算、政府采购实施计划执行。未纳入政府采购预算和政府采购实施计划的政府采购项目，采购人不得组织实施，不得支付采购资金。

第二节　确定采购方式

第二十七条　政府采购采用公开招标、邀请招标、竞争性谈判、单一来源采购、询价，以及法律、行政法规规定的其他采购方式。

公开招标应当作为政府采购的主要采购方式。公开招标的具体数额标准由省人民政府确定并公布。

第二十八条　采购人不得将应当以公开招标方式采购的货物或者服务化整为零或者以其他任何方式、理由规避公开招标采购。

采购人在一个预算年度内，采用公开招标以外方式重复采购相同货物或者服务两次以上、资金总额超过公开招标数额标准的，视为化整为零规避公开招标采购。

第二十九条　采购人应当按照核准的政府采购实施计划中确

定的采购方式实施采购。出现法律、法规规定的情形需要变更采购方式的，采购人应当向所在地地级以上市人民政府财政部门提出书面申请，财政部门应当自收到申请之日起五个工作日内予以批复。

第三节　实施采购

第三十条　采购人委托采购代理机构代理政府采购事宜的，应当签订委托代理协议，明确采购项目、采购数量、采购金额、采购时限和采购方式。

集中采购机构代理政府集中采购项目，应当定期汇总各采购人委托的政府集中采购项目，对同类货物和服务实行合并采购，采购人依法提出特殊采购需求的除外。

第三十一条　采购人委托采购代理机构采购的，应当提交符合规定的用户需求书；采购代理机构应当自收到用户需求书之日起五个工作日内，将其编制的政府采购文件提交采购人确认。

属于地级以上市的重点项目或者采购金额较大的项目，其政府采购文件的编制、提交确认时间可以再延长十个工作日。

第三十二条　公开招标国家、省、市重点项目或者采购金额较大项目，采购人或者其委托的采购代理机构对采购货物、工程和服务有特殊要求的，应当在组织专家论证后，报所在地地级以上市人民政府财政部门审批，并在招标文件中说明。

第三十三条　政府采购文件中应当明确政府采购项目评审方法。

政府采购文件中可以规定供应商提交保证金作为其参加政府采购活动的必要条件，但必须明确保证金的性质、缴纳和退还方式、期限。

对优先采购产品目录中的政府采购项目，政府采购文件中可以设定供应商的资格条件和基本要求，明确相应的评审标准和方法。

第三十四条　政府采购文件不得规定下列内容：

（一）指定货物的品牌、参考品牌或者供应商；

（二）区域或者行业限制；

（三）以单一品牌特有的技术指标作为技术要求。

第三十五条　采购人或者其委托的采购代理机构应当将政府采购文件在指定的政府采购信息发布媒体上公示五个工作日。供应商可以自行下载政府采购文件。

供应商认为政府采购文件的内容损害其权益的，可以在公示期间或者自期满之日起七个工作日内向采购人或者其委托的采购代理机构提出质疑；采购人或者其委托的采购代理机构认为质疑理由成立的，应当修改政府采购文件，重新组织政府采购活动。

第三十六条　采购人或者其委托的采购代理机构应当按照规定组建由采购人代表和有关专家组成的评标委员会、谈判小组或者询价小组，其中采购人代表由采购人指派一名人员担任，有关专家由采购人或者其委托的采购代理机构从政府采购评审专家库中随机抽取确定；因专业性强，采取随机抽取方式难以确定评审专家的，经地级以上市人民政府财政部门同意，可以从政府采购评审专家库或者有关机构推荐的专家名单中选定。

采购人代表不得担任评标委员会主任、谈判小组或者询价小组的组长。

评审专家名单应当在评审工作开始前一个工作日内确定，并在评审结果确定前保密。采购人或者其委托的采购代理机构的有关人员不得在评审工作开始前向评审专家透露其参加的评审项目信息。

第三十七条　采购人或者其委托的采购代理机构应当确保评审工作在严格保密的情况下进行。

参与评审工作的人员应当独立履行评审职责，遵守评审规定和现场纪律，并按照政府采购文件规定的评审标准、程序和办法进行。

第三十八条　评审专家应当提供真实、公正的评审意见，不得发表具有诱导性或者歧视性的意见。

评审专家不得向外泄露评审情况和参与政府采购活动所获取的国家秘密、商业秘密；不得私下接触供应商及有关单位，不得收受供应商及有关单位的财物或者牟取利益。

评审专家发现供应商在政府采购活动中有不正当竞争或者恶意串通等违法行为，应当及时向政府采购评审工作的组织者或者监督管理部门报告。

评审专家在一年内不得连续三次参加政府采购评审工作。

第三十九条　采用公开招标方式采购的，采购人或者其委托的采购代理机构应当在招标公告中明确投标人的资格条件，符合条件的供应商都可以参加投标。

采用邀请招标方式采购的，采购人或者其委托的采购代理机构应当发布资格预审公告，公布投标人的资格条件，资格预审公告期限不得少于五个工作日。投标人应当自资格预审公告期结束之日起三个工作日内，按照公告的要求提交资格证明文件。采购人或者其委托的采购代理机构应当从审查合格的投标人中随机选择三家以上的供应商，发出投标邀请书。

采用招标方式采购的，评标委员会成员应当依照法律、行政法规的规定，从供应商的财务状况、信誉、业绩，投标文件对招标文件的响应程度，以及货物或者服务的价格、技术、质量等方面予以评分，并在评分记录上签字。采购人应当按照评标委员会的评分结果，确定中标供应商。

第四十条　采用竞争性谈判方式采购的，谈判小组应当在采购人或者其委托的采购代理机构对报名的供应商进行资格审查后，从符合相应资格条件的供应商中随机选择三家以上的供应商参加谈判。

采用询价方式采购的，询价小组应当在采购人或者其委托的采购代理机构对报名的供应商进行资格审查后，从符合相应资格条件的供应商中随机选择三家以上的供应商参加询价，发出询价通知书；供应商提出的报价不得更改。

采用竞争性谈判、询价方式采购的，采购人应当按照符合采购需求、质量和服务相等且报价最低的原则从已选出的候选供应商中确定成交供应商。

第四十一条　采用招标方式采购的，至投标截止时间止参加投标的供应商不足三家的，采购人或者其委托的采购代理机构应当即时报告地级以上市人民政府财政部门，财政部门应当自接到报告之日起三个工作日内按照以下规定处理并答复：

（一）招标文件没有不合理条款、招标公告时间及程序符合规定的，同意采取竞争性谈判、询价或者单一来源方式采购；

（二）招标文件存在不合理条款、招标公告时间及程序不符合规定的，应予废标，并责令招标采购单位依法重新招标。

评标期间出现符合资格条件的供应商或者对招标文件作出实质响应的供应商不足三家的，按照前款规定执行。

第四十二条　采用竞争性谈判、询价方式采购的，在谈判、询价过程中对政府采购文件作出实质响应的供应商不足三家的，谈判小组、询价小组可以从其他符合相应资格条件的供应商名单中，随机选择补充；补充后仍不足三家或者没有可供补充的合格供应商的，经同级人民政府财政部门审核同意，采购人可以按照符合采购需求、质量和服务相等且报价最低的原则从已选出的候选供应商中确定成交供应商。

第四十三条　评审、谈判或者询价工作结束后，评标委员会、谈判小组或者询价小组应当出具全体评标委员、谈判小组或者询价小组成员签名的评审报告，推荐中标、成交供应商和候补中标、成交供应商名单。

采用竞争性谈判、询价方式采购的，谈判小组或者询价小组推荐非报价最低的成交供应商的，应当在评审报告中说明理由。

采购代理机构代理组织采购活动的，应当自评审结束之日起五个工作日内将评审报告送交采购人。

第四十四条　采购人应当自收到评审报告之日起五个工作日内，确定中标、成交供应商。

确定中标、成交供应商后，采购人或者其委托的采购代理机构必须在一个工作日内向中标、成交供应商发出中标、成交通知书，向未中标、成交供应商发出采购结果通知书。

中标、成交供应商放弃中标、成交或者中标、成交资格被依法确认无效的，采购人可以按照排序从其他中标、成交候选供应商中确定中标、成交供应商，没有其他中标、成交候选供应商的，应当重新组织采购活动。

第四十五条　确定中标、成交供应商后，采购人或者采购代理机构应当在指定的政府采购信息发布媒体上公告中标、成交结果和评标委员会、谈判小组、询价小组成员名单，并公开评审意见等相关资料。

供应商可以向采购人或者采购代理机构查询评标、谈判和询价等程序的有关资料。供应商对中标、成交结果提出质疑的，采购人或者采购代理机构应当进行审查并答复；供应商对审查和答复结果有异议的，可以向政府采购监督管理部门提出复审或者废标申请。供应商质疑和复审的具体办法由省人民政府自本办法公布之日起一年内制定。

第四节　签订和履行合同

第四十六条　采购人与中标、成交供应商应当自中标、成交通知书发出之日起三十日内签订政府采购合同。合同签订之日起七个工作日内，采购人应当将合同副本报同级人民政府财政部门备案。

签订补充合同的，必须按照前款规定备案。

第四十七条　采购人应当自供应商履行完合同义务之日起十个工作日内组织验收。大型或者复杂的政府采购项目，采购人应当邀请质量检测机构参加验收。

采购人出具的验收合格报告是申请支付政府采购项目资金的必备文件。

第四十八条　政府采购项目所使用的财政性资金，由采购人按规定提出申请，经同级人民政府财政部门审核后支付给供应商。

第五节　简易采购程序

第四十九条　对规格标准相对统一、且现货货源充足或者涉及面广、采购频繁的政府采购项目，可以适用简易采购程序。

简易采购程序，是指通过公开招标，统一确定中标供应商及中标货物的品名、规格型号、价格、协议期限、服务承诺等内容，由采购人在协议有效期内自主选择中标供应商及中标货物的一种采购程序。

第五十条　各级人民政府财政部门应当根据采购人上报的政府采购实施计划，拟定适用简易采购程序的采购目录，并征询采购人意见后确定并公布。

第五十一条　中标供应商必须按照公开招标所确定的协议事项提供服务，及时满足采购人的采购需求，不得拒绝或者擅自更改。

采购人应当及时将中标供应商中标货物的质量情况、合同履行情况，以及供应商的售后服务等情况向政府采购监督管理部门报告。

第五十二条　中标供应商应当保证其实际供货价格，在同一地区低于同期其他任何同一品牌、型号货物的非政府采购价格。在协议采购有效期内，协议供货市场价格发生变化的，中标供应商应当按照协议书的要求及时同比例调整协议供货价格；协议供货产品出现更新换代、停产，中标供应商可以在不降低货物质量、配置和售后服务的前提下，提供该协议供货产品的替代产品，但替代产品的协议供货价格不得高于原协议供货价格。

中标供应商及其代理商应当及时在电子化政府采购管理交易平台上对协议供货的型号及价格进行更新。

第五十三条　采购人认为中标供应商的报价符合其要求，可以在电子化政府采购管理交易平台上实行网上协议订购，直接确定成交供应商。

采购人认为中标供应商的报价高于市场平均价格的，可以与中标供应商通过网上议价就价格优惠再次进行谈判、询价，或者通过网上竞价方式，在不限于原中标供应商资格名单的范围内确定成交供应商。成交价格必须低于原中标供应商的报价。

第四章　监督检查

第五十四条　各级人民代表大会及其常务委员会对政府采购法律法规的执行情况和本级政府采购预算执行情况进行监督。

第五十五条　各级人民政府应当加强对政府采购活动的监督管理，建立健全监督管理机制；督促、指导本级各部门、单位和下级人民政府依法开展政府采购活动。

各级人民政府财政、审计、监察等部门应当加强协作配合，建立政府采购监督工作机制。

上级人民政府政府采购监督管理部门应当依法对下级政府采购管理工作进行指导和监督。

第五十六条　各级人民政府审计部门应当依法对政府采购活动进行审计，并将审计结果报本级人民政府；必要时，可以对政府采购进行专项审计。

各级人民政府监察部门应当加强对参与政府采购活动的行政机关及其工作人员的监察。

第五十七条　政府采购监督管理部门应当制定政府采购标准化工作程序，建立政府采购价格监测制度。

第五十八条　政府采购监督管理部门应当加强对采购人、集中采购机构、社会代理机构、供应商和评审专家的监督检查，及时查处其违反政府采购法律法规和本办法的行为，将其记入不良行为记录名单，并及时向社会公布。

政府采购监督管理部门应当制定和完善对采购代理机构考核的程序、指标体系、评分方法和标准，定期组织对采购代理机构的考核，并根据考核结果向采购代理机构提出改进建议。

第五十九条　政府采购监督管理部门应当在本部门职责范围内，对采购人的下列政府采购活动进行监督检查：

（一）采购人编制政府采购预算、政府采购实施计划的情况，以及政府采购预算或者财政资金使用计划、政府采购实施计划的执行情况；

（二）政府采购信息的公开、采购方式的确定、采购程序的执行情况；

（三）政府采购合同的订立、履行、验收和资金支付情况；

（四）政府采购文件备案等审批、备案事项的执行情况；

（五）对供应商询问和质疑的处理情况；

（六）法律法规规定的其他事项。

第六十条　政府采购监督管理部门应当在本部门职责范围内，对集中采购机构的下列政府采购活动进行监督检查：

（一）集中采购任务的完成情况；

（二）内部制度的建设和监督制约机制的落实情况；

（三）政府采购信息的发布和政府采购文件的编制、采购程序的执行情况；

（四）实际采购价格与采购预算和市场同期平均价格的差异情况；

（五）集中采购机构的服务质量情况；

（六）工作人员的专业素质和专业技能培训情况；

（七）对供应商询问和质疑的处理情况；

（八）法律法规规定的其他事项。

第六十一条　政府采购监督管理部门应当在本部门职责范围内，对社会代理机构的下列政府采购活动进行监督检查：

（一）政府采购业务的代理资格；

（二）代理政府采购项目是否超越其规定的业务范围；

（三）政府采购信息的公开、采购方式的确定和采购程序的执行情况；

（四）评审专家的抽取和使用情况；

（五）对供应商询问和质疑的处理情况；

（六）法律法规规定的其他有关事项。

第六十二条　政府采购监督管理部门应当在本部门职责范围内，对评审专家参加政府采购评审活动、遵守政府采购评审工作纪律、履行评审义务等情况进行监督检查。

第六十三条　政府采购监督管理部门应当将下列政府采购信息及时向社会公布：

（一）有关政府采购的法律、法规、规章和其他规范性文件；

（二）集中采购目录、政府采购限额标准和公开招标数额标准；

（三）采购代理机构名录、采购项目信息；

（四）协议供货供应商的名单和协议供货事项；

（五）对集中采购机构的考核结果；

（六）对采购人、采购代理机构、供应商和评审专家不良行为的通报；

（七）投诉机构的名称、电话、地址，以及投诉处理决定；

（八）法律法规规定应当公布的其他政府采购信息。

第六十四条　任何公民、法人和其他组织对政府采购活动中的违法行为，有权控告和检举，政府采购监督管理部门应当及时处理，并予以答复。

第五章　法律责任

第六十五条　采购人有下列行为之一的，由政府采购监督管理部门责令限期改正，对直接负责的主管人员和其他直接责任人，由监察机关或者任免机关依法给予处分：

（一）未按规定编制和报送政府采购预算、政府采购实施计划的；

（二）没有政府采购预算、政府采购实施计划而擅自采购的；

（三）无正当理由不确认或者不按时确认政府采购文件的；

（四）无正当理由不确认或者不按时确认中标、成交供应商的；

（五）不与中标、成交供应商签订政府采购合同的；

（六）不履行或者擅自变更、中止和终止政府采购合同的；

（七）不按照政府采购合同进行验收的；

（八）未按规定办理政府采购事项报批、备案的。

采购人有前款第一项、第二项、第三项、第四项、第七项、第八项规定行为逾期不改正的，政府采购监督管理部门应当暂停或者停止拨付采购资金；采购人有前款第二项、第四项、第五项、第六项规定行为的，政府采购监督管理部门应当收回项目预算，并在本财政年度内不安排相同的政府采购项目。

第六十六条　采购人、采购代理机构及其工作人员有下列行为之一的，由政府采购监督管理部门责令改正，暂停或者停止拨付采购资金，对直接负责的主管人员和其他直接责任人，由监察机关或者任免机关依法给予处分；构成犯罪的，依法追究刑事责任：

（一）与供应商或者其他采购代理机构恶意串通的；

（二）未按规定发出中标、成交通知书，或者拖延、拒绝退还供应商保证金的；

（三）对供应商的质疑无正当理由逾期不答复的；

（四）未将政府采购信息在指定的政府采购信息发布媒体上公开的；

（五）未按规定确定参加政府采购活动供应商名单的；

（六）违反有关优先采购产品或者采购进口产品规定的；

（七）未按规定组建评标委员会、谈判小组或者询价小组，或者未按规定为评审工作提供必要条件、影响评审工作正常进行的；

（八）在采购文件中规定排斥潜在供应商等方面内容，或者在采购过程中以不合理的条件对供应商实行差别待遇或者歧视待遇的；

（九）拒绝政府采购监督管理部门依法进行的调查、检查或者不执行政府采购监督管理部门依法作出的投诉处理决定的。

采购代理机构及其工作人员有前款第一项规定行为的，依照法律、行政法规的规定处以罚款，有违法所得的，并处没收违法所得。采购代理机构有前款第八项、第九项规定行为之一的，可以并处一万元以上五万元以下的罚款。

第六十七条　集中采购机构有下列情形之一的，由政府采购监督管理部门责令改正，给予警告；逾期不改正或者情节较严重的，由监察机关或者任免机关对主要负责人和直接责任人依法给予处分：

（一）内部管理制度不健全的；

（二）未配备必要的采购工作人员，或者配备的采购工作人员不具备任职条件的；

（三）未按规定对采购工作人员进行培训、考核的；

（四）采购价格明显高于市场平均价格，或者质量不符合采购需求，且不能合理说明理由的；

（五）故意拖延或者拒绝代理政府集中采购事宜的；

（六）违反规定收取采购代理费的。

第六十八条　参加政府采购评审工作的人员收受供应商及有关单位的财物或者牟取利益的，向外泄露评审情况和参与政府采购活动所获取的国家秘密、商业秘密的，由政府采购监督管理部门给予警告，没收收受的财物，并可视情节轻重处三千元以上五万元以下的罚款；构成犯罪的，依法追究刑事责任。属于国家公务员或者国家行政机关任命的其他工作人员的，由监察机关或者任免机关依法给予处分；属于政府采购评审专家的，由政府采购监督管理部门取消其政府采购评审专家资格，并在指定的政府采购信息发布媒体上予以公告；对其他人员，由所在单位或者上级主管部门给予处分。

第六十九条　供应商有下列情形之一的，由政府采购监督管理部门给予警告；情节严重的，禁止参加政府采购活动一至三年；构成犯罪的，依法追究刑事责任：

（一）收到中标、成交通知书后无正当理由拖延或者放弃与采购人签订采购合同的；

（二）无正当理由拒不履行或者拖延履行采购合同义务的；

（三）擅自变更、中止或者终止采购合同的；

（四）捏造事实，进行虚假质疑及投诉的；

（五）使用串通投标手段参与投标的；

（六）与采购人、其他供应商或者采购代理机构恶意串通的。

供应商有前款第五项、第六项规定行为之一的，中标、成交无效，可以并处采购金额千分之五以上千分之十以下的罚款，列入不良行为名单，有违法所得的，并处没收违法所得；情节严重的，按照国家有关规定吊销营业执照。

第七十条　供应商提供的货物、工程或者服务存在质量问题的，依照有关法律法规的规定处理。

第六章　附　则

第七十一条　乡镇一级政府采购项目纳入上一级政府采购进行管理。具体管理办法由地级以上市人民政府规定。

第七十二条　本办法下列用语的含义是：

政府采购评审，是指政府采购活动中的评标、谈判或者询价等工作。

政府采购文件，是指招标采购中招标文件及其他采购方式中向供应商发出邀约的采购文件。

第七十三条　本办法自 2010 年 3 月 1 日起实施。

附录2：广东省省级电子政府采购暂行办法

第一章　总　则

第一条　为规范政府采购行为，提高政府采购工作效率，降低政府采购成本，提高政府采购的透明度，根据《中华人民共和国政府采购法》、《中华人民共和国招标投标法》、《中华人民共和国电子签名法》、《中华人民共和国计算机信息网络国际互联网管理暂行规定》、《广东省电子交易条例》等有关法律法规，制定本办法。

第二条　本办法适用于广东省省级电子政府采购活动当事人通过电子政府采购平台进行的电子政府采购活动。

第三条　本办法所称电子政府采购活动当事人是指采购人、采购代理机构、供应商。

第四条　本办法所称电子政府采购平台是指经省政府采购监督管理部门和其他政府信息化监管部门认可的，应用于电子政府采购活动的信息化平台。

电子政府采购平台应当与省政府采购监管部门的监管平台实现数据共享。

第五条　本办法所称电子政府采购活动是指利用计算机网络和通讯技术，通过基于国际互联网的电子政府采购平台进行政府采购活动的过程。

电子政府采购活动包括但不限于通过电子政府采购平台进行网上填报、流转、审核、交换、查询、统计和打印政府采购需求申报书、采购文件、投标报价文件、采购信息公告等活动。

第六条　电子政府采购活动当事人按本办法规定在电子政府采购平台通过注册成为会员获取密码或密钥等身份认证后，依法参与电子政府采购活动。

第七条　电子政府采购活动在政府采购监督管理部门的监督下，由集中采购机构负责组织实施。

第八条　集中采购机构负责依法对参与电子政府采购活动的供应商进行资格审核并建立政府采购供应商数据库。

第九条　采购人应设立电子政府采购平台的系统管理员，负责组织实施本单位的电子政府采购事宜。

第十条　电子政府采购平台是由服务器、交换机、路由器等网络硬件基础设施和操作系统、数据库管理系统、身份验证系统等系统软件基础设施以及电子政府采购平台应用软件等组成。

网络硬件和系统软件等基础设施可由政府采购监督管理部门负责建设，全省集中采购机构共享使用。

电子政府采购平台应用软件建设的主体部分属于电子商务范畴，其软件需求分析、业务操作模型、系统设计开发、版本更新换代由广东省机械设备成套局负责筹资建设并交由广东省政府采购中心使用。电子政府采购平台应用软件开发建设是一项长期和系统的、持续改进和不断完善的应用软件，应采取市场化运作的方式筹资开发、维护、升级、更新。

第十一条　根据国家有关法律、法规、规章制度以及国家安全保密制度的有关规定，为确保电子政府采购平台数据的合法性、完整性及保密性，电子政府采购平台应当取得合法的安全认证，电子政府采购活动当事人应当在该平台上注册并获取电子密钥，对于注册后获取的代表自身身份的电子密钥以及用户密码应妥善保管，并应对用户密码按相应规定作定期修改和维护。对因保管不善而让他人盗用当事人身份在政府采购平台上所做的操作行为导致的后果也需依法承担相应的责任。

第十二条　电子政府采购建设应按照“资源整合、数据共享、小步快走、步步见效”的原则积极稳妥地推进。初期从协议供货采购的电子商务和定点服务采购的电子采购卡以及大额项目的电子招、投标入手，根据实际情况逐步扩大应用范围和使用领域。

第二章　会员供应商的管理

第十三条　符合下列条件的供应商可向集中采购机构提供相应的资质证明材料，申请成为电子政府采购平台的会员供应商，参与电子政府采购活动：

（一）具有独立承担民事责任的能力；

（二）有固定的营业场所；

（三）具有良好的商业信誉和健全的财务会计制度；

（四）具有履行合同所必需的设备和专业技术能力；

（五）有依法缴纳税收和社会保障资金的良好记录；

（六）参加政府采购活动前三年内，在经营活动中没有重大违法行为；

（七）有参与电子政府采购必备的联网计算机等设备条件和能力。

第十四条　经审核符合条件的供应商可免费注册成为电子政府采购平台的会员供应商，同时成为政府采购供应商库的成员，名额不受限制。

第十五条　会员供应商的权利：

（一）在投标、竞价或报价截止时间之前，对政府采购项目有自由选择参加与否的权利；

（二）在政府采购活动中自身合法权益受到损害时，有质疑、投诉的权利；

（三）被随机抽取参与政府采购邀请招标、竞争性谈判或询价采购方式的政府采购活动的权利；

（四）举报电子政府采购活动中违规、违纪行为的权利；

（五）《中华人民共和国政府采购法》规定的其他权利。

第十六条　会员供应商的义务：

（一）遵守国家法律、行政法规以及政府采购监督管理部门制定的各项政府采购规章制度；

（二）遵守本办法以及电子政府采购的各项具体规定；

（三）中标或成交供应商按所报价格及服务承诺签订并履行合同；

（四）在电子政府采购活动中接受政府采购管理部门及监察、审计等部门的监督检查；

（五）对在电子政府采购平台上所填报信息的合法性、真实性、有效性负责。

第三章　电子政府采购规程

第十七条　集中采购机构按照政府采购监督管理部门审批的政府采购计划，并根据采购人提交的采购需求，采取不同的电子政府采购形式：

（一）通过招标、询价采购的大额政府采购项目，可以采取基于电子标书的网上开、评标形式；

（二）通过协议供货采购的货物，可以采取基于网上购物的电子商务形式；

（三）通过定点招标采购的服务，可以采取基于银行卡的电子采购卡形式。

第十八条　采取基于电子标书的网上开、评标形式的电子政府采购活动，一般应遵循下列程序：

（一）采购人通过电子政府采购平台提交政府采购项目需求

申报书，明确采购项目需求；

（二）集中采购机构按照政府采购监督管理部门审批的采购计划以及采购人的采购项目需求书，编制资格预审文件（必要的话）、采购文件、发布采购信息公告及网上澄清答疑；

（三）供应商可以通过电子政府采购平台查询采购信息，注册成为会员的供应商可以下载采购文件，获取电子密钥的供应商可以网上递交投标文件或报价文件，参与竞价等；

（四）集中采购机构组织网上开标、评审；

（五）采购人网上确认采购结果；

（六）集中采购机构公示采购结果；

（七）采购人、供应商网上查询采购结果；

（八）采购人与中标、成交供应商签订电子合同。

第十九条　采取基于网上购物的电子商务形式的电子政府采购活动，一般应遵循下列程序：

（一）集中采购机构根据协议供货的公开招标结果，建立协议供货采购品目库、分类标准库、中标结果数据库。

（二）集中采购机构根据中标供应商的商品行情变化，运用反向拍卖技术，通过网上竞价，建立、维护中标价格行情库。

（三）采购人在具体办理采购活动时，通过电子政府采购平台自由选择中标商品，自行选择代理商，并生成网上采购订单。

（四）采购人与供应商在电子政府采购平台上签订电子采购合同。在认为必要时，可在签订电子采购合同前就价格进行比较谈判，但最终合同价必须低于同类同质中标品牌商品的网上政府采购价。

（五）采购人、采购代理机构、中标品牌供应商及代理商必须在履行合同过程中及售后服务期间，将有关合同履行的情况，通过电子政府采购平台登记入库，建立供应商履约信用数据库。

第二十条　采取基于银行卡的电子采购卡形式的电子政府采购活动，一般应遵循下列程序：

（一）集中采购机构根据定点服务采购的公开招标结果，建立定点服务采购品目库、分类标准库、中标结果数据库；

（二）集中采购机构根据中标定点服务商的商品行情变化，通过网上竞价，建立、维护中标价格行情库；

（三）采购人在办理采购活动时，在中标的定点服务商中选购商品或服务，并刷卡采购；

（四）中标定点服务商应按集中采购机构指定的数据格式、内容及安全要求，将采购过程形成的有关电子交易数据通过电子政府采购平台接口进行数据交换。

第二十一条　集中采购机构负责对通过电子政府采购平台进行电子采购活动过程中的数据进行统计、处理、分析、保存，并按政府采购监督管理部门及监察、审计等监督部门的要求，进行数据报送或交换。

数据报送或交换的格式或者编码规则应当严格遵守国家标准，国家没有统一标准的，应当遵守财政部的行业标准。

第四章　电子政府采购评审

第二十二条　使用电子政府采购平台进行电子政府采购活动的评审，应当严格按照《中华人民共和国招标投标法》及《政府采购货物和服务招标投标管理办法》等有关法律法规的规定，确定中标、成交供应商，具体评审方法及评审细则应在采购文件中公开。

第二十三条　对于采取最低价法确定中标供应商的，在满足采购公告及采购文件要求和符合本暂行办法第二十二条规定的前提下，按“价格+时间”的方式确定中标、成交供应商，当出现两个以上相同最低价格时，按报价时间先后顺序依次排列，报价时间在前的为中标、成交供应商。

第二十四条　出现下列情形的，为无效投标或无效报价：

（一）投标或报价时间在规定的投标或报价截止时间之后的；

（二）投标或报价内容与采购需求有重大偏离，未能实质性响应需求的；

（三）报价低于产品成本价而无法合理解释的或高于市场平均价的；

（四）投标或报价内容中对规格要求、分项报价说明等信息说明含混不清或者不予说明的；

（五）投标或报价信息中出现说明不一致的；

（六）提交的投标报价文件的电子文档本身含有计算机病毒或为非完整文件；

（七）符合采购文件中投标或报价无效条件的情形。

第二十五条　出现下列情形之一时，该采购项目无效，应当依法重新组织电子政府采购活动：

（一）所有供应商的报价均高于本次采购项目的预算；

（二）同等条件下电子政府采购平台上的政府采购报价高于市场平均价；

（三）采购文件中规定的其他导致该采购项目无效的条款。

第二十六条　当依法出现第一中标供应商不能履约的情况时，可以从第二候选供应商中选择，以此类推。

第五章　意外情况处理

第二十七条　由于不可抗拒的客观原因导致电子政府采购平台无法正常运行，或者无法保证电子政府平台的公平、公正和信息安全等意外情况时，集中采购机构有权宣布正在进行的电子政府采购暂停进行。意外情况包括以下情形：

（一）电子政府采购平台发生故障而无法通过网络访问的；

（二）电子政府采购平台的应用软件或数据库出现错误，不能进行正常的操作；

（三）电子政府采购平台发现有安全漏洞，有潜在的泄密危险；

（四）电子政府采购平台出现计算机病毒且发作而无法完成正常操作的；

（五）其他无法保证电子政府采购过程的公平、公正和信息安全的意外情况。

第二十八条　因出现第二十七条规定的意外情况而又无法妥善解决的，经政府采购监督管理部门批准后，受此情形影响的电子政府采购活动无效；在故障排除并经过可靠的测试后，方可恢复进行电子政府采购活动。

第六章　罚　则

第二十九条　会员供应商有下列情形之一的，经报政府采购监督管理部门备案，可按情节轻重分别给予一至三年内不允许进入本省政府采购市场直至终身取消其会员资格的处理，并将处理结果在网上公布。

（一）提供虚假材料，骗取政府采购网上会员资格的；

（二）采取不正当手段诋毁、排挤或串通其他会员供应商的；

（三）中标、成交后，无正当理由拒不签订采购合同或拒绝履约的；

（四）向采购代理机构、评审专家、采购单位有关人员行贿或提供其他不正当利益的；

（五）拒绝接受省政府采购监督管理部门有关机构检查或者不如实反映情况、提供材料的；

（六）其他违反政府采购有关规定的情形。

第三十条　对于恶意干扰电子政府采购平台正常运行的供应商，一旦发现并经核实，可按情节轻重分别给予一至三年内不允许进入本省政府采购市场直至终身取消其会员资格的处罚，并将处罚结果在网上公布。

第三十一条　政府采购监督管理部门、政府信息化监管部门、采购人、采购代理机构的工作人员，不执行本办法规定，徇私舞弊、玩忽职守的，由主管机关给予行政处分。

第七章　附　则

第三十二条　实行部门集中采购或者分散采购的，可以参照本办法执行。

第三十三条　全省各级政府采购监督管理部门也可参照本办法，根据当地实际情况，确定本级电子政府采购规程，也可按照自愿原则，以委托开发或共同开发的方式建设省、市两级电子政府采购共享平台，以整合资源、协同操作、共享数据。

第三十四条　本办法由广东省财政厅负责解释。

第三十五条　本办法从发布之日起施行。

附录3：广东省政府采购当事人行为规范

（粤财采购〔2004〕33号）

第一章 总 则

第一条 为维护国家和社会公共利益，保护政府采购当事人的合法权益，规范政府采购当事人在政府采购活动中的行为，根据《中华人民共和国政府采购法》（以下简称《政府采购法》），制定本规范。

第二条 本规范适用于广东省政府采购当事人在政府采购活动中的行为。

第三条 本规范所称政府采购当事人包括采购人、供应商和采购代理机构。

第四条 政府采购当事人在政府采购活动中，必须按照《政府采购法》等国家法律法规和广东省政府采购有关规定，依法开展政府采购活动。

第五条 政府采购当事人在政府采购活动中，应当遵循公开、公平、公正和诚实信用原则，维护政府采购信誉。

第二章 采购人行为规范

第六条 采购人要加强本部门政府采购管理，明确内部政府采购职能机构，建立本部门政府采购管理制度，组织实施本部门的政府采购工作。

第七条 采购人应按规定编制政府采购预算，按时编报政府采购计划，及时、全面、准确地报送政府采购信息统计报表及其他政府采购信息。

第八条 采购人采购公开招标数额标准以上的政府采购项

目，应当采用公开招标方式采购，不得将依法应当公开招标的采购项目化整为零或者以其他任何方式规避公开招标。

第九条　采购人采购公开招标数额标准以下，属政府集中采购目录中部门集中采购项目和采购限额标准以上的政府采购项目，应依法选择采购方式，并按照法定程序组织实施。

第十条　采购人采购纳入政府集中采购目录内通用类的政府采购项目，必须委托集中采购机构代理采购；采购属于政府集中采购目录中部门集中采购项目以及限额标准以上的政府采购项目，可以委托集中采购机构或具有政府采购代理资质的采购代理机构代理采购。

政府集中采购目录的通用类政府采购项目以各地级以上市公布的政府集中采购目录为准。

采购人在办理委托时，应当向采购代理机构提交详细的用户需求书，配合采购代理机构编制采购文件，并及时确认采购文件。

第十一条　采购人不得在采购文件或向采购代理机构提交的用户需求书中列入限制、排斥潜在供应商的商务、技术条款；不得列入单一品牌的规格技术标准及其他有违公平竞争的条款；不得以不合理的注册资本金、销售业绩以及资格条件等条款对潜在供应商实行歧视或差别待遇。

第十二条　采购人应当接受咨询专家对采购文件的审核意见，不得随意更改咨询专家的审核意见或擅自对已审定的采购文件作出修改。

第十三条　采购人应当依法组建评审委员会，并确保评审过程在公正、安全、保密的情况下进行；发现违规违纪行为的，应及时向有关部门报告。

第十四条　在评审过程中，采购人应如实记录评审委员会的评审意见，不得在评审记录中篡改评审委员会的评审意见和评审结论。

第十五条　在评审过程中，采购人代表不得发表影响评审委员会公正评审的倾向性、歧视性言论。与供应商有利害关系的采购人，应当主动回避。

第十六条　采购人必须按照评审委员会依法推荐的中标、成交候选人顺序确定中标、成交供应商，并在五个工作日内向采购代理机构出具书面确认函。不得擅自在评审委员会推荐的中标、成交候选供应商之外确定中标、成交供应商。

第十七条　采购人应当依据《政府采购法》的相关规定，及时对供应商的询问作出解释，对供应商的质疑作出书面答复。

第十八条　采购人不得在招标采购过程中与投标人及其他供应商进行协商谈判。

第十九条　采购活动一经开始，采购人不得随意中止或终止采购活动。

第二十条　采购人应当公开采购标准，公布采购结果。

第二十一条　采购人在政府采购活动中，应依法遵守相关保密规定，不得泄露以下信息：

（一）已获取采购文件的供应商名单；

（二）评审委员会成员名单；

（三）评审过程情况及尚未公布的评审结果；

（四）有关法律法规规定的保密事项。

第二十二条　采购人在采购过程中不得索取或接受供应商贿赂或获取不正当利益；不得与供应商、采购代理机构相互串通损害国家利益、社会公共利益和其他相关人的合法权益。

第二十三条　采购人与中标、成交供应商应当在中标、成交通知书发出之日起三十日内，按照采购文件确定的事项签订政府采购合同。不得无故拒绝与中标、成交供应商签订政府采购合同；不得与中标、成交供应商签订有悖于合同实质内容的协议或补充合同；不得擅自变更或终止政府采购合同。

第二十四条　政府采购项目的采购合同自签订之日起七个工作日内，采购人应当将合同副本报同级政府采购监督管理部门备案。属采购代理机构代理采购的，还需将采购合同副本送采购代理机构归档。

第二十五条　采购人应严格按照生效的政府采购合同及时办理项目验收、资金支付事宜，不得在办理项目验收、资金支付时设置障碍，谋取不正当利益。

第二十六条　采购人对每项采购活动的采购文件应当按照《政府采购法》及《广东省政府采购项目档案管理暂行办法》的相关规定进行建档保存。

第二十七条　采购人应当积极配合、自觉接受政府采购监督管理部门、监察机关、审计机关的监督检查，并如实反映情况，提供有关材料。

第二十八条　采购人应当对本部门政府采购活动进行监督检查。

第三章　供应商行为规范

第二十九条　在政府采购活动中，供应商应当诚实信用，不得弄虚作假，骗取政府采购供应商资格；不得以任何手段诋毁、排斥其他供应商参与竞争；不得提供虚假资料谋取中标或成交。

第三十条　供应商不得与采购人、采购代理机构及其工作人员和其他供应商串通，损害国家利益、社会公共利益和其他相关人的合法权益。

第三十一条　供应商不得向采购人、采购代理机构及其工作人员、评审委员会成员及其他相关人员行贿或者采取其他不正当手段谋取不合法利益。

第三十二条　供应商应当在规定的时间内对采购人或采购代理机构要求确认的澄清修改文件进行书面确认。

第三十三条　在招标采购过程中，供应商不得与采购人进行协商谈判。

第三十四条　供应商中标、成交后，应当按规定与采购人签订政府采购合同，并严格履约，为采购人提供符合质量标准规定的货物、工程和服务，不得销售伪劣、冒牌、走私商品。

无合法依据，供应商不得拒绝与采购人签订采购合同，不得擅自变更或者终止政府采购合同。

第三十五条　供应商应当主动积极配合政府采购项目的验收工作。

第三十六条　供应商应按照有关规定实名书面向采购人或采购代理机构质疑，实名书面向政府采购监督管理部门投诉，不得进行虚假、恶意的质疑与投诉，阻碍政府采购活动的正常进行。

第三十七条　供应商应当接受政府采购有关部门的检查，并如实反映情况和提供材料。

第四章　采购代理机构行为规范

第三十八条　采购代理机构依法接受采购人的委托，遵循公开、公平、公正和诚实信用原则，按照确定的采购方式和法定的程序组织实施。

第三十九条　采购代理机构可以依据物价部门的有关规定收取代理服务费用。

第四十条　采购代理机构不得弄虚作假骗取政府采购业务代理资格，不得采用任何方式阻挠和限制供应商自由进入本地区和本行业政府采购市场。

第四十一条　采购代理机构应当建立健全内部监督管理制度，明确采购代理活动的执行程序，并相互监督、相互制约。

第四十二条　采购代理机构的工作人员应当具有相关的职业素质和专业技能，符合政府采购监督管理部门规定的专业岗位任职要求。

采购代理机构对其工作人员应当加强教育和培训；对工作人员的专业水平、工作实绩和职业道德状况定期进行考核。工作人员经考核不合格的，不得继续任职。

第四十三条　采购代理机构应当在采购人委托的范围内办理政府采购事宜。不得向采购人行贿或者采取不正当手段谋取代理业务。

第四十四条　采购代理机构不得与采购人、供应商和评审专家串通，采取任何方式暗箱操作，内定中标、成交供应商。

第四十五条　采购代理机构及其工作人员在政府采购活动中，应依法遵守相关保密规定，不得泄露以下信息：

（一）已获取采购文件的供应商名单；

（二）评审委员会成员名单；

（三）评审过程情况及尚未公布的评审结果；

（四）有关法律法规规定的保密事项。

第四十六条　采购代理机构不得在采购文件中列入限制、排斥潜在供应商的商务、技术条款；不得为迎合采购人列入单一品牌的规格技术标准及其他有违公平竞争的条款；不得以不合理的注册资本金、销售业绩及资格条件等条款对潜在供应商实行歧视或差别待遇。

第四十七条　采购代理机构要按有关规定在指定的媒体上发布采购信息，并按采购信息发布的时间、地点接受供应商报名。

第四十八条　采购代理机构应当将采购项目的澄清修改文件按规定时间发送给所有已获取采购文件的供应商。

第四十九条　采购代理机构应当依法组建评审委员会，并确保评审过程在公正、安全、保密的情况下进行；发现违规违纪行为的，应及时向有关部门报告。

第五十条　在评审过程中，采购代理机构应如实记录评审委员会的评审意见，不得发表影响评审委员会公正评审的倾向性、歧视性言论；不得在评审记录中篡改评审委员会的评审意见和评审结论。

第五十一条　采购代理机构应当按规定公示采购结果，公示期期满，未发现有违法违规行为的，应当向中标、成交供应商发出中标、成交通知书，向未中标、成交供应商发出招标结果、谈判结果或询价采购结果通知书。

第五十二条　采购代理机构应当按照《政府采购法》的相关规定，及时对供应商的询问作出解释，对供应商的质疑作出书面答复。

第五十三条　未按规定程序报批，采购代理机构不得随意更改经政府采购监督管理部门确定的采购方式。

第五十四条　采购代理机构对每项采购活动的采购文件应当按照《政府采购法》及《广东省政府采购项目档案管理暂行办法》的相关规定进行建档保存。

第五十五条　采购代理机构应积极配合政府采购监督管理部门及相关部门的监督检查，并如实反映情况，提供有关材料。

第五十六条　采购代理机构应当及时、全面、准确地向政府采购监督管理部门报送政府采购活动的业务信息。

第五章　附　则

第五十七条　政府采购当事人违反本规范的，按照《中华人民共和国政府采购法》及政府采购有关法律法规规定进行处理。

第五十八条　本规范由广东省财政厅负责解释。

第五十九条　本规范从发布之日起执行。

附录4：广东省省级政府采购计划管理暂行办法

（粤财采购〔2004〕32号）

第一章　总　则

第一条　为加强政府采购计划管理，增强政府采购计划性，提高采购效率和采购质量，降低采购成本，根据《中华人民共和国预算法》、《中华人民共和国政府采购法》等法律法规，制定本办法。

第二条　本办法所指政府采购计划是指由省级单位依据政府采购预算，按政府采购品目汇编的反映各单位采购需求及实施要求，并逐级上报、审核、汇总，经省财政厅审核批复的采购计划。

第三条　省级单位应当落实好政府采购计划编制工作，明确政府采购计划编制机构和人员。

第四条　政府采购计划实行按季度编制，分月实施的办法。

第二章　政府采购计划的编制

第五条　政府采购计划编制原则：

（一）完整反映政府采购预算原则。政府采购计划应当根据省财政厅批准的政府采购预算编制，并完整反映政府采购预算。政府采购计划的采购项目数量和采购资金来源应与政府采购预算规定的采购项目数量和采购资金来源相对应，不得编制资金尚未落实的政府采购计划。

政府采购预算包括部门预算中的政府采购预算和年度追加预算中用于政府采购项目的预算。

（二）公平竞争和维护国家利益、公共利益原则。编制政府采购计划应依据有关法律法规，遵循公平竞争和维护国家利益、公共利益原则。除《政府采购法》第十条规定的情形外，政府采购应当采购本国货物、工程和服务；政府采购项目应根据《政府采购法》、《广东省省级政府集中采购目录》等法律法规的规定，采用规范的采购形式和采购方式，按照规范的采购程序运作。

公开招标应作为政府采购的主要方式。

（三）规模效益性原则。编制政府采购计划应注重政府采购的规模效益，在同一年度内，对同一采购品目可以安排两次采购计划，但不得超过两次以上。属于协议供货范围的采购品目，同一品目的采购，每季度内不得超过两次（含两次）。

（四）严格按采购品目分类编制。政府采购计划应严格按采购品目的分类和顺序编制，同类的采购项目应归并在一起。其中，属于政府集中采购目录的政府采购计划（表一、表二），按当年公布的《广东省省级政府集中采购目录》的品目分类和顺序编制；属于政府集中采购目录以外、政府采购限额标准以上的政府采购计划（表三），按 A. 货物类、B. 工程类和 C. 服务类三大类分类编制。

第六条　政府采购计划的编制范围：

（一）编制单位范围。政府采购计划的编制单位范围包括省级国家机关、事业单位和社团组织（简称省级单位）。

省级单位按预算管理权限和经费领拨关系，分为主管预算单位（主管部门）、二级预算单位和基层预算单位。

（二）编制资金范围。政府采购计划的编制资金范围包括预算资金、政府性基金和预算外资金等财政性资金以及与之配套的单位自筹资金。

（三）编制项目范围。纳入当年依法公布的广东省省级政府集中采购目录以及政府采购限额标准以上的货物、工程和服务项目，应按季分月编制政府采购计划。

第七条　政府采购计划的编制程序。

政府采购计划从基层预算单位编起，按财务隶属关系逐级上报、审核、汇总形成部门政府采购计划，于每季度前的15日前按统一规定的表格样式以纸质和电子形式报送省财政厅（政府采购管理办公室）。

上级主管部门为企业集团等自负盈亏单位的单位，可作为独立的部门编制政府采购计划。

第八条　政府采购计划的构成。

政府采购计划分为政府集中采购计划、部门集中采购计划和分散采购计划三部分。属于政府集中采购目录通用类的政府采购项目，应编入政府集中采购计划（表一）；属于政府集中采购目录部门集中类的政府采购项目，应编入部门集中采购计划（表二）；属于政府集中采购目录以外、政府采购限额标准以上的政府采购项目应编入分散采购计划（表三）。

第九条　政府采购计划的内容。

政府采购计划包括品目代码、品目名称、计量单位、单价、采购数量、采购预算、资金来源构成、需求时间、建议采购方式等。

第十条　达到公开招标数额标准、建议采用公开招标以外采购方式的采购项目，应在报送政府采购计划的同时提出申请报告，报送省财政厅（政府采购管理办公室）审批。

第十一条　属于协议采购范围的政府采购项目，应当在政府采购计划中列明。

第三章　政府采购计划的审批

第十二条　省财政厅（政府采购管理办公室）在15个工作日内，依法对省级部门报送的政府采购计划进行审核，并向省级部门批复政府采购计划，省级部门应及时将省财政厅批复的政府采购计划下达给所属单位。

第十三条　政府采购计划审核的主要内容：

（一）政府采购计划是否符合规定的填报要求。

（二）采购需求时间、采购预算是否合理，采购形式是否合法。

（三）采购方式的选择是否符合《政府采购法》的规定。

（四）采购项目的品目分类、排列顺序是否符合规定。

第十四条　对预算金额较大或者专业技术复杂的采购项目，省财政厅可以组织专家进行论证，并依据论证结果审定采购方式。

第四章　政府采购计划的调整和实施

第十五条　政府采购计划一经批复，原则上不做调整。计划执行过程中，如发生采购项目变更、终止、追加或减少调整计划的，必须按计划编制程序报批。

第十六条　省级主管部门应按照批复的政府采购计划组织实施本部门的政府采购活动。

（一）属于政府集中采购计划（表一）的采购项目，应当依法委托省政府采购中心组织实施。

（二）属于部门集中采购计划或分散采购计划的采购项目，可依法委托具有资质的政府采购代理机构或省政府采购中心组织实施，也可以自行组织实施。

（三）属于协议供货范围的采购项目，应按省财政厅有关协议供货的规定执行。

第十七条　省级单位应当将项目的详细用户需求书送政府采购代理机构。

用户需求书的内容应当符合政府采购的公平竞争原则和维护国家利益、社会公共利益原则。

第十八条　政府采购计划实施应当按照《广东省政府采购公开招标实施暂行规程》及《广东省政府采购非公开招标实施暂行规程》的有关规定执行。

第十九条　各部门、各采购代理机构应当参照《广东省省级政府采购指南》的实施程序和时间要求组织实施采购。

第二十条　省政府采购中心应当对同类政府采购项目进行打包，组织规模采购。

第五章　附　则

第二十一条　本办法由广东省财政厅负责解释。

第二十二条　本办法自2005年第2季度开始施行。不按本办法编制政府采购计划的采购项目，原则上不予受理。

附件：

政府采购计划表编制说明

一、表格构成

（一）政府集中采购计划表（表一）

（二）部门集中采购计划表（表二）

（三）分散采购计划表（表三）

二、表格填报说明

（一）政府采购计划表填报范围为省级主管部门及下属省级财政拨款的国家机关、事业单位、团体组织（简称省级预算单位）。企业单位不纳入填报范围。

（二）政府采购计划表由主管部门组织填写、汇总，并细化至基层预算单位，主管部门本级政府采购计划包含在政府采购总计划之内。

（三）部门报送政府采购计划表时，应同时附上本级及二级预算单位政府采购计划表。

（四）单位填报政府采购计划表时，应根据本年度政府集中采购目录及政府采购限额标准，将采购项目按集中采购、部门集中采购和分散采购项目进行分类，分别填报政府集中采购计划表（表一）、部门集中采购计划表（表二）和分散采购计划表（表三）。

（五）“品目代码”集中采购计划表（表一、表二）按本年度政府集中采购目录中的品目代码填写；分散采购计划（表三）按 A. 货物类、B. 工程类、C. 服务类三大类填写。

（六）“预算资金”是指财政一般预算收入（含纳入预算管理的行政事业性收费、罚没收入），包括年度预算资金和预算执行中追加的资金。

“预算外资金”是指按规定缴入财政专户或经财政部门批准留用的，未纳入预算管理的财政性资金。

“政府性基金”是指按国务院或财政部审批的项目和标准向企事业单位和个人征收、募集或以政府信誉建立的具有特定用途并纳入预算内管理的各种基金（资金、附加收入）。

“单位自筹资金”是指采购单位按照政府采购拼盘项目要求，按规定用单位自有资金安排的资金。

（七）“需求时间”填写交货时间或工程开工时间。

（八）“单位代码”按照省级单位部门预算的单位代码填写。

（九）政府集中采购计划（表一）“建议采购方式”一栏，

除有特殊情况需要单独成标的采购项目需要填写外，其他采购项目的采购方式由省政府采购中心集中打包后依法选择，单位在填表时不需填写。

（十）政府采购方式是指公开招标、邀请招标、竞争性谈判、单一来源采购和询价。

附录5：广东省政府采购项目档案管理暂行办法

（粤财采购〔2004〕14号）

第一条　为加强政府采购项目档案的管理，有效保护和利用政府采购项目档案资源，根据《中华人民共和国政府采购法》和《中华人民共和国档案法》的有关规定，制定本办法。

第二条　本办法适用于广东省政府采购项目档案管理。

第三条　政府采购监督管理部门负责政府采购项目档案工作的监督和检查。

第四条　政府采购项目档案是反映政府采购活动的重要记录。采购人和采购代理机构在组织实施政府采购项目活动中形成的文件材料，都应归入政府采购项目档案管理，保证档案资料的真实性、完整性。

第五条　政府采购项目档案是指采购人和采购代理机构在政府采购活动中形成的文字、图纸、图表、音像、纸质、磁盘、光盘等不同媒质载体的记录。

政府采购项目档案包括：采购活动记录、采购预算、采购文件、投标、报价文件、评审标准、评审报告、定标、成交文件、合同文本、验收证明、质疑答复、投诉处理决定及其他有关文件、资料。

采购活动记录至少应包括下列内容：

（一）采购项目类别、名称；

（二）采购项目预算、资金构成和合同价格；

（三）采购方式，采用公开招标以外的采购方式的，应当载明原因；

（四）邀请和确定供应商的条件及办法；

（五）评审标准及确定中标、成交供应商的依据；

（六）废标的原因。

第六条　采购人和采购代理机构要依法做好政府采购项目档案管理工作，加强项目档案的立卷、归档、保管和销毁的管理，确保政府采购项目档案存放有序、查阅方便，严防毁损、散失。

第七条　采购人和采购代理机构应根据具体采购方式，参照《政府采购档案目录》（附后），建立政府采购项目档案。

政府采购项目档案文件、资料应采用标准 A4 纸记录和打印。工程项目的设计图纸可根据具体情况确定。

第八条　采购人和采购代理机构在政府采购项目合同签订、交付验收完成后，按规定负责收集、整理、立卷、装订、编制目录。

政府采购项目档案的管理应指定专人负责，政府采购项目档案不得借出。确需查阅或复制政府采购项目档案，须经本单位负责人批准，并办理登记手续。查阅或者复制政府采购项目档案资料的人员，严禁在档案资料上涂画、拆封和抽换。

采购人和采购代理机构应设立档案室，建立健全政府采购项目档案查阅、复制的登记制度。

第九条　采购人或采购代理机构应按有关规定制定本部门的档案立卷办法。

第十条　政府采购项目档案的保存期限为从采购结束之日起至少保存十五年。

第十一条　保管期满的政府采购项目档案，可按档案管理的有关规定销毁。

第十二条　政府采购项目档案管理人员变更，应当编制档案移交清册，列明应当移交的档案名称、卷号、册数、起止年度、应保管期限、已保管期限等。

交接双方按照档案移交清册所列内容进行交接，并由交接双方的单位负责人负责监交。交接完毕后，交接双方经办人和监交人应当在档案移交清册上签名或盖章。

第十三条　采购人和采购代理机构应积极配合政府采购监督管理部门对政府采购档案的检查。

第十四条　本办法由广东省财政厅负责解释。

第十五条　本办法自发布之日起施行。

附录6：广东省政府采购公开招标采购方式暂行实施规程

（粤财采购〔2004〕17号）

第一章　总　则

第一条　为规范政府采购公开招标程序，根据《中华人民共和国政府采购法》、《中华人民共和国招标投标法》及《广东省实施<中华人民共和国招标投标法>办法》，制定本规程。

第二条　本规程适用于广东省政府采购货物、服务类项目的公开招标活动。

使用财政性资金的政府采购工程，应纳入政府采购管理，适用《中华人民共和国招标投标法》和本省有关建设工程招标投标管理规定。

第三条　政府采购公开招标活动应当遵循公开透明原则、公平竞争原则、公正原则和诚实信用原则。

第二章　招标委托

第四条　采购人在办理委托前，应编制详细的用户需求书。

用户需求书包括采购预算（一般应包括市场参考单价）、商务要求、技术要求和服务要求等。商务要求包括合格投标人条件、交货期、货款结算方式、履约保证金、货物安装调试、检验及验收、保险以及争端的解决等；技术要求包括采购项目名称、数量、技术规格、质量保证等；服务要求包括产品配送地点、质保期、售后服务等。

用户需求书中不得列入限制、排斥潜在供应商的商务、技术条款；不得列入某一品牌特有的规格技术标准及其他有违公平竞争的条款；不得以不合理的注册资本金、销售业绩以及资格条件

（含特别授权条款）等条款对潜在供应商实行歧视或差别待遇。

第五条　采购人应当根据同级政府集中采购目录，按以下原则确定采购代理机构。

（一）采购属于政府集中采购目录通用类的政府采购项目，必须委托集中采购机构组织实施；

（二）采购属于政府集中采购目录部门集中采购类，达到公开招标数额标准以上的采购项目，应当委托集中采购机构或其他政府采购代理机构组织实施。

第六条　采购人应与采购代理机构签订委托代理协议，依法确定委托代理事项，约定双方的权利、义务和收取代理费的标准等。

第三章　组织招标

第七条　满足下列条件之一的采购项目，除法律法规要求保密外，采购人或采购代理机构应当发布招标信息预告，就采购标准是否有倾向性、歧视性征集潜在供应商意见。

（一）有可能影响公平竞争的项目；

（二）国家或省、市重点建设项目；

（三）政府采购项目金额较大的，金额标准由各地级以上市政府采购监督管理部门根据本地的政府采购情况制定；

（四）政府采购监督管理部门认为应当进行招标预告的其他采购项目。

招标预告的内容应当包括：采购人或采购代理机构名称；项目名称、用途、数量、规格、技术要求和交货日期；对供应商的资格要求；联系人及联系方式。

采购人或采购代理机构对潜在供应商公正、合理的意见应予采纳。

第八条　采购代理机构根据采购人的用户需求书依法编制招标文件。

采购代理机构在收到采购人提供的用户需求书后，应当及时编制招标文件。招标文件主要内容应当包括：投标邀请、投标人须知、评标方法、评标标准、评标细则及无效投标条款、用户需求书、合同条款及格式、投标书格式。

招标文件要充分体现公平、公正的原则，不得要求或者标明特定的制造商和代理商，商务、技术和服务等条款的要求不得有倾向性和歧视性。

货物或服务类采购项目，技术指标或供应商的资质应当有三个以上品牌或三家符合资质要求的供应商完全响应。同一品牌的产品可有多家代理商参与竞争，但只作为一个供应商计算。

第九条　满足下列条件之一的采购项目在编制招标文件过程中，应当进行招标文件论证：

（一）招标信息预告期间，潜在供应商对采购标准有质疑的；

（二）国家或省、市重点建设项目；

（三）政府采购项目金额较大的，论证项目金额标准由各地级以上市政府采购监督管理部门根据本地的政府采购情况制定；

（四）政府采购监督管理部门认为应当进行招标文件论证的其他采购项目。

招标文件论证小组由采购人代表和专家组成，成员人数为三人以上单数，专家人数不得少于论证小组成员总数的三分之二。

论证小组主要对招标文件中投标人资质条件、商务条款、技术指标参数、评标标准及办法等进行论证，并出具书面论证意见，确保潜在供应商之间的公平竞争。

第十条　采购代理机构在招标文件编制完成后提交采购人审

核，采购人一般在收到文件之日起 3 个工作日内提出审核、确认意见。

第十一条　招标文件经确认后，采购代理机构应按《广东省政府采购信息公告管理暂行办法》的规定发布招标公告。

对供应商进行资格预审的采购项目，资格预审的程序及细则应当在招标公告中明确说明。采购人或采购代理机构应当接受供应商报名，并按照招标公告公布的资格预审程序及细则，对供应商进行资格审查，并将资格审查结果函告所有参加资格预审的供应商。

第十二条　采购代理机构应当对获取招标文件的供应商登记备案。招标文件的售价按有关规定执行。

第十三条　招标文件需进行澄清或修改的，应在规定投标截止时间 15 天前，以书面形式通知所有获取招标文件的供应商。供应商收到澄清修改文件后，应当以书面形式确认。澄清修改的内容为招标文件的组成部分。

澄清或修改时间不足 15 天的，采购人或采购代理机构在征得已获取招标文件的供应商同意并书面确认后，可不改变投标截止时间。

第四章　开标、评标和定标

第十四条　实行公开招标的政府采购项目，采购人或采购代理机构应依法组建评标委员会。

评标委员会原则上在开标前 1 个工作日内组建，专家成员一般从省级政府采购监督管理部门认可的专家库中随机抽取确定。采购人或采购代理机构应当派代表（原则上派监察人员）到现场监督抽取专家过程。特殊原因不能参加的，应向负责抽取专家的机构出具书面函件。评标委员会名单在中标结果确定前应当保密。

特殊的采购项目，经同级政府采购监督管理部门批准可直接确定专家成员。

评标委员会由采购人代表和有关技术、经济等方面的专家组成，成员人数为五人以上单数，其中技术、经济等方面的专家不得少于成员总数的三分之二。采购人代表由采购人书面授权确定。

第十五条　采购人或采购代理机构应在招标文件规定的投标地点和截止时间前，接受投标人递交的密封完好的投标文件。投标截止时间后递交的投标文件一律不予接受。

第十六条　采购人或采购代理机构应在招标文件确定的时间和地点组织开标。一般遵循以下程序：

（一）开标会由采购人或采购代理机构主持。

（二）在招标文件规定的投标截止时间到点时，主持人应当宣布投标截止时间已到，以后递交的文件一律不予接受。

（三）主持人宣读开标大会会场纪律。

（四）开标时，应实行现场监督。现场监督人员应当是采购人、采购代理机构的监察人员或政府采购监督管理部门、监察机关、公证机关的派出人员。评标委员会专家成员不参加开标大会。

（五）投标文件的密封情况应由监督人员确认并当众拆封，并按招标文件规定的内容当众唱标。

（六）开标会记录人应在开标记录表上记录唱标内容，并当场公示。如开标记录表上内容与投标文件不一致时，投标人代表须当场提出。开标记录表由记录人、唱标人、投标人代表和有关人员签字确认。

第十七条　采购人或采购代理机构负责评标会场组织工作，

并采取有效措施，保证评标工作在严格保密的情况下进行。一般遵循以下程序：

（一）宣读评标纪律。组织评标工作的人员应在评标前宣读评标纪律，并要求评标委员会成员及工作人员签字确认。依法应该回避的，评标委员会成员和其他工作人员应当主动提出回避。

（二）评标现场监督。评标时，应实行现场监督。现场监督人员应当是采购人、采购代理机构的监察人员或政府采购监督管理部门、监察机关、公证机关的派出人员。

（三）评标委员会评标并出具评标报告。评标委员会应当根据招标文件规定的评标标准和方法，严格按照招标文件的评标程序，对投标文件进行系统的评审和比较，依法出具评标报告并推荐中标候选人，或按采购人的授权直接确定中标供应商。招标文件中没有规定的标准和方法不得作为评标的依据。

评标委员会在评标过程中一致认为招标文件表述不明确或需说明的其他事项，可请采购人代表或采购代理机构工作人员解释说明，但不得发表带有倾向性或其他影响评审公正性的意见。

（四）投标人的澄清或说明。评标委员会可以书面形式要求投标人对投标文件中含义不明确、对同类问题表述不一致或者有明显文字和计算错误的内容作出必要的澄清、说明或者补正。澄清、说明或者补正应当采取书面形式，但不得超出投标文件的范围或者改变投标文件的实质性内容。

（五）参加评标会议的所有工作人员应当对评标过程和评标结果保密。

第十八条　采购人一般应在五个工作日内按照评标委员会推荐的中标候选人顺序依法确定中标供应商。

采购人或采购代理机构应当按规定将中标结果进行公示，公示期为三个工作日。

第十九条　采购人或采购代理机构应依法向中标供应商发出中标通知书，向未中标的投标人发出招标结果通知书。

属采购代理机构组织的采购项目，采购代理机构应同时向采购人发出招标结果通知书。

第二十条　供应商有质疑和投诉的，按照《中华人民共和国政府采购法》和《政府采购供应商投诉处理办法》规定处理。

第五章　签约与验收

第二十一条　采购人与中标供应商应当自中标通知书发出之日起三十日内，按照招标文件和中标供应商投标文件的约定签订政府采购合同，合同条款不得与招标文件和中标供应商投标文件内容有实质性偏离。

采购合同自签订之日起七个工作日内，采购人应将合同副本报同级政府采购监督管理部门和有关部门备案；委托采购代理机构代理采购的，采购人还应将采购合同副本送采购代理机构归档。

第二十二条　采购人或采购代理机构应分别按下列情况，退回投标供应商的投标保证金：

（一）在确定中标供应商后五个工作日内，退回未中标供应商的投标保证金；

（二）在签订合同后五个工作日内，退回中标供应商的投标保证金。投标保证金转为履约保证金的，按合同约定办理；

（三）在投标有效期内不能确定中标供应商的，在投标有效期满后五个工作日内，退回所有投标人的投标保证金。

第二十三条　采购人或其委托的采购代理机构应当组织对供应商履约的验收。大型或者复杂的政府采购项目，应当邀请国家认可的质量检测机构参加验收工作。验收方成员应当在验收书上签字，并承当相应的法律责任。

采购人组织对供应商履约验收的，双方应按规定完成验收工作。如有异议不能验收的，应提请其委托的采购代理机构协商；协商未果的，提请政府采购监督管理部门协调；协调未果的，按有关法律法规办理。

第六章　附　则

第二十四条　采购人或采购代理机构应当按照《中华人民共和国政府采购法》和《广东省政府采购项目档案管理暂行办法》，对每项采购活动的采购文件妥善保存，不得伪造、变造、藏匿或销毁。

第二十五条　政府采购监督管理部门及有关部门可以通过抽查、现场监督等方式对公开招标采购活动进行检查、监督，采购当事人应当积极配合。

第二十六条　本规程由广东省财政厅负责解释。

第二十七条　本规程自发布之日起施行。

附录7：广东省政府采购评审委员会工作暂行规程

（粤财采购〔2004〕27号）

第一章　总　则

第一条　为规范政府采购评审工作，确保政府采购评审工作客观、公平、公正，根据《中华人民共和国政府采购法》和财政部《政府采购评审专家管理办法》等法律法规，制定本规程。

第二条　本规程适用于广东省政府采购项目的评审工作。

第三条　本规程所称政府采购评审委员会是指评标委员会、谈判小组和询价小组。

第四条　评审工作应当遵循公平、公正、科学、择优的原则。

第五条　评审委员会依法独立进行评审，任何单位和个人不得非法干预评审委员会的工作。

第六条　评审委员会应当接受同级政府采购监督管理部门以及其他有关部门依法实施的监督和管理。

第七条　评审委员会由采购人或采购代理机构依据《广东省政府采购评审委员会组建暂行办法》组建。

第八条　采购人或采购代理机构应当采取必要措施，确保评审工作在严格保密的情况下进行。

第二章　评审委员会职责和义务

第九条　评审工作由采购人或采购代理机构负责组织，具体评审事务由评审委员会负责，并独立履行下列职责：

（一）审查投标、报价文件是否符合采购文件要求，并作出评价；

（二）按照采购文件规定的评审方法和评审标准进行评审，对评审意见承担个人责任；

（三）根据需要要求投标供应商对投标、报价文件有关事项作出解释或者澄清；

（四）推荐中标、成交候选供应商名单，或者受采购人委托按照事先确定的办法直接确定中标、成交供应商；

（五）参与评审报告的起草；

（六）其他法律法规规定的职责。

第十条　评审委员会成员应当履行下列义务：

（一）遵纪守法，客观、公正、廉洁地履行职责；

（二）对评审过程和结果，以及供应商的商业秘密保密；

（三）向采购人、采购代理机构或政府采购监督管理部门检举非法干预评审工作的行为；

（四）配合政府采购监督管理部门的投诉处理工作；

（五）配合采购人或采购代理机构答复供应商提出的质疑；

（六）其他法律法规规定的义务。

第三章　评审委员会工作程序

第十一条　政府采购项目采用招标方式的，评审委员会应当遵循以下程序开展工作：

（一）选定评审委员会主任。采购人代表不得作为评审委员会主任。

（二）了解、熟悉招标文件及项目的实际需求。

（三）投标文件初审。初审分为资格性审查和符合性审查。

（1）资格性审查。依据法律法规和招标文件的规定，对投标文件中的资格证明、投标保证金等进行审查，以确定投标供应商是否具备投标资格。

（2）符合性审查。依据招标文件的规定，从投标文件的有效性、完整性和对招标文件的响应程度进行审查，以确定是否对招标文件的实质性要求作出响应。

（四）解释、澄清有关问题。

（1）在评标过程中，评审委员会认为招标文件表述不明确或需要说明的其他事项，可请采购人代表或采购代理机构工作人员解释说明，但解释说明的内容不得带有倾向性或其他影响评审公正性的意见。

（2）对投标文件中含义不明确、同类问题表述不一致或者有明显文字和计算错误的内容，评审委员会可以书面形式（应当由评审委员会主任签字）要求投标人作出必要的澄清、说明或者纠正。投标人的澄清、说明或者补正应当采用书面形式，由其授权的代表签字，并不得超出投标文件的范围或者改变投标文件的实质性内容。

（五）比较与评价。按招标文件中规定的评标方法和标准，对资格性审查和符合性审查合格的投标文件进行商务和技术评估，综合比较与评价。

（六）核定评标记录。评审委员会应当核定相关评标记录并签字确认。

（七）推荐中标候选供应商名单。中标候选供应商数量应当根据招标文件的规定确定，但必须按顺序排列中标候选供应商。

（1）采用最低评标价法的，按投标报价由低到高顺序排列。投标报价相同的，按技术指标优劣顺序排列。

评审委员会认为，排在前面的中标候选供应商的最低投标价或者某些分项报价明显不合理或者低于成本，有可能影响商品质量和不能诚信履约的，应当要求其在规定的期限内提供书面文件予以解释说明，并提交相关证明材料；否则，评审委员会可以取消该投标人的中标候选资格，按顺序由排在后面的中标候选供应商递补，以此类推。

（2）采用综合评分法的，按评审后得分由高到低顺序排列。得分相同的，按投标报价由低到高顺序排列。得分且投标报价相同的，按技术指标优劣顺序排列。

（3）采用性价比法的，按商数得分由高到低顺序排列。商数得分相同的，按投标报价由低到高顺序排列。商数得分且投标报价相同的，按技术指标优劣顺序排列。

（八）编写评标报告。评标报告是评审委员会根据原始评标记录和评标结果编写的报告，其主要内容包括：

（1）招标公告刊登的媒体名称、开标日期和地点；

（2）获取招标文件的投标人名单和评审委员会成员名单；

（3）评标方法和标准；

（4）开标记录和评标情况及说明，包括投标无效投标人名单及原因；

（5）评标结果和中标候选供应商排序表；

（6）评审委员会售标建议。

（九）签字确认评标报告。评标报告须由评审委员会全体成员签字确认。

第十二条　政府采购项目采用竞争性谈判方式的，评审委员会应当遵循以下程序开展工作：

（一）报价文件初审。初审办法按第十一条规定执行。

（二）开展谈判。

（1）谈判小组所有成员集中与单一供应商就有关技术、价格、交货期、付款方式、售后服务等问题按照谈判文件规定的谈判轮数分别进行谈判，要求各供应商分别进行不超过三轮报价。在谈判中，谈判小组及有关当事人应当严格遵循保密原则，任何人不得透露与谈判有关的供应商的技术、价格和其他信息。

(2) 谈判小组对谈判文件作实质性变动的，应当以书面形式通知所有参加谈判的供应商。

(三) 确定成交供应商。

(1) 谈判小组在谈判结束后，要求所有参加谈判的供应商就谈判小组最终确认的技术、商务方案，在规定的时间内提出最后报价及有关承诺。

(2) 谈判小组按照谈判文件规定的评定标准，对供应商提供的最后报价及有关承诺进行评审。

(3) 谈判小组在完成评审工作后，出具竞争性谈判评审报告，推荐成交候选供应商，谈判小组所有成员签字确认。

第十三条 政府采购项目采用询价方式的，评审委员会应当遵循以下程序开展工作：

(一) 报价文件初审。初审办法按第十一条规定执行。

(二) 询价小组需对询价文件作出实质性变动的，应当以书面形式通知所有被询价的供应商。

(三) 询价。询价小组要求通过初审的供应商在规定时间内一次报出不得更改的价格。询价小组不得与某一供应商就其报价进行谈判。

(四) 确定成交供应商。询价小组完成询价工作后，出具询价评审报告，推荐成交候选供应商，询价小组全体成员签字确认。

第十四条 评审委员会成员对评审结论持有异议的，可以书面方式阐述其不同意见和理由。评审委员会成员拒绝在评审报告上签字且不陈述其不同意见和理由的，视为同意评审结论。评审委员会应当对此作出书面说明并记录在案。

第四章 评审工作纪律

第十五条 评审委员会成员都应当遵守有关法律法规，严守有关保密规定并在评审前书面承诺遵守评审纪律。

第十六条 评审委员会成员的通讯设备应当集中保管。

第十七条 评审委员会成员与评审项目有以下情形之一利害关系的，应当主动提出回避：

（一）近三年内曾在参加该采购项目的供应商中任职（包括一般工作）或担任顾问的；

（二）配偶或直系亲属在参加该采购项目的供应商中任职或担任顾问的；

（三）配偶或直系亲属参加同一项目评审工作的；

（四）近三年内与参加该采购项目的供应商发生过法律纠纷的；

（五）其他可能影响公正评审的情况。

第十八条 评审委员会成员确认参加评审工作后，应当准时到达指定地点；因故不能参加评审的，应当及时告知相关单位。

第十九条 评审委员会成员在评审过程中，不得将投标、报价文件带离评审现场评审；不得向外界透露评审内容；评审结束后不得复印或带走与评审内容有关的资料。

第二十条 评审委员会成员评审时，应各自独立进行评审，不得发表任何具有倾向性、诱导性或歧视性的见解，不得对其他评委的评审意见施加任何影响。

第二十一条 评审委员会成员要求采购人或供应商陈述或澄清问题，需经评审委员会主任同意，并以书面形式提出。

第二十二条 除第二十一条规定的情形之外，评审委员会成员在评审过程中，不得接收来自评审现场以外的任何形式的文件资料。

第二十三条　评审委员会成员不得违反国家有关廉洁自律的规定，私下收受参与政府采购活动的供应商及有关业务单位的财物。

第五章　附　则

第二十四条　评审专家有以下情形的，采购人或采购代理机构应当填写“评审专家信息反馈表”（格式附后），交同级政府采购监督管理部门备案：

（一）参加评审工作迟到或无故缺席的；

（二）评审期间私自与投标、报价供应商接触或联系的；

（三）在评审过程中，将投标、报价文件带离评审现场的；

（四）在评审过程中，发表了具有倾向性、诱导性或歧视性见解的；

（五）明显不胜任从事政府采购项目评审工作的；

（六）其他违反有关法律法规、评审工作纪律及保密规定行为的。

第二十五条　重大、重点采购项目应当现场录像记录评审过程，以备查验。

第二十六条　评审现场所有工作人员应当遵守并执行评审工作纪律。

评审委员会成员或其他有关人员在评审过程中违反本规程的，由政府采购监督管理部门依据有关法律法规进行处理。

第二十七条　本规程由省财政厅负责解释。市（地）财政部门可制定具体的实施细则。

第二十八条　本规程自发布之日起施行。

附录8：广东省政府采购评审委员会组建暂行办法

（粤财采购〔2004〕26号）

第一条　为规范政府采购行为，保证政府采购项目专家评审的公正性，根据《中华人民共和国政府采购法》、财政部《政府采购评审专家管理办法》以及《政府采购货物和服务招标投标管理办法》，制定本办法。

第二条　本办法所称的评审委员会是指评标委员会、谈判小组和询价小组。

第三条　广东省政府采购项目采用以下采购方式的，评审委员会的组建适用本办法：

（一）公开招标；

（二）邀请招标；

（三）竞争性谈判；

（四）询价。

第四条　采购人或采购代理机构应当从同级或上一级的政府采购监督管理部门设立的政府采购评审专家库中确定评审委员会的评审专家名单。

第五条　政府采购评审专家应当具备如下条件：

（一）具有较高的业务素质和良好的职业道德，在政府采购评审过程中能以客观公正、廉洁自律、遵纪守法为行为准则；

（二）从事相关领域工作满8年，具有本科（含本科）以上文化程度，高级专业技术职称或者具有同等专业水平；

（三）年龄在65周岁以下，健康状况良好，熟悉政府采购的相关法律法规，能胜任政府采购评审工作；两院院士或者享受政府特殊津贴者，可不受年龄限制；

（四）本人愿意以独立身份参加政府采购评审工作，并接受政府采购监督管理部门的监督管理；

（五）没有违纪违法等不良记录。

第六条　设立政府采购评审专家库应当具备下列条件：

（一）具有符合本办法第五条规定条件的评审专家，每个专业类专家人数不得少于 50 人；

（二）有满足政府采购项目评审需要的专业分类；

（三）有满足随机抽取评审专家需要的必要设施和条件；

（四）有负责专家数据信息管理和专家抽取的专门人员；

（五）省级政府采购监督管理部门规定的其他条款。

第七条　政府采购评审委员会由采购人代表和有关技术、经济等方面的专家组成，其中技术、经济等方面的专家不得少于成员总数的三分之二。

采用招标采购方式的，评标委员会成员人数应为五人以上单数；招标项目采购数额在 300 万元以上、技术复杂的，评标委员会中技术、经济方面的专家人数应当为五人以上。采购人不得以专家身份参与本部门或者本单位采购项目的评标。采购代理机构工作人员不得参加由本机构代理的政府采购项目的评标。

采用竞争性谈判或询价采购的，谈判小组或询价小组成员人数应为三人以上单数；竞争性谈判采用综合评分法的，谈判小组成员人数应为五人以上单数。

采购人代表应当具备相应的采购专业技能，并经采购人书面授权。

第八条　评审委员会的专家，应当采取以下方式产生：

（一）一般项目，应当从政府采购评审专家库中采取随机抽取方式确定评审专家；

（二）对技术复杂、专业性较强的采购项目，通过随机抽取方式难以确定合适评审专家的，经地级以上市政府采购监督管理部门同意，可以采取选择性方式确定评审专家。

第九条　评审委员会评审专家的随机抽取工作应有专人负责，采购人和采购代理机构应当派代表（原则上是监察人员）到现场监督专家抽取过程。重大或者特殊项目评审专家的抽取，采购人或采购代理机构应当邀请政府采购监督管理部门和监察机关派员监督。

第十条　评审委员会评审专家名单一般应在评审工作开始前1个工作日内确定，在评审结果确定前应当保密。

第十一条　采用随机抽取方式确定评审专家时，应遵循以下程序：

（一）采购人或采购代理机构根据有关规定及项目实际情况，确定评审专家的数量以及行业、专业或地域要求。

（二）政府采购监督管理部门或其授权机构从政府采购评审专家库中根据行业、专业和地域的分类随机抽取专家人选，专家抽取人数一般为项目所需评审专家数量的两倍以上。

（三）政府采购监督管理部门或其授权机构按抽取顺序通知评审专家，通知时不得涉及项目的具体内容。顺序在前的评审专家因故不能参加评审活动的，由顺序在后的评审专家依次递补。通知评审专家的过程应有书面或语音记录。

（四）采购人、采购代理机构和有关监督部门人员共同填写“政府采购评审专家抽取登记表”存档备查。

第十二条　采用选择性方式确定评审专家的，应遵循以下程序：

（一）采购人或采购代理机构向同级政府采购监督管理部门提交确定评审专家申请函，内容应包括项目说明、采用选择性方式的理由、所需评审专家人数、选择条件及范围等。

（二）经政府采购监督管理部门审核同意后，由采购人或采购代理机构从政府采购评审专家库或有关机构推荐的专家名单中选定评审专家人选。

（三）按第十一条（三）、（四）款规定通知并作记录。

第十三条　评审委员会评审专家名单的确定，应当遵守以下规定：

（一）近三年内曾在参加该采购项目的供应商中任职（包括一般工作）或担任顾问的，不得作为评审专家；

（二）配偶或直系亲属在参加该采购项目的供应商中任职或担任顾问的，不得作为评审专家；

（三）与参加该采购项目的供应商发生过法律纠纷的，不得作为评审专家；

（四）评审委员会中，同一任职单位评审专家不得超过二名；

（五）参与采购文件论证的专家不得作为评审专家；

（六）法律法规的其他相关规定。

第十四条　因政府采购专家库中专家数量在抽选时不足以满足实际所需专家人数，不足部分可由采购人或采购代理机构推荐人选。推荐人选经政府采购监督管理部门审核并办理有关手续后，方可进入政府采购评审专家库。

第十五条　有以下情形之一的，评审专家名单应当进行补充：

（一）经核实，已被邀请的评审专家存在第十三条规定的情形需要回避的；

（二）已被邀请的评审专家因故不能按规定时间参与评审活动的。

第十六条　有以下情形之一的，评审专家名单应当重新

确定·

（一）评审专家名单泄密的；

（二）需重新进行评审的；

（三）违反本办法规定确定评审专家名单的；

（四）其他违反法律法规规定的。

第十七条　评审专家名单一经确定，应当依法严格保密，因泄密而影响评审工作的，依法追究有关责任人的责任。

第十八条　参与评审专家抽取工作的有关人员，不得在项目评审前向被邀请的专家透露其即将参与评审项目的信息。

第十九条　采购人或采购代理机构违反本办法规定组建评审委员会的，由政府采购监督管理部门和有关部门根据《政府采购法》等法律法规的有关规定追究责任。

第二十条　政府采购项目采购文件论证专家及单一采购方式所需评审专家由采购人或采购代理机构从政府采购评审专家库或有关机构推荐的专家名单中直接选定。

第二十一条　本办法由广东省财政厅负责解释。

第二十二条　本办法自发布之日起施行。

附录9：广东省政府采购非公开招标采购方式实施暂行规程

（粤财采购〔2004〕18号）

第一章　总　则

第一条　为规范政府采购非公开招标采购方式实施程序，根据《中华人民共和国政府采购法》和《中华人民共和国招标投标法》，制定本规程。

第二条　本省内采用非公开招标方式的政府采购活动适用本规程。采用邀请招标方式采购的工程项目，同时适用《中华人民共和国招标投标法》和本省有关建设工程招标投标管理规定。

第三条　本规程所称非公开招标采购方式是指《中华人民共和国政府采购法》规定的邀请招标、竞争性谈判、单一来源和询价。

第二章　确定采购方式

第四条　广东省政府采购项目采用非公开招标方式的，应当依照下列情形确定具体采购方式：

（一）达到公开招标数额标准以上的政府采购项目，采用非公开招标方式采购的，应当在采购活动开始前获得同级政府采购监督管理部门的批准；

（二）属于政府集中采购目录通用类的政府采购项目，未达到公开招标数额标准的采购项目，由集中采购机构依法确定采购方式；

（三）属于政府集中采购目录部门集中采购类，未达到公开招标数额标准的采购项目，由采购人主管部门依法确定采购方式；

（四）属于政府集中采购目录以外，政府采购限额标准以上的分散采购项目，未达到公开招标数额标准的，由采购人依法确定采购方式。

第五条 符合下列情形之一的政府采购项目，可以采用邀请招标方式采购：

（一）具有特殊性，只能从有限范围供应商处采购的；

（二）采用公开招标方式的费用占政府采购项目总价值比例过大的。

第六条 符合下列情形之一的政府采购项目，可以采用竞争性谈判方式采购：

（一）招标后没有供应商投标或者没有合格标的，或者重新招标未能满足用户急需的；

（二）技术复杂或者性质特殊，不能确定详细规格或者具体要求的；

（三）采用招标所需时间不能满足用户紧急需要的；

（四）不能事先计算出价格总额的。

第七条 符合下列情形之一的政府采购项目，可以采用单一来源方式采购：

（一）只能从唯一供应商处采购的；

（二）发生了不可预见的紧急情况，不能从其他供应商处采购的；

（三）必须保证原有采购项目一致性或者服务配套的要求，需要继续从原供应商处添购，且添购资金总额不超过原合同采购金额百分之十的。

第八条 采购的货物规格、标准统一，现货货源充足且价格变化幅度小的政府采购项目，可以采用询价方式采购。

第三章　确定供应商名单

第九条　确定供应商名单应当遵循公开透明原则、公平竞争原则、公正原则和诚实信用原则。

采购货物类项目，合格供应商的条件，除法律、行政法规规定的条件外，只需该产品的经销代理权，在确定供应商名单之前不得设置特别授权条款。

对重大的货物采购项目，为保证货物质量和售后服务，在确定供应商名单后，可要求制造商出具该项目的特别授权。

第十条　确定供应商家数应当符合以下规定：

（一）采购货物类项目，符合采购人需求的品牌至少应当达到三家以上；同一品牌的产品可由多家代理商参加竞争，但只作为一家供应商计算。

（二）采购工程、服务类项目，符合资格条件的供应商至少应达到三家以上。

第十一条　确定供应商名单应当符合以下规定：

（一）在采购文件编制完成之后确定供应商名单；

（二）在采购文件中明确规定供应商产生的方式；

（三）从公开报名或供应商库符合资格条件的供应商名单中，以随机抽取的方式确定三家以上供应商名单。

第十二条　采取公开报名方式确定供应商名单的，应当遵循以下程序：

（一）采购人或采购代理机构应当按照《广东省政府采购信息公告管理办法》规定，在指定媒体公开发布采购信息，接受供应商报名；

（二）对报名的供应商进行资格审查；

（三）确定供应商名单。

第十三条　从供应商库中确定供应商名单的，应当遵循以下程序：

（一）采购人或采购代理机构向政府采购监督管理部门认可的供应商库的设立机构进行用库登记；

（二）由供应商库设立机构确定符合资格条件的供应商名单；

（三）确定供应商名单。

第十四条　采用随机抽取方式从供应商库中确定供应商名单的，供应商库中相关行业的供应商数量应当达到需抽取供应商数量的三倍以上；经报政府采购监督管理部门审核，采购人或采购代理机构可以推荐符合资格条件的供应商录入供应商库。

第十五条　采用随机抽取方式确定供应商名单的，应在采购人、采购代理机构的监察人员或政府采购监督管理部门、监察机关、公证机关的派出人员的监督下，由采购人和采购代理机构代表抽取产生。采购人代表因故不能参加的，须有书面的函件说明。

第十六条　确定供应商名单后，应当填写“确定供应商名单登记表”，并由现场监督人员、抽取人员签名确认，以存档备查。

第十七条　采购文件发出后，因故出现参与竞争的供应商不足三家的，应当依照本规程规定补充供应商家数。

第十八条　单一来源采购的供应商由采购人依法确定，并报同级政府采购监督管理部门备案。

第四章　采购程序

第十九条　政府采购项目采用非公开招标方式的，按以下程序实施：

（一）属于政府集中采购目录以内通用类的采购项目，采购人必须委托集中采购机构组织实施；

（二）属于集中采购目录部门集中采购类和采购限额标准以上的采购项目，采用邀请招标方式采购的，采购人应当委托集中采购机构或者其他政府采购代理机构组织实施；

（三）属于政府集中采购目录部门集中采购类，采用竞争性谈判、单一来源、询价采购方式的，采购人主管部门可依法自行采购，也可委托采购代理机构组织实施；

（四）属于政府集中采购目录以外，政府采购限额标准以上的分散采购项目，采用竞争性谈判、单一来源、询价采购方式的，采购人可依法自行采购，也可委托采购代理机构组织实施。

第二十条　采用邀请招标采购方式的，应当按照《广东省政府采购公开招标采购方式暂行实施规程》实施，并按本规程确定被邀请的供应商名单。

第二十一条　采用竞争性谈判采购方式的，应当遵循以下程序：

（一）成立谈判小组。

谈判小组由采购人或采购代理机构代表及有关专家等共三人以上的单数组成。采购人或采购代理机构代表应当具备相应的采购专业技能，并经采购人或采购代理机构授权；有关专家根据采购项目的具体技术规格和性能特点邀请。其中技术专家人数不得少于谈判小组成员总数的三分之二。

（二）制定谈判文件。

采购人或采购代理机构制定谈判文件。谈判文件应当明确以下事项：

（1）谈判的程序：包括谈判的轮次以及每个轮次谈判的重点等；

（2）谈判的内容：包括采购项目的技术规格、价格、服务等；

（3）合同草案：包括合同当事人的权利和义务、履约期限和方式、资金支付方式、验收标准等；

（4）评定成交的标准，明确谈判小组应当考虑的具体因素及相关要求。

（三）确定参加谈判的供应商名单

（1）按规定的供应商资格条件，依本规程规定确定参加谈判的供应商名单；

（2）采购人或采购代理机构向被邀请参加谈判的供应商发出谈判文件；

（3）谈判文件规定有保证金的，供应商应按规定提交保证金。

（四）开展谈判

（1）主持人宣布评审纪律，谈判小组所有成员及相关工作人员签名确认。

（2）谈判小组所有成员应当集中与单一供应商就有关技术、价格、交货期、付款方式、售后服务等问题分别进行一轮或多轮的谈判。在谈判中，谈判小组及有关当事人应当严格遵循保密原则，任何人不得透露与谈判有关的供应商的技术、价格和其他信息。

（3）谈判小组可以修改谈判文件，但涉及实质性变动的，应当以书面形式通知所有参加谈判的供应商。

（五）确定成交供应商

（1）谈判小组在谈判结束后，要求所有参加谈判的供应商在规定的时间内提出最后报价及作出有关承诺；

（2）谈判小组按照谈判文件规定的评定标准，对供应商提供的最后报价及有关承诺进行评审；

(3) 谈判小组完成谈判工作后，出具谈判报告，推荐成交候选人；

(4) 采购人从成交候选人名单中按照符合采购需求，质量和服务相等且报价最低的原则确定成交供应商。

(六) 发出成交通知书

采购人或采购代理机构向成交供应商发出成交通知书，并将结果通知所有参加谈判的未成交供应商。

属采购代理机构组织的采购项目，采购代理机构应同时向采购人发出成交结果通知书。

第二十二条　采用单一来源采购方式的，采购人与供应商应当依法在保证采购项目质量和双方商定合理价格的基础上进行采购。应当遵循以下程序：

(一) 成立谈判小组

由采购人或采购代理机构依法组建。

(二) 组织单一来源谈判

(1) 采购人或采购代理机构主持人宣布评审纪律，谈判小组所有成员及相关工作人员签名确认。

(2) 谈判小组与供应商进行谈判达成一致意见后，出具谈判报告，所有谈判小组成员签名确认。

(三) 确定成交供应商

(1) 采购人对谈判小组意见进行确认，并确定成交供应商。

(2) 采购人或采购代理机构向成交供应商发出成交通知书。

属采购代理机构组织的采购项目，采购代理机构应同时向采购人发出成交结果通知书。

第二十三条　采用询价采购方式的，应遵循以下程序：

(一) 成立询价小组

按本规程第二十一条规定组建。

（二）制定询价文件

采购人或采购代理机构编制询价文件。询价文件应当明确采购项目需求、价格构成以及评定成交的标准。

（三）确定询价供应商名单

（1）询价小组从符合资格的供应商中依照本规程的规定，确定询价供应商名单；

（2）采购人或采购代理机构向被询价的供应商发出询价文件；

（3）询价文件要求交纳保证金的，应邀参与询价的供应商应按规定交纳保证金。

（四）询价

（1）主持人宣布评审纪律，询价小组所有成员及相关工作人员签名确认；

（2）询价小组要求被询价的供应商在规定时间内一次报出不得更改的价格。询价小组不得与某一供应商就其报价进行谈判。

（五）确定成交供应商

（1）询价小组完成询价工作后，形成询价报告，推荐成交候选人；

（2）采购人根据符合采购需求，质量及服务相等且报价最低的原则确定成交供应商。

（六）发出成交通知书

采购人或采购代理机构向成交供应商发出成交通知书，并将结果通知所有参加询价的未成交供应商。

属采购代理机构组织的采购项目，采购代理机构应同时向采购人发出成交结果通知书。

第二十四条　采购人与中标、成交供应商应当在中标、成交通知书发出之日起三十日内，按照采购文件确定的事项签订政府采购合同。

合同条款不得与采购文件和成交供应商的报价文件内容有实质性偏离。

采购合同自签订之日起七个工作日内，采购人应将合同副本报同级政府采购监督管理部门和有关部门备案；委托采购代理机构代理采购的，采购人还应将采购合同副本送采购代理机构归档。

第二十五条　采购人或采购代理机构应当按照《广东省政府采购公开招标采购方式暂行实施规程》的有关规定退还供应商的保证金。

第五章　附　则

第二十六条　采购人或采购代理机构应当按照《中华人民共和国政府采购法》和《广东省政府采购项目档案管理办法》，对每项采购活动的采购文件妥善保存，不得伪造、变造、藏匿或销毁。

第二十七条　各级政府采购监督管理部门可以通过检查、现场监督、抽查调阅档案资料等方式对非公开招标采购活动进行监督，采购当事人应予积极配合。

第二十八条　本规程由广东省财政厅负责解释。

第二十九条　本规程自发布之日起施行。

附录10：广东省政府采购合同监督管理暂行办法

（粤财采购〔2004〕16号）

第一条　为加强政府采购合同监督管理，保证采购质量，根据《中华人民共和国政府采购法》、《中华人民共和国合同法》及有关法律法规，制定本办法。

第二条　政府采购合同适用合同法。采购人和供应商之间的权利和义务，应当按照平等、自愿的原则以合同方式约定。

采购人可以委托采购代理机构代表其与供应商签订政府采购合同。由采购代理机构以采购人名义签订合同的，应当提交采购人的授权书，作为合同附件。

第三条　政府采购合同应当符合以下规定：

（一）国家的法律、政策及广东省政府采购有关规章制度；

（二）财政部门有关政府采购预算的要求；

（三）采购文件的要求和中标、成交供应商的承诺；

（四）政府采购监督管理部门对政府采购合同的履约验收提出的特殊要求。

第四条　采购人与中标、成交供应商应当在中标、成交通知书发出之日起三十日内，按照采购文件确定的事项签订政府采购合同。

中标、成交通知书对采购人和中标、成交供应商均具法律效力。中标、成交通知书发出后，采购人改变中标、成交结果的，或者中标、成交供应商放弃中标、成交项目的，应当依法承担法律责任。

第五条　政府采购合同内容应当依据采购文件的要求和中标、成交供应商的投标、报价文件的承诺确定，不得违背其实质性条款。合同当事人应当按照政府采购合同的约定履行合同。

第六条　政府采购合同订立后七个工作日内，采购人应当将合同副本报政府采购监督管理部门备案。属采购代理机构代理采购的，还需将采购合同副本送采购代理机构归档。

第七条　经采购人同意，中标、成交供应商可以依法采取分包方式履行合同。

政府采购合同分包履行的，中标、成交供应商就采购项目和分包项目向采购人负责，分包供应商就分包项目承担责任。

第八条　政府采购合同履行中，采购人需追加与合同标的相同的货物、工程或者服务的，在不改变合同其他条款的前提下，可以与供应商签订补充合同，但所补充合同的采购金额不得超过原采购金额的百分之十。

第九条　政府采购合同当事人不得擅自变更、中止或者终止合同。

政府采购合同需要变更的，采购人应将有关合同变更内容，以书面形式报政府采购监督管理部门备案；因特殊情况需要中止或终止合同的，采购人应将中止或终止合同的理由以及相应措施，以书面形式报政府采购监督管理部门备案。

第十条　政府采购合同当事人有违反政府采购合同行为的，按以下程序办理：

（一）合同当事人按政府采购合同条款解决，并将结果报政府采购监督管理部门备案；

（二）合同当事人解决不了的，可提请采购人主管部门及采购代理机构协同解决；

（三）经上述程序处理未果的，可提请同级政府采购监督管理部门协调解决；

（四）政府采购监督管理部门协调解决未果的，按照有关法律法规处理，并由采购人将处理结果报政府采购监督管理部门备案。

第十一条　采购人或其委托的采购代理机构应组织验收小组对政府采购合同的履约结果进行验收，以确认货物、工程或服务是否符合合同的要求。验收小组原则上应由采购人代表或采购代理机构和相关领域的技术专家组成。直接参与该项政府采购活动的主要责任人不得作为验收工作的主要负责人。政府采购监督管理部门工作人员不得作为验收小组成员，参与政府采购合同的履约验收工作。

第十二条　货物、工程和服务的政府采购合同验收按照下列方式进行：

（一）采购人依法自行组织采购的，由采购人按照合同约定自行组织验收；

（二）采购人依法委托采购代理机构组织采购的，由采购人或其委托的采购代理机构按照合同约定组织验收；

（三）大型或者复杂的政府采购项目，采购人或其委托的采购代理机构应当邀请国家认可的质量检测机构负责验收。

第十三条　验收结束后，验收小组出具验收报告。验收小组成员在验收报告上签署验收意见，验收单位加盖公章。

第十四条　验收报告是采购人申请支付资金的必要文件。有关资金的支付，应按照同级财政部门的资金支付管理办法执行。

第十五条　政府采购监督管理部门视采购项目的具体情况，对采购合同的履约情况进行监督检查。

第十六条　政府采购合同当事人违反本办法的，由政府采购监督管理部门依据相关法律法规进行处理。

第十七条　本办法由广东省财政厅负责解释。

第十八条　本办法自发布之日起施行。

附录11：广东省政府采购信息公告管理暂行办法

（粤财采购〔2004〕13号）

第一章　总　则

第一条　为了提高政府采购工作的透明度，体现政府采购公开透明、公平竞争原则，规范并统一政府采购信息发布行为，根据《中华人民共和国政府采购法》、财政部《政府采购信息公告管理办法》制定本办法。

第二条　政府采购信息，是指有关政府采购的法律、法规、规章、政策规定以及反映政府采购活动状况的资料和数据等。

政府采购信息公告，是指将应当公开的政府采购信息在指定报刊和网络等有关媒体上向社会公开发布。

第三条　政府采购信息公告应当遵循“信息充分公开、公告内容一致、提供信息同步、发布渠道相对集中”的原则。

第四条　广东省财政厅负责全省政府采购信息公告的监督管理工作。各级政府采购监督管理部门负责同级政府采购信息公告的监督管理工作。

第五条　广东省政府采购网（www. gdgpo. gov. cn）为全省发布政府采购信息的指定媒体（以下简称指定媒体），各地级以上市政府采购监督管理部门可以另行增加指定同级政府采购信息的发布媒体。在《中国财经报》、中国政府采购网（www. ccgp. gov. cn）发布政府采购信息的，按财政部的有关规定办理。

第二章　信息公告范围与内容

第六条　下列政府采购信息应当进行公告：

（一）现行有关政府采购的法律、法规、规章和其他规范性文件。

（二）采购项目信息：

（1）采购项目预告；

（2）采购项目公告；

（3）资格预审信息；

（4）非公开招标方式选择确定供应商名单的条件及办法；

（5）澄清修改信息；

（6）招标结果公示；

（7）中标、成交信息；

（8）复审信息。

（三）综合信息：

（1）集中采购目录、公开招标数额标准和政府采购限额标准；

（2）协议供货信息；

（3）政府采购代理机构名录；

（4）对集中采购机构的考核结果；

（5）对采购人、采购代理机构、供应商和专家违规情况的通报；

（6）投诉处理信息。

（四）按规定应公告的其他信息。

第七条　采购预告信息应当公告下列事项：

（一）采购人、采购代理机构名称、地址和联系方式；

（二）项目名称、用途、数量、规格、技术要求和交货日期；

（三）对供应商的资格要求；

（四）联系人及联系方式。

第八条　资格预审信息应当公告下列事项：

（一）资格预审机构名称；

（二）资格预审对象、内容和标准；

（三）资格预审程序及细则；

（四）资格预审所需的相关资料；

（五）送审时间、地点、联系方式。

第九条　公开招标信息应当公告下列事项：

（一）采购人、采购代理机构名称、地址和联系方式；

（二）项目名称、用途、数量、简要技术要求和交货日期；

（三）获取招标文件的方法、时间、地点及招标文件售价；

（四）投标截止时间、开标时间和地点、联系人及联系方式；

（五）对供应商的资格条件要求；

（六）其他必要载明的事项。

第十条　邀请招标、竞争性谈判和询价信息应当公告下列事项：

（一）采购人、采购代理机构名称、地址和联系方式；

（二）项目名称、用途、数量、规格、技术要求和交货日期；

（三）采购活动实施时间和地点，联系人及联系方式；

（四）获取采购文件的方法；

（五）对供应商的资格条件要求和评审方法；

（六）确定供应商名单的条件及办法；

（七）其他必要载明的事项。

第十一条　中标、成交信息应当公告下列事项：

（一）采购人或采购代理机构名称、地址和联系方式；

（二）项目名称、采购方式；

（三）中标、成交供应商名称；

（四）中标、成交内容及金额；

（五）采购人或采购代理机构联系人、联系方式。

第十二条　复审信息应当公告下列事项：

（一）采购人、采购代理机构名称、地址和联系方式；

（二）项目名称、采购方式；

（三）复审原因；

（四）复审结果；

（五）采购人或采购代理机构联系人、联系方式。

第三章　信息公告主体

第十三条　有关政府采购的法律、法规、规章、政策规定，集中采购目录，政府采购限额标准及公开招标数额标准，由政府采购监督管理部门负责向指定媒体提供。

第十四条　政府采购代理机构名录，对集中采购机构的考核结果，对采购人、采购代理机构、供应商和专家违规情况的通报，由政府采购监督管理部门负责提供。

第十五条　投诉处理信息由做出投诉处理决定的部门进行公告。

第十六条　采购预告信息、资格预审信息、采购信息、中标信息、成交信息、复审信息由采购人或采购代理机构提供。

第十七条　澄清修改信息由原公告信息主体提供。

第十八条　其他公告信息属于政府采购监督管理方面的，由政府采购监督管理部门提供；属于采购业务方面的由采购人或采购代理机构提供。

第十九条　信息公告主体应当保证信息公告内容全面、及时、真实、准确。

第二十条　应当公布的政府采购信息，信息公告主体应根据时间需要，及时在指定媒体上发布。

第四章　违规处理

第二十一条　采购人或其委托的采购代理机构有下列情形之一的，由同级政府采购监督管理部门责令限期改正：

（一）应当在指定媒体发布采购信息而不发布的；

（二）采购信息中有关获取采购文件的时间和方式明显不合理的；

（三）采购信息中以不合理条件限制或排斥潜在供应商的；

（四）提供虚假的采购信息、证明材料的，或者采购信息含有欺诈内容的；

（五）在两个以上媒体发布同一采购项目的采购信息内容不一致的。

第二十二条　任何单位和个人非法干预政府采购信息发布活动，限制政府采购信息发布地点和发布范围的，由有关行政监督部门依照有关规定处罚。

第二十三条　任何单位或个人发现政府采购信息发布活动不符合本办法有关规定的，可以向政府采购监督管理部门投诉或举报。

第五章　附　则

第二十四条　本办法由广东省财政厅负责解释。

第二十五条　本办法自发布之日起施行。

参考文献

1. Christopher Bovis. *The Liberalisation of Public Procurement and its Effects on the Commonmarket*. Ashgate Publishing Ltd. , 1998

2. 艾家凤. 高校图书馆图书政府采购问题法律探析. 铜陵学院学报, 2008 (1)

3. 陈碧. 从招标文件撰写谈提高图书采购质量. 图书馆论坛, 2006 (4)

4. 陈红. 网络环境下的文献编目工作. 21 世纪的信息资源编目——第一届全国文献编目工作研讨会论文集. 北京: 北京图书馆出版社, 2006

5. 陈锡桃. 深圳政府采购实践与探索. 深圳: 海天出版社, 1999

6. 陈智颖, 尹爱丽. 政府采购背景下的公共图书馆采购自主权研究. 图书馆学研究, 2007 (9)

7. 程焕文. 图书馆业务外包: 一种无法阻挡的发展趋势. 图书情报工作, 2006 (1)

8. 储济明. 图书馆中文图书招标采购研究. 现代情报, 2007 (10)

9. 代根兴. 图书馆文献政府采购及其对文献信息业的影响. http: //lib. njtu. edu. cn/pub/bjtu/xswhjl/gnpx/P020070402568884373763. ppt

10. 但碧霞, 徐文贤, 吴纯青. 数字资源政府采购评审专家的素质探讨. 图书馆, 2009 (2)

11. 邓佩珍．图书采购招标综合评标指标体系研究．图书馆学研究，2008（8）

12. 邓尧伟．高校图书馆图书招标采购的弊端及规避措施．高校图书馆工作，2008（1）

13. 丁金龙．高校图书采购招标的质量控制研究．图书馆，2009（5）

14. 丁明刚．政府指令性采购图书利弊谈．大学图书馆学报，2001（2）

15. 冯彩芬，徐文贤．数字资源采购模式探析．图书馆建设，2009（10）

16. 冯彩芬．采访业务外包——图书馆与书商关系的选择．图书情报工作，2006（1）

17. 高励．图书馆政府采购预算编制问题的思考．图书馆论坛，2009（3）

18. 桂定君．论外文图书政府采购中标书之综合设计与应用．深图通讯，2008（1）

19. 何红锋．政府采购法详解．北京：知识产权出版社，2002

20. 何琳，喻文．核心出版社及其在图书采访中的应用．农业图书情报学刊，2006（12）

21. 洪世昌．标杆分析与 ISO 11620 于图书馆绩效评估之运用．http：//www. lib. ntnu. edu. tw/jory/j48/48context. htm

22. 胡明扬．图书馆政府采购存在的问题及对策．河南图书馆学刊，2009（2）

23. 胡伟，程亚萍．论政府采购监管自由裁量权的法律控制．云南行政学院学报，2009（3）

24. 黄琼霞．招标采购对高校图书馆藏书建设的影响与对

策．图书馆学研究，2008（7）

25. 黄万丽．浅议政府采购中的自由裁量权．黑河学刊，2004（2）

26. 惠德毅，林志成．广州图书馆2003年图书资料实施政府采购情况分析及建议．图书馆论坛，2004（5）

27. 吉家凡．图书馆文献招标采购评标指标研究．科技情报开发与经济，2008（24）

28. 贾晋渝．图书招标采购评分标准的制定与分析．毕节学院学报，2007（1）

29. 姜巍，毛忠行．高校图书馆图书采购招标评价指标研究．河南图书馆学刊．2009（1）

30. 孔志峰．公共项目绩效管理．北京：经济科学出版社，2006

31. 李德跃，冯秉浪，王冲．图书馆文献采购招标的缺陷分析．图书馆建设，2004（5）

32. 李冬妮．公共经济学．广州：华南理工大学出版社，2007

33. 李进．政府采购实务．南京：江苏科学技术出版社，2005

34. 李明珍，曲长生，马克芬．中文图书采购招标评价指标体系权重的设置．大学图书馆学报，2007（6）

35. 李明珍．图书馆中文报刊采购招标评价体系研究（一）——评价指标体系的建立．情报杂志，2007（9）

36. 李明珍．图书馆中文报刊采购招标评价体系的研究（二）——评价指标体系的权重设置．情报杂志，2007（11）

37. 李武，赵慧．供应商选择的组合多属性群决策．计算机工程与运用，2008（9）

38. 刘凤琴，王荣．近年来我国图书馆业务外包研究综述．大学图书情报学刊，2009（3）

39. 刘汉忠．高校图书馆中文图书招标采购利弊分析与对策．科技情报开发与经济，2006（7）

40. 刘尚希．政府采购制度研究文集．北京：经济科学出版社，2000

41. 刘新文，李志．当前中文图书采购招标面临的问题与对策．湖北经济学院学报（人文社会科学版），2008（9）

42. 刘译阳．新公共管理思想对我国政府体制改革的借鉴意义．学术交流，2007（11）

43. 陆彩玲．高校图书馆如何在中标书商管理中实现双赢．广西大学学报（哲学社会科学版），2009（4）

44. 罗小红．公共图书馆图书资料政府采购的实践与探索——以广州图书馆为例．公共图书馆建设与服务．广州：中山大学出版社，2007

45. 罗昕，汪鑫．我国《政府采购法》适用范围的缺失（二）．http：//www1. cntl. cn/show. asp？c_ id＝543&a_ id＝3081

46. 马海涛，姜爱华．我国政府采购制度研究．北京：北京大学出版社，2007

47. 马怀德．中国行政法．北京：中国政法大学出版社，1999

48. 马启花．图书招标方式下高校图书馆图书采访质量保障策略．图书馆，2009（5）

49. 毛凌文．图书馆藏书实行政府采购及其招标难点分析．图书馆论坛，2008（1）

50. 毛凌文．文献资源单一来源采购．图书馆理论与实践，2009（9）

51. 孟春．政府采购：理论与实践．北京：经济科学出版

社，2001

52. 潘向泷，徐文贤，石继平．数字资源政府采购的问题与对策．图书馆学研究，2009（7）

53. 钱薇．中文图书采访模式思考．绍兴文理学院学报（哲学社会科学版），2006（3）

54. 邱蓉．浅析政府招投标采购图书之利弊及改进措施．科技情报开发与经济，2007（5）

55. 曲长生，李明珍，刘凡儒．中文图书采购招标评价指标体系的建立．大学图书馆学报，2007（3）

56. 沈继武，萧希明．文献资源建设．武汉：武汉大学出版社，1991

57. 石安琴．政府采购实务手册．广州：暨南大学出版社，2007

58. 史敏鸽，赵辉．高校图书馆图书供应商的选择及其评价方法研究．图书馆工作与研究，2006（6）

59. 宋晓杰．谁令政府采购蒙羞——透析贵州省毕节地区金沙一中黄色图书校园事件．政府采购信息报，2005－12－14

60. 孙开等．公共产品供给与公共支出研究．大连：东北财经大学出版社，2006

61. 孙炜．图书馆期刊文献招标采购的实践与认识．情报资料工作．2006（5）

62. 孙晓雅．层次分析法在高校图书馆图书供应商选择中的应用．情报杂志，2007（6）

63. 孙涌涛．公共图书馆图书招标采购的实践与探索．图书馆论坛，2006（4）

64. 王放虎．中文期刊采购招投标工作质量问题探索．情报杂志，2007（7）

65. 王缙．浅谈高校图书馆图书资料招标采购方式．西南民族大学学报（人文社科版），2004（9）

66. 王瑞玲．从图书招标谈图书供应商的选择．图书馆建设．2006（3）

67. 王亚星．政府采购制度创新．北京：中国时代经济出版社，2002

68. 王亚星．中国政府采购的市场化运作．北京：红旗出版社，2003

69. 吴建中．21 世纪图书馆新论．上海：上海科学技术文献出版社，1998

70. 吴锦荣．论高校图书馆文献的政府采购．图书馆，2008（4）

71. 吴锦荣．图书馆文献政府采购方式研究．现代情报，2009（1）

72. 吴锦荣．高校图书馆图书采购招标新论．图书馆，2006（4）

73. 吴俊锋．公共图书馆图书资料政府采购现状调查分析．图书馆论坛，2005（3）

74. 吴俊锋．关于图书资料政府采购的思考．图书馆杂志，2005（9）

75. 肖北庚，朱志明．从效率到控权：美国政府采购法制价值演进的内在理路．财经理论与实践，2007（3）

76. 肖北庚．控权与保权的统一：现代宪政发展新趋势．现代法学，2001（1）

77. 肖北庚．论政府采购法制之公共政策功能．河北法学，2005（7）

78. 肖北庚．西方发达国家政府采购法制的流变与成因．湖

南师范大学社会科学学报，2006（6）

79. 肖北庚．政府采购之国际规制．北京：法律出版社，2005

80. 肖莉．图书资料政府采购利弊谈——以江西省图书馆为例．江西图书馆学刊，2006（4）

81. 徐卫江，鲁晓阳，李恩科．规范高校图书馆采购招投标．图书馆理论与实践，2006（4）

82. 徐文贤，李亮先．图书馆图书采购招投标及其实施．图书情报工作，2004（2）

83. 徐文贤，石继平，朱建亮．网络图书馆数字资源的招标采购．图书情报工作，2006（7）

84. 徐文贤，吴纯青，陈兆平．外文数字资源的政府采购模式探讨．图书情报工作，2009（7）

85. 许惠玲．开创以招标为主的多元化采购文献资源之路．现代情报，2007（6）

86. 严永康．图书馆文献采购实现招标管理的可行性分析．大学图书馆学报，2002（4）

87. 颜丽玉．论图书馆图书招标控制．图书馆论坛，2006（3）

88. 杨灿明，李景友．政府采购问题研究．北京：经济科学出版社，2004

89. 杨涛．原版外文图书现采的实践与反思．图书馆建设，2009（6）

90. 杨占武．各国政府采购制度比较研究．财政研究，2004（6）

91. 姚艳霞．政府采购国际法律制度比较研究．济南：山东人民出版社，2006

92. 叶海瑛．政府采购委托代理的公私伙伴关系．中国政府采购，2005（9）

93. 余红，叶勤，饶思军，何永进．外包热潮中冷思考：图书馆如何规避编目业务外包的风险．图书馆界，2009（3）

94. 余晔．电子化政府采购．中国政府采购，2009（3）

95. 曾星媛．政府采购对图书馆图书资料采访的影响及对策建议．图书情报知识，2006（6）

96. 张美萍．北京大学图书馆图书招标工作的过程及特点．大学图书馆学报，2008（1）

97. 张晓忠，宋香丽．借鉴新公共管理理论克服我国官僚制弊端．广东行政学院学报，2008（4）

98. 张照东．政府采购制度比较研究．南昌：江西人民出版社，2007

99. 章红．图书馆外文图书政府采购问题探讨．图书馆建设，2006（6）

100. 赵会平．图书采购招标评分要项的探析．大学图书馆学报，2007（2）

101. 赵正威．对行政自由裁量权的认识．保山师专学报，2007（6）

102. 郑松辉．试论图书馆推行政府采购及其操作模式．图书情报知识，2003（3）

103. 周谨．图书实行政府采购应注意的问题．图书馆建设，2004（5）

104. 周萍．基于政府采购方式下图书供应商的选择——以高校图书馆为例．农业图书情报学刊，2007（11）

105. 周英雄．论文献招标采购．图书馆论坛，2005（3）

106. 周之江．政府招标给金沙一中买来色情盗版书．新华

每日电讯，2005－07－06

107. 周之江．警惕问题图书“盯”上政府采购．经济参考报，2005－10－19

108. 周之江．政府招标难堵劣质图书进校园．经理日报，2006－10－14

109. 朱新力．行政法基本原理．杭州：浙江大学出版社，1995

110. 宗煜．政府采购概论．成都：电子科技大学出版社，2007

111. 中华人民共和国财政部国库司．政府采购．北京：中国方正出版社，2004

112. 佚名．图书馆管理论文：图书馆绩效评价研究．http：//lunwen.02edu.com/public/Library/83967_2.html

113. 关于加强政府采购货物和服务项目价格评审管理的通知（2007）

114. 广东省2006年政府集中采购目录及政府采购限额标准（2006）

115. 政府采购评审专家管理办法（2003）

116. 中华人民共和国政府采购法（2002）

117. 普通高等学校图书馆文献集中采购工作指南（2006）